汉弗莱·戴维(经英国伦敦的英国皇家科学研究所和布里奇曼艺术图书馆许可使用)

安德烈·玛丽·安培[经青·威尔士和甲布里奇曼(Ken Welsh & Bridgeman)艺术图书馆许可使用]

19世纪30年代的英国皇家科学研究所。水彩画作者为托马斯·霍斯默·谢泼德(Thomas Hosmer Shepherd)。(经英国伦敦的英国皇家科学研究所和布里奇曼艺术图书馆许可使用)

法拉第的感应线圈,今天仍然保持着原貌。(经英国伦敦的英国皇家科学研究所和布里奇曼艺术图书馆许可使用)

法拉第在英国皇家科学研究所的演讲大厅演讲。(经英国伦敦的英国皇家科学研究所和布里奇曼艺术图书馆许可使用)

法拉第在他的实验室里。以哈里特·简·摩尔(Harriet Jane Moore)的一幅画为原型雕刻。(经英国伦敦的英国皇家科学研究所和布里奇曼艺术图书馆许可使用)

迈克尔·法拉第拿着一块条形磁铁的肖像
(经英国伦敦的英国皇家科学研究所和布里奇曼艺术图书馆许可使用)

30 岁出头时候的麦克斯韦
(由剑桥大学三一学院院士和研究员提供)

上图:麦克斯韦,24岁,拿着他的彩色螺旋盘。(由剑桥大学三一学院院士和研究员提供)

右图:40多岁的麦克斯韦[G. J. 斯托达特(G. J. Stodart)根据格林诺克(Greencck)的费格斯(Fergus)所拍摄的照片雕刻而成。由爱丁堡和苏格兰收藏会和爱丁堡城市图书馆提供]

凯瑟琳·克拉克·麦克斯韦
(由剑桥大学三一学院院士和研究员提供)

威廉·汤姆孙
(开尔文勋爵)
(经环球历史档案馆、UIG 和布里奇曼艺术图书馆许可使用)

上图：奥利弗·海维赛德[经英国赫特福德郡（Hertfordshire）工程技术学院许可使用]

左图：海因里希·赫兹在服兵役期间（经英国赫特福德郡工程技术学院许可使用）

法拉第、麦克斯韦
和电磁场：
改变物理学的人

[美] 南希·福布斯（NANCY FORBES） 著
[英] 巴兹尔·马洪（BASIL MAHON）

宋峰　宋婧涵　杨嘉　译

机械工业出版社

历史上两位杰出的、具有开拓精神的科学家迈克尔·法拉第（1791—1867）和詹姆斯·克拉克·麦克斯韦（1831—1879），于19世纪经过共同努力，揭开了电磁场的神秘面纱，创建了场理论，并利用场理论统一了电、磁和光。正如牛顿创立的力学理论揭示了宇宙运行规律一样，法拉第和麦克斯韦的场理论打开了很多令人激动的新发现的大门。

福布斯（Forbes）和马洪（Mahon），两位富有写作经验并具有物理和工程领域专业知识的作者，以温馨动人、引人入胜的笔法撰写了本书。书中描述了法拉第和麦克斯韦的生活以及他们的科学发现，刻画出彻底改变人类历史进程的富有灵感的两位科学家饶有趣味的人物形象。

Faraday, Maxwell, and the Electromagnetic Field: How Two Men Revolutionized Physics.

Amherst, NY: Prometheus Books, 2014. Copyright translation from the English-language edition published by Prometheus Books, an imprint of the Rowman & Littlefield Publishing Group.

北京市版权局著作权合同登记号　图字：01-2016-7267号

图书在版编目（CIP）数据

法拉第、麦克斯韦和电磁场：改变物理学的人/（美）南希·福布斯（Nancy Forbes），（英）巴兹尔·马洪（Basil Mahon）著；宋峰，宋婧涵，杨嘉译. —北京：机械工业出版社，2020.5

书名原文：Faraday, Maxwell, and the Electromagnetic Field: How Two Men Revolutionized Physics

ISBN 978-7-111-64756-0

Ⅰ.①法… Ⅱ.①南…②巴…③宋…④宋…⑤杨… Ⅲ.①法拉第（Faraday, Michael 1791—1867）-生平事迹②麦克斯韦（Maxwell, James Clerk 1831—1879）-生平事迹 Ⅳ.①K835.616.1②K835.616.11

中国版本图书馆CIP数据核字（2020）第028116号

机械工业出版社（北京市百万庄大街22号　邮政编码100037）
策划编辑：张金奎　责任编辑：张金奎　贾　娟　任正一
责任校对：樊钟英　责任印制：张　博
三河市宏达印刷有限公司印刷
2020年5月第1版第1次印刷
148mm×210mm·9.125印张·7插页·233千字
标准书号：ISBN 978-7-111-64756-0
定价：79.00元

电话服务　　　　　　　　网络服务
客服电话：010-88361066　机　工　官　网：www.cmpbook.com
　　　　　010-88379833　机　工　官　博：weibo.com/cmp1952
　　　　　010-68326294　金　书　网：www.golden-book.com
封底无防伪标均为盗版　机工教育服务网：www.cmpedu.com

致 谢

这本书的种子是三十多年前播下的,当时我们两位作者中的一个是物理学专业的研究生,有幸聆听了诺贝尔物理学奖得主杨振宁(C. N. Yang)先生的一个演讲,是关于20世纪物理学中对称性的作用的。杨先生谈到了一个原创的、以前从没有过的场的概念的诞生,这一概念诞生于英国皇家科学研究所迈克尔·法拉第实验室。正是场理论这一思想的兴起,给现代物理学的大部分重大进展指明了方向,成为今天物质和力学理论的基础,即标准模型。然而,如果没有苏格兰物理学家詹姆斯·克拉克·麦克斯韦随后的努力,把法拉第的思想转化为数学语言,从而形成一个完整的电磁场理论,那么,单凭法拉第的工作就不可能对物理学产生巨大的影响。杨先生本人对于场的理论做出了重大贡献,他真正理解了这个新概念是多么的先进和深刻。

本书的撰写得到了许多人的帮助。与研究法拉第的学者弗兰克·詹姆斯(Frank James)和瑞恩·特维尼(Ryan Tweney)的通信帮助澄清了法拉第工作的各个方面。与麦克斯韦传记作者弗朗西斯·埃弗里特(Francis Everitt)的谈话内容也录入了本书。与朋友如托尼·芬博格、菲儿·斯彻韦、阿兰·布莱尔、威尔·哈佩尔、弗里曼·戴森、莫尔·如德曼、芭芭拉·曼度拉、杰弗里·曼度拉、路易斯·马娄韦、罗伯特·阿维拉、琳达·阿维拉以及斯米奇·库兹尼克的讨论有助于我们对全书的写作细节予以微调,以使物理内容更容易理解。感谢李·巴特罗普(Lee Bartrop）在全书中精心绘制的图表，以及约翰·比尔斯兰德（John Bilsland）制作的麦克斯韦旋转电池组模型的图表。还要感谢布里奇曼（Bridgeman）艺术图书馆的托姆·哈格提（Tom Haggarty）提供了本书插图中的许多照片。剑桥大学三一学院图书馆授权我们复制了几幅关于麦克斯韦的图像。普罗米修斯出版社的编辑斯蒂文·L. 米特切尔（Steven L. Mitchell）很早就认识到我们的故事的重要性，耐心并和蔼地为我们答疑解惑。

我们非常感谢巴兹尔·马洪（Basil Mahon）早期两本书的出版商的许可，让我们在本书中引用了一些简短的摘录。这两本书分别是约翰·威利出版公司（John Wiley & Sons）的《改变一切的人：詹姆斯·克拉克·麦克斯韦的一生》（*The Man Who Changed Everything：The Life of James Clerk Maxwell*）（2003年出版），工程和技术学院出版社的《奥利弗·海维赛德：电学领域标新立异的天才》（*Oliver Heaviside：Maverick Mastermind of Electricity*）（2009年出版）"。本书引用了前一本书中描述麦克斯韦旋转电池组模型的图表和相应的文字，以及后一本书中电磁能量矢量、旋度和散度算子的描述。

年　表
电磁场理论发展历史中的主要事件

1600 年　威廉·吉尔伯特（William Gilbert）出版了《论磁学》（*De Magnete*），并指出地球是一个巨大的磁铁。

1687 年　艾萨克·牛顿（Isaac Newton）出版了《自然哲学的数学原理》（*Principia Mathematica*）。

1733 年　查尔斯·杜·费伊（Charles du Fay）区分了玻璃质和树脂的电性。

1745 年　彼得·范·穆森布罗克（Pieter van Musschenbroek）和埃瓦尔德·冯·克莱斯特（Ewald von Kleist）各自独立地发明了莱顿瓶（Leyden jar），一种储存电能的装置。

1747 年　本杰明·富兰克林（Benjamin Franklin）提出了正、负电荷的概念。

1750 年　约翰·米歇尔（John Michell）证明了磁力的平方反比定律。

1766 年　约瑟夫·普里斯特利（Joseph Priestley）证明了电力的平方反比定律。

1785 年　查尔斯·奥古斯丁·库仑（Charles Augustin Coulomb）进行了精确实验，证实了电和磁的平方反比定律。

1800 年　亚历山德罗·伏特（Alessandro Volta）发明了伏打电堆或称为伏打电池，可以产生连续的电流。

1820 年　汉斯·克里斯蒂安·奥斯特（Hans Christian Oersted）发

现，电线中的电流会使罗盘针偏转。

1820 年　安德烈·玛丽·安培（André Marie Ampère）开始着手建立基于距离作用的电和磁的统一理论。

1821 年　迈克尔·法拉第（Michael Faraday）发现了电动机的原理。

1825 年　弗朗索瓦·阿拉戈（François Arago）发现，当一个罗盘针头悬浮在一个旋转的铜盘上时，罗盘针头会旋转。

1831 年　法拉第开始编写《电学实验研究》（*Experimental Researches in Electricity*）一书。

法拉第发现电磁感应和发电机的原理。

法拉第引入了磁力线的概念。

1832—1833 年　法拉第发现了电解基本定律。

1845 年　法拉第引入了磁场这个术语。

法拉第发现，强磁场使光的偏振面旋转。

1846 年　法拉第在英国皇家科学研究所（Royal Institution）做了题为"光线振动"的演讲。

法拉第发现了抗磁性，并证明所有物质都具有磁性。

1855—1856 年　麦克斯韦发表了论文《论法拉第的力线》（*On Faraday's Lines of Force*）。

1861—1862 年　麦克斯韦发表了论文《关于物质的力线》（*On Physical Lines of Force*）。

1864—1865 年　麦克斯韦发表了论文《电磁场的动力学理论》（*A Dynamical Theory of the Electromagnetic Field*）。

1873 年　麦克斯韦出版了专著《关于电和磁的论文》（*Treatise on Electricity and Magnetism*）。

1882 年　奥利弗·海维赛德（Oliver Heaviside）和乔赛亚·威拉德·吉布斯（Josiah Willard Gibbs）各自独立提出了矢量分析和矢量表示法。

1885 年　海维赛德将麦克斯韦的电磁理论总结在"麦克斯韦方程

组"中,这就是我们现在熟知的著名的 4 个方程。

约翰·亨利·坡印廷(John Henry Poynting)和海维赛德各自独立地推导出了电磁场中能量流的公式。

1887 年　亚伯拉罕·迈克耳孙(Abraham Michelson)和爱德华·莫雷(Edward Morley)试图测量以太漂移,但是却发现光的速度与观察者的运动无关。

1888 年　海因里希·赫兹(Heinrich Hertz)在自由空间中制造和检测到了电磁波。

1892 年　亨德里克·洛伦兹(Hendrik Lorentz)发表了关于电子理论的论文(当时假设存在电子)。

1897 年　约瑟夫·约翰·汤姆孙(Joseph John Thomson)发现了电子。

1900 年　马克斯·普朗克(Max Planck)提出量子假说解释了黑体辐射谱。

1901 年　古列尔莫·马可尼(Guglielmo Marconi)在大西洋上空发出电报信号。

1905 年　阿尔伯特·爱因斯坦(Albert Einstein)解释了量子如何产生光电效应,并预测了光子的存在。

爱因斯坦提出了狭义相对论。

序　言

　　这是 1888 年。想象一个摆放着零星家具的大房间。家具包括粗糙的木制桌子和工作台——就像某种实验室常见的那样，但是房间内没有曲颈蒸馏器、本生灯[一]或鲜艳的液体烧瓶。相反，却有一些奇怪的金属装置，如茹姆科夫（Rhümkorff）线圈、诺切豪尔（Knochenhauer）螺线、惠斯通（Wheatstone）电桥[1]。这些元件是用来探究神秘的隐匿无形的现象——电的工具。

　　房间里住着一位英俊、整洁的年轻人，留着黑发和修剪整齐的络腮胡。他正灵巧地在一张长木桌上组装一些仪器。在桌子的一端，他构建了一个电路，该电路将在两个金属球体之间的狭窄空气间隙内产生电火花，这两个金属球体与电路中的电线末端相连。通常空气不导电，但是如果两个球体靠得很近，而且电压足够高的话，就会出现一个火花穿过两个球体之间的空气间隙，火花是一连串的、非常快速地来回跳动着的，或者说是在周期性地振荡着。在每个球体上，他都连接了一根金属棒，再接到一块矩形金属板上，他知道这样将改变振荡的频率。他按下一个键来接通电路，清晰的蓝色火花在球体之间的空气间隙中发出噼噼啪啪的爆裂声。

　　到目前为止，一切都很好：主电路工作了，就像昨天和前天

[一] 德国化学家 R. W. 本生的助手为装备海德堡大学化学实验室而发明的用煤气为燃料的加热器具。——编辑注

序　言

一样。年轻人把他的注意力转向了他称之为探测器的装置，这是一个独立的部分——是一个简单的线圈，其两端之间的间隙非常小，可以用螺钉调整。他把探测器靠近产生火花的主电路，发现探测器线圈的缝隙上出现了微弱的火花。他认为，其原因是此时的能量波会从主电路传递到探测器。

所有上述这些实验都是他所熟悉的，不过接下来的实验步骤则是以前未曾尝试的，这将是关键。年轻人暂时切断了主电路，并在桌子的远端竖直放置了一个大的锌板。这个锌板的目的是充当反射镜，就像一面镜子。他把探测器放在主电路和锌反射板之间的台子上，拉上窗帘，等眼睛适应了黑暗后，他接通了主电路。他转身背向着球体之间闪烁的火花，面对着探测器，试图在探测器上寻找微小的火花。火花出现了，虽然显得非常微弱，但是确实存在。下面的步骤如果成功的话，那么将证实他设想得正确：他想看看火花的亮度是否随着探测器慢慢地从主电路离开并移向锌反射板而变化。实验结果确实如此。火花的亮度减少到零，然后再增加到最亮，如此重复循环。他知道，当任何一种波形被反射回源头时，它就会形成一个驻波，就像一根吉他弦在适当的位置振动一样。因此，波是由主电路产生的，并被锌板反射。这正是他想要得到的。这个做实验的年轻人名叫海因里希·赫兹（Heinrich Hertz），他是卡尔斯鲁厄工业大学的实验物理学教授，他在科学史上取得了最伟大的实验发现之一：毫无疑问地证明了电磁波的存在。

赫兹的发现具有巨大的商业价值。古列尔莫·马可尼（Guglielmo Marconi）等人很快就会证明这一点。但赫兹还不知道这个，也不知道电磁波有任何实际的应用。使赫兹着迷并促使他去探索的事物是一种诱人而奇怪的科学理论——这个科学理论是19世纪30年代英国实验物理学家迈克尔·法拉第（Michael Faraday）创立的，30年后被年轻的苏格兰人詹姆斯·克拉克·麦克斯韦（James Clerk Maxwell）提升为完整的数学理论。这两位科学家

法拉第、麦克斯韦和电磁场：改变物理学的人

的想法与之前的任何理念都截然不同，当时的许多科学领军人物都否定该理论，认为这是异想天开，而大多数人感到困惑，他们不知道该怎么办。但是对于赫兹来说，这是一个奇妙的想法，听上去似乎是真实的，只是还没有实验验证。赫兹就是想提供实验证据，使这个理论确定无疑。

从牛顿时代起，一流的科学家们就相信，宇宙是受机械定律支配的：实物拥有能量并施加或承受力的作用，实物周围的空间不过是一个背景。法拉第和麦克斯韦提出的非凡想法则不同，他们认为空间本身就是一个能量储备库和力的传递者：它是遍布整个物质世界中的——那就是电磁场，然而牛顿公式却无法解释这一观点。

法拉第关于力线的第一个概念，在当时备受嘲笑，但是后来发展成为麦克斯韦复杂的数学理论。这个概念预言，每当一个磁铁晃动，或者电路接通或断开时，一种电磁能量波就会传播到空间中，恰如池塘里的涟漪，改变了空间自身的性质。麦克斯韦由电和磁的基本性质计算了波的速度，结果就恰好是已被测量出的光的速度。他推测可见光只是庞大的电磁波谱中的一个小波段，它们都以相同的速度传播，但是允许的波长范围从纳米到千米不等。所有这些理论，在当时怀疑者远远多于支持者，一直到20多年之后，当赫兹在实验室里通过产生和检测到那些我们现在称之为短波的无线电波验证了电磁波的存在时，人们才相信了法拉第和麦克斯韦的电磁理论。从此，以往难以想象的科学知识领域之门才正式打开了。

法拉第和麦克斯韦将电磁场的概念引入人类智慧库中，其成就无论怎么夸大都不过分。它把电、磁、光综合为统一的、严谨的理论，给我们带来了广播、电视、雷达、卫星导航和手机，改变了我们的生活方式，启发了爱因斯坦的狭义相对论，引入了场方程的概念——场方程成为今天物理学家模拟浩瀚的宇宙和原子内部的标准形式。

序　言

已经有一些传记作者为法拉第和麦克斯韦撰写了传记，这是理所当然的。除了他们具有的天赋之外，他们都是令人钦佩的、慷慨大度的、精力充沛的人，他们以极具感染力的热情进行科学研究，并散发出某种魅力，使周围的人们对自己和整个世界的感觉更好。但也许比他们的个人生活故事更引人注目的是，来自完全不同背景的两个人——一个是自学成才的贫穷铁匠的儿子，一个是受过剑桥教育的苏格兰地主的儿子——因为对物理世界好奇并决心找出世界是如何运转的规律这一共同理想而走到了一起。虽然他们直到法拉第的晚年才相遇，但他们之间形成了一种极为牢固的纽带——携起手来，共同挑战根深蒂固的科学习俗和传统观念。电磁场理论是他们共同创造的，它的发展历程颇有故事性，与两位科学家各自的故事交织在一起。还有一批对电磁场理论做出贡献的科学家们的故事，例如，美国拉姆福德（Rumford）伯爵在创立英国皇家科学研究所（Royal Institution）时发挥了重要的作用，他给了贫穷的年轻的法拉第一份工作；才华横溢但是自负的汉弗里·戴维（Humphry Davy），是法拉第的精神导师；特立独行的奥利弗·海维赛德（Oliver Heaviside）将麦克斯韦理论归纳为4个著名的"麦克斯韦方程"；还有勤奋的奥利弗·洛奇（Oliver Lodge），他发现了波沿着电线传输，可是却发现赫兹已抢在他前面报道了这一现象。

欢迎阅读电磁场的故事。

目 录

致谢
年表　电磁场理论发展历史中的主要事件
序言
第一章　学徒　1791—1813 年 ················· 1
第二章　化学　1813—1820 年 ················· 15
第三章　历史　1600—1820 年 ················· 27
第四章　圆周力　1820—1831 年 ················ 39
第五章　电磁感应　1831—1840 年 ··············· 55
第六章　一个猜想的影子　1840—1857 年 ············ 79
第七章　法拉第的最后岁月　1857—1867 年 ··········· 101
第八章　那是怎么回事？　1831—1850 年 ············ 109
第九章　社会与训练　1850—1854 年 ·············· 125
第十章　假想的流体　1854—1856 年 ·············· 135
第十一章　这儿没有人能够理解玩笑话　1856—1860 年 ······ 151
第十二章　光的速度　1860—1863 年 ·············· 163
第十三章　一门巨炮　1863—1865 年 ·············· 183
第十四章　乡村生活　1865—1871 年 ·············· 195
第十五章　卡文迪什　1871—1879 年 ·············· 207
第十六章　麦克斯韦学派　1850—1890 年 ············ 221
第十七章　新纪元　1890 年以后 ················· 239
注释 ··································· 253
参考文献 ······························· 273

第一章

学　徒

1791—1813 年

可以从很多地方开始讲述电磁场的故事。也许最好的地方是位于英格兰北部奔宁山脉西侧的大风肆虐崎岖不平的荒野。这就是艾米莉·勃朗特（Emily Brontë）在《呼啸山庄》中描绘的那个国度，那里人烟稀少，人们勇敢顽强，在羊都难以找到食物的荒芜土地上勉强度日。这里是迈克尔·法拉第（Michael Faraday）祖先的家园。

法拉第加入了基督教的一个小教派，称为桑德曼教派（Sandemanians），是以罗伯特·桑德曼（Robert Sandeman）的名字命名的。罗伯特·桑德曼是一名脱离了苏格兰长老会的苏格兰人，在18世纪中期来到英格兰。桑德曼教派的教徒工作努力，生活简单，语言平实。他们拒绝已建立的教会的所有服饰，他们坚持最简单的基督教形式——他们的整个教义被写在桑德曼墓碑的墓志铭中[1]。尽管与外人友善，能容忍不同的观点，但他们基本上还是待在自己的社群里，做着各种各样的生意：法拉第的父亲，詹姆斯·法拉第（James Faraday），是一个铁匠，他的叔叔们分别是织布工、杂货店主、旅店店主和裁缝。

若不是因为波及范围很广的国内外大事造成的压力，迈克尔·法拉第可能就会在遥远的威斯特摩兰郡（Westmorland）的农村，平静地隐居下去。18世纪中后期，英国多年来一直与海上的敌对殖民势力作战，最后在与美国对阵中输掉了一场代价昂贵的战争。这些战争在英国国内造成了损失，跨过英吉利海峡的与法国之间的战争也是一触即发。与此同时，工业革命正在将英国乡

第一章 学 徒

村的人们吸引到城镇：农民离开土地前往铁厂、陶器厂和纺织厂。在这种背景下，威斯特摩兰郡的贸易下滑，但是詹姆斯·法拉第，刚刚娶了妻子玛格丽特（Margaret），需要钱来支撑刚刚组建的新家庭。于是，在1786年，他决定离开位于奥特吉尔（Outhgill）的每况愈下的铁匠铺，到伦敦碰碰运气。

法拉第一家在距伦敦桥以南大约一英里的一个叫纽因顿巴特斯（Newington Butts）的贫民区定居。伊丽莎白（Elizabeth）和罗伯特（Robert）两个孩子很快出生了，第三个孩子迈克尔也于1791年降临人世。詹姆斯从附近的一座名叫"大象和城堡"的驿站（现在这个名称用来命名附近的整个地区）学会了马蹄铁匠的工作，但却生意萧条。他对成功的希望落空了，而更糟糕的是，他的健康状况开始下降。他一直心存恐惧，害怕被送进债务人监狱或更糟糕的济贫院。有时，他不得不接受别人的捐助，捐助可能来自桑德曼教派的成员，以防止他的家人饿死。但他并没有对那些更幸运的人愤愤不平和嫉妒。孩子们生长在一个充满活力和爱心的家庭，虽然家很拥挤。迈克尔很快又有了一个妹妹，名叫玛格丽特，以他们妈妈的名字命名。这个家庭再次搬家，先是搬到了吉尔伯特街（Gilbert Street），然后又搬到了曼彻斯特广场附近的一个马厩旁边的房子，就在刚刚命名的牛津街旁边，现在是时尚百货公司的所在地，这条路在法拉第的时代还有其他故事：它原是泰伯恩街（Tyburn Street），被宣告有罪的男人们沿着这条路走完从纽盖特（Newgate）监狱去往绞刑架的最后一段路程。

经过初等教育后，13岁的迈克尔·法拉第开始作为一个学徒工为乔治·里博（George Ribeau）打工，里博在布兰德福德街（Blandford Street）附近经营着一家书报店。迈克尔成为这个地区大家熟悉的人物——一个"有着一大堆棕色卷发并且胳膊下夹着一捆报纸"的活泼的男孩[2]。里博是一个有着进步思想的法国移民，他对由他照料的孩子们深感兴趣。他欣赏法拉第，很快提升他做装订学徒工——当时签了7年的合同。据我们所知，里博的学徒实际上没有一个最终成为装订工，这是因为他的开明的管理制度允许他们在其他方向自由发展自己的才能：一个学徒成为喜剧演员，另一个学徒则成为专业歌手。

日复一日地连续地装订书籍是一项单调乏味的工作，但它需要非常用心和灵巧的双手——注重质量，这在法拉第以后的生活中，是非常被注重的。然而，为他开启世界的却是书本本身：图画书、冒险故事、小说、哲学书籍，最主要的是任何关于物质世界的，以及人们试图了解世界是如何运转的书籍。他成了真理的追求者。他后来回忆说："我是一个非常活泼、富有想象力的人。我可以像相信《百科全书》（Encyclopaedia）那样轻易地相信《天方夜谭》（Arabian Nights）。但事实对我来说很重要，它拯救了我。我可以相信一个事实，但总是反复盘问一个已有的定论"[3]。

他对各种主题阅读得越多，就越是意识到自己缺乏教育。然后，就在他需要的时候，他找到了一本书，这本书似乎是为他单独而写的，书名叫作《心灵的提升》（*The Improvement of the Mind*），作者为艾萨克·沃茨（Isaac Watts）牧师。法拉第全身心地投入到沃茨书中所叙述的自我完善计划中。他试图学会正确地讲话，并告诉朋友，每当他在谈话中犯了语法错误就要纠正他。他利用一切机会拓展知识面，开始制作一本"平凡的书"，列出事实，特别是科学事实，供将来参考。即使在这些简单的笔记中，他也努力遵循沃茨的建议，总是使用精确的语言，并以观察到的事实为指导。而且他又把沃茨的另一个指示放在心上："不要轻率地从一些特定的观察、表象或实验中构建一般理论"，[4] 人们可以看到法拉第后来提出的科学方法的种子：把想象力发挥到极限，但是如果没有确凿的实验证据，就不要轻易得出结论。

沃茨还有另一个建议，就是用聆听"一位聪明、博学和高素质的老师的生动演讲"来补充阅读[5]，法拉第从他的兄弟那里借了一个先令，然后去听了银匠约翰·塔图姆（John Tatum）的电力讲座，这个银匠曾成立了一个城市哲学学会（City Philosophical Society）。这是一个普通人的"皇家学会"，每周举行一次会议，参加者是各种各样的试图完善自我的人，他们都渴望听到最新的科学发现。法拉第很快就加入了城市哲学学会，并成为最勤奋的学生；在每一次演讲中他都要粗略地记下笔记，回到家里后再认真地誊抄一遍。他喜欢他的同学们喧闹的陪伴，其中的几个人成为他终生的朋友。关系最亲近的是本杰明·阿博特（Benjamin Abbott），一位在商行工作的贵格会教徒。他成了法拉第心灵相通的朋友，他能够帮助法拉第学到社交礼仪，以及讲话和写作技巧，这些是法拉第所缺乏的，他也是法拉第可以倾诉内心深处的想法的人。法拉第喜欢音乐，后来，当他能负担得起时，他变成了一个热衷于看歌剧的人。如同所有的兴趣一样，他必须亲自尝试——他拿起长笛，并喜欢在合唱中演唱低音部分。

他也自己做了实验，比如用金属箔内衬的玻璃罐储存静电，用它给家用物品充电，对自己和其他想加入的人施加轻微的电击。他已经开始思考电流是如何工作的，并质疑《大英百科全书》中一篇表面上权威的文章的真实性。它的作者詹姆斯·泰特勒（James Tytler）曾自信地提出了本杰明·富兰克林（Benjamin Franklin）的"单一流体"理论，认为正电荷是由神秘电流的过量导致的，而负电荷是由神秘电流的不足导致的。大多数英国科学家赞成这个理论，但法拉第早期偏爱的是法国的"双流体"理论，其中一种流体产生正电荷，另一种流体产生负电荷。即便如此，他也认为这种解释有些不妥之处。年轻人质疑他的尊长其精神是可贵的，但是问题变得比任何人想象的都难。很多年之后，法拉第才比较满意地认为自己接近于完成了对静电的解释。而他的追随者麦克斯韦把最后一点难题解决已经是半个世纪之后了。

正当法拉第认为自己刚刚开始步入电学研究的大门，并打算进一步深入研究时，他被意大利人惊人的发现深深震撼了。约翰·塔图姆（John Tatum）已经听说了十年前由亚历山德罗·伏特

（Alessandro Volta）发明的伏打电池，并在城市哲学学会的会议上向听众做了描述。法拉第用过的熟悉的电存储设备，如金属箔内衬的玻璃罐，只能一次爆发性地释放所有的电荷；但是，电池则产生了迄今为止人们梦寐以求的东西——连续的电流。更重要的是，产生的电流可以在简单的实验中用于研究物质的结构。一个崭新的广阔的科学领域正在开启。1800年，伏特提供了详细的操作指南，这使得电池的制造变得很容易：制作一堆金属板，交替使用铜和锌，用浸有盐水的纸板层交错铺设，令人惊讶的是，通过这个堆层，将会产生电力。板越多，则电力越大。用金属线连接两个端板，会有持续的电流。这还不是全部。实验人员发现，如果他们将金属线固定到每个端板上，并将两个金属线的末端浸入到化合物的溶液中，则电力将导致化合物的组成部分分离，其中一部分聚集在一个金属线的末端，另一部分聚集在另一端。

对于法拉第来说，仅仅听到或阅读这样的东西是远远不够的。在评估他人的工作时，他总是重复或扩展他们的实验。这成为他终身坚持的一种习惯——这是他建立科学理念所采取的方式。正如他在其他场合无数次所做的那样，他着手演示这种新现象，直到他感到满意为止。当他储蓄了足够的资金购买这些材料时，他制作了一块电池，用7个铜制的半便士的钱币和从一块锌板切割下的七块圆盘，并用盐水浸泡过的纸片隔开，然后将铜线固定在每个端板上，将导线的另一端浸入泻盐（七水硫酸镁）溶液中，并观察。

两条电线在很短的时间内就被某种气体的气泡所覆盖，然后是源源不断的非常微小的气泡，看起来像小颗粒一样，从负极引线穿过溶液。证据表明，硫酸盐被分解了，在大约两个小时内，澄清的溶液变浑浊：这是因为氧化镁悬浮在其中[6]。

如果有一个时刻能够表现出法拉第的工作过程，无疑就是上述文字所描述的那样，他完全沉浸在科学世界里。他还找到了一位优秀的导师：简·马塞特（Jane Marcet），通过她撰写的著名的《漫谈化学》（*Conversations on Chemistry*），进行了化学知识的学习。最初《漫谈化学》这本书在1805年以匿名形式出版，此后变得非常流行，尤其是在美国，盗版版本到处都是。这在一定程度上让人联想到伽利略的《关于两大世界体系的对话》（*Dialogue on the Two Chief World Systems*）一书，书中的另一个"我"，B夫人，向她的学生们即勤奋的艾米丽和轻浮的卡罗琳灌输，科学家关于物质世界的好奇心和对物质世界有所发现时的喜悦。他们做实验，使用的材料来自于房子的四周，并了解了热和光，自始至终谨慎地只从观察到的事实得出结论。所有这一切都归功于沃茨对人生的普遍指导，所以甚至在法拉第正式的科学实验生涯开始之前，他的大脑中已经有了清晰的工作程序：探索—观察—实验—消除误差来源—理论与实验结果相比较—不断思考，最后，得出经得起考验的结论。但即便如此，还要公布出来接受别人的公开挑战——而不能仅仅囿于自己的思想。

伦敦的一个富商的女儿简·马塞特，嫁给了瑞士出生的医生亚历山大（Alexander），并从丈夫那里分享了对科学的热情。他们对最新的研究产生了浓厚的兴趣，他们的社交圈子里有许多顶尖的科学家。人们可以想象一下他们优雅的晚餐，在晚餐中英国皇家学会（Royal Society）的著名人物可能聚集在一起，讨论托马斯·杨（Thomas Young）的光波理论或约翰·瑞特（Johann Ritter）发现的紫外线辐射。这个世界远离法拉第的世界。社会规则恰如在范妮·亚历山大（Fanny Alexander）所写的"万物明亮而美丽"赞美诗中描述的一样。其中的一段诗如下：

> 富人在他的城堡里，
> 穷人在他的门口，
> 上帝使他们或高贵或卑微，
> 安排好了他们的财产。

铁匠的儿子和装订师的学徒没有也的确不应该，渴望与更高阶层的人士成为朋友和合作。但是科学超越了阶级差异，简·马塞特在她的"对话"序言中提到了改变法拉第一生的两个因素——英国皇家科学研究所和汉弗莱·戴维（Humphry Davy）。

与庄严的皇家学会相比，英国皇家科学研究所是一个新兴的机构。其58名创始人中的一些人已经是英国皇家学会的著名会员，他们希望新建立的协会能起到补充作用而不是与老机构的同仁竞争。其目的，在1799年3月7日成立大会上经大家同意并正式宣布，是通过"哲学讲座课程和实验课程"进一步促进"科学在日常生活中的应用"，最初的启动资金来自于捐助，而创始人之中的首要发起者是科学史上最杰出的人物之一——一位英国化的美国人，名叫本杰明·汤普森（Benjamin Thompson），他有着拉姆福德伯爵（Count Rumford）头衔。汤普森有着多副面孔，如攀龙附凤的人（追求有钱女子获得财富的男人）、放荡的男人、花花公子、间谍、军事长官、发明家、公园设计师、科学家、社会改革家，他在这些角色中都可谓相当出色。他的伯爵头衔（神圣罗马帝国的称号）是由充满感激之情的巴伐利亚选民授予的，他将巴伐利亚军队从一群乌合之众训练为一支精干高效的作战力量。他将拉姆福德（Rumford）伯爵头衔的领地选择在新罕布什尔州的市镇，在那里，对于他的英国同事来说，他的一部分生活是不为人知的，他早在20年前就抛弃了他的妻子和女儿。由于汤普森的远见和魄力，该机构于1800年获得了皇家印章，并在伦敦阿尔伯马尔街21号开业，至今仍然在这里。汤普森一直无法预知的是他后来逃到了巴黎，他雄心勃勃的教育课程计划几乎毁掉了这个羽翼未丰的组织，但在他走之前，他通过一个妙招挽救了局势，并使得这个协会出名并填补了它的资金缺口。这个举措就是他招募了汉弗莱·戴维，一个过于自信的来自英国西南部有着明显康沃尔郡口音的23岁男孩，来管理化学实验室并担任助理讲师。

戴维，温文尔雅，潇洒英俊。但是，他因为利用一些广为报

第一章 学　　徒

道的使人致幻的一氧化二氮（即笑气）而声名狼藉，所以为他早期讲座购买了昂贵门票的那些伦敦时尚精英们，很可能更多的是被丑闻而吸引住了，而不是由于科学兴趣的吸引。这些购票者并没有失望——戴维充分满足了他们对刺激的渴望。但还有更多的东西：他启发并鼓舞他们，同时通过自己富有诗意的口才、激情和烟火表演来呈现科学的奇迹。这消息不胫而走，有更多的听众来到下一堂讲座课。为防止马车堵塞，阿尔伯马尔街不得不被设置成伦敦的第一条单行道。1807 年他生病的时候，对他的健康状况询问是如此之多，以至于英国皇家科学研究所在总部外每小时就要张贴一次通知。以前从未见过像戴维那样受欢迎的人物。他有一半的观众是女性——其中许多是年轻人，都被这个风度翩翩的年轻人迷住了。有人写道："那双眼睛不仅仅是为了钻研坩埚而生"[7]。

戴维不仅仅是一个表演者。他在英国皇家科学研究所实验室的开创性工作使他名列科学家前列。他将电流通向熔融的化合物，分离化合物的成分，发现了钾和钠元素。这个方法和法拉第设法在里博实验室分解泻盐的原理是一样的，但规模更大：法拉第的电池由几个半便士和自制的锌盘制成，有 7 个伏打电池，而戴维有 2000 个。在另外的一系列实验结束时，戴维总结认为：含氢和氯的酸（当时称为盐酸）与二氧化锰（当时称为软锰矿）反应释放出氯的绿色气体中不包含氧气，氯本身就是一种元素。根据伟大的法国化学家安托万·洛朗·拉瓦锡（Antoine Laurent Lavoisier）的追随者的说法，这已经接近于异端邪说了。拉瓦锡向每个人保证，氧是所有酸中必不可少的元素，过了好几年，戴维的正确观点才流行起来。

法拉第和他在城市哲学学会的朋友都付不起戴维讲座的门票，但他们读过并听说过这个伟人的成就。戴维只在几条街之外的地方所创造的科学成果既令人兴奋又令人沮丧。法拉第感到心里乱糟糟的，就像在一个闭门聚会的门外听到聚会上发出的声音一样。

法拉第、麦克斯韦和电磁场：改变物理学的人

然后有一天，他很高兴地得到了戴维4次讲座课的门票。这是他在协会会议上的不懈努力带来的意外收获。前面说过，法拉第每次参加协会的会议后，都会精心誊抄和编写所听过的演讲笔记，里面还带有精美插图。演讲笔记是如此精美，以至于里博常常在店里向顾客展示这些笔记。其中一位丹斯先生（Mr. Dance）恰好是英国皇家科学研究所的成员，法拉第的笔记给他留下了难以言表的深刻印象，于是丹斯先生直接送给他戴维讲座的门票。

法拉第每次讲座都会提前到达，以确保能够在旁听席里占据一个最好的座位并全神贯注地听讲。在戴维的讲座中，戴维进行了一个惊人的演示，不仅展示了他的开创性实验，而且向观众传达了科学研究的乐趣。正如法拉第养成的习惯那样，他对所发生的一切都做了详细记录，并在回家后把它们认真清晰地誊抄下来。尽管戴维的演示很精彩，法拉第觉得不能仅仅是听一听看一看，而是有必要重复做一下实验，并亲自观察实验结果。对他而言，这是了解物质世界到底发生了什么的唯一途径。他用自己家里或商店里收集到的临时设备做了他所能做的，并且梦想有一天他能拥有自己的实验室。

随着他的学徒生涯即将结束，法拉第给英国皇家学会会长约瑟夫·班克斯爵士（Sir Joseph Banks）写信，要求获得一个科学的岗位。虽然信里态度谦恭语气谦和，但是他并没有收到回复。他前往在卡尔顿特勒斯（Carlton Terrace）的英国皇家学会总部的门房去了解情况，发现班克斯或有可能是他的秘书在他的信中注明了"无须回复"的意见。[8]

学徒期结束后，他在另一位法国移民亨利·德·拉·罗什（Henri de la Roche）那里找到了一份装订工的工作。这份工作每天都要干一整天的活，而且看起来前景确实黯淡。但作为桑德曼教徒的法拉第并没有闷闷不乐，他的科学之路才刚刚开始。亨利·德·拉·罗什对法拉第的印象非常好，仅仅几个月后，他就提出让法拉第继承自己的生意。不过，这却不是法拉第所想要的。在

沮丧中,他给一位朋友写了一封信:

只要我停留在目前的状态(我只是还没有机会摆脱它),我就必须把哲学完全托付给那些更有幸拥有时间和方法的人[9]。

在事情看起来黯淡无光的时候,他向所有人请求,希望获得汉弗莱·戴维的帮助。

法拉第的救星丹斯先生又来帮助他了。当戴维因为实验室爆炸暂时失明、需要一位助手时,丹斯说他知道恰好有个人适合这项工作。法拉第请假暂时离开装订工的工作,来到他崇拜的英雄面前,并度过了一段愉快的时光。在戴维那里工作的时间过得很快,他又不得不回到装订工的工作岗位上来,一个更加光明的世界很快消失,让例行的工作程序比以前更加令人麻木。装订的工作没有什么冒险,也没有任何收获。他仔细地把讲座笔记装订好并送给戴维,询问是否有机会在英国皇家科学研究所找到一个永久性的职位。几天后,1812年的平安夜(圣诞前夜),他得到了回复,万分高兴。

先生,

我很满意你给我的笔记和信件,从中看出你对我的信任,以及你对科学所显示出的极大的热情、记忆力和注意力。我现在需要出差去外地,1月底才能回来。此后在你需要的任何时候都可以来见我。

我很高兴为你服务。我希望我能为你做些力所能及的事情。

你顺从谦卑的仆人,

H. 戴维

法拉第终其一生都一直保存着这封信。但是在当时却并没有立即得到任何职位。戴维在跟他见面时说,他很愿意聘用法拉第,但是遗憾的是当时该机构的所有职位都已经满员,没有一个职位很快会有空缺。失望重新笼罩在法拉第的心头,但是时间不长。一天晚上,一辆马车停在法拉第的房子外面,一个男仆传递了一个信息:法拉第先生,您愿意在早上拜访戴维先生吗?

法拉第立即热切地前往。戴维向法拉第解释,他不得不努力克服困难认真工作。戴维提供给法拉第一个职位,并给予他忠告。多年以后,法拉第向朋友讲述了发生的事情:

> 在他满足我从事科学工作的愿望时,他建议我面对光明的前途不要半途而废,告诉我科学是一个无情的情妇。如果从金钱的角度来看,对于那些献身于她为她服务的人来说,报酬却很低。我说我具备科学家的超凡道德情感,他对此报之一笑,并且说他会让我体验几年,以使我在这个问题上得到正确的答案。[10]

但是,正如戴维可能已经猜到的那样,法拉第不顾科研很苦很累的警告,开始了他的科学生涯。法拉第获得的职位是协会中最低等的,非正式地被称为"苦力及擦洗工"。不仅要洗瓶子,而且要打扫地板、清扫壁炉。但是,没过多久,戴维就见识了他新招聘来的员工的才华。他先是让法拉第从甜菜根中提取糖分,不久之后两人一起工作,不顾三氯化氮的危险——这种变幻莫测的化合物曾经几乎使戴维失明——经常把包含它的试管和盆子吹成碎片。对于法拉第来说,这是他第二次当学徒,这次学徒是为了他的正式职业生涯。

戴维当时是欧洲最伟大的科学家。不仅是英国皇家学会的会员,他还被法兰西学院授予拿破仑奖[11],当时英法正在进行一场痛苦的战争。无论他做什么,都能做得很好,似乎在哪里都是头条新闻。1812年,他被国王封为爵士,同年,他与一个富有的年轻寡妇简·阿普里斯(Apreece)结婚,她以美丽、优雅和机智迷住了上流社会的人士。法拉第加入了上流社会,与特权阶级和成功者一起饮酒和用餐。戴维夫妇具有广泛的文化兴趣,而且钟爱作家。戴维夫人是沃尔特·斯科特爵士(Walter Scott)的朋友(也是远房表亲),斯科特爵士喜欢诗歌。他把罗伯特·骚塞(Robert Southey)和塞缪尔·泰勒·柯勒律治(Samuel Taylor Coleridge)

当成他的特别朋友，而且经常自己陷入诗意的想象中。柯勒律治说，他来听戴维讲座的原因是为了更新他自己的隐喻。

戴维是一个特立独行的人，他很自然地想要前往欧洲旅行——去参观伟大的文化中心，会见多年来一直与之惺惺相惜的顶尖科学家，并亲自领取他的拿破仑奖。在当时英法战争的背景下，他的一些同胞给戴维贴上一个叛徒的标签也是很自然的事，因为很多英国人有这种想法——法国是英国的死敌，拿破仑是人类的魔鬼。戴维视野则更为广阔。在给朋友的一封信中，他写道：

有人说我不应该接受这个奖项，而且报纸上确实有愚蠢的文章来说这件事。但是两个国家或者政府在打仗，科学家们却没有在打仗。这确实是一场最糟糕的战争。我们宁愿通过科学家们的交往和手段，来缓解国家之间的敌对情绪。[12]

拿破仑给戴维颁发了必要的特殊护照，戴维计划组成一个五人团从普利茅斯出发前往法国。这五个人是戴维、他的贴身男仆、他的妻子、她的女仆和作为科学助理的法拉第。而就在几个月前，法拉第还担心自己一辈子都可能成为装订工呢。现在，他很快就要开始一个通常是为贵族子弟而预定的游学旅行了，而且是在他极其钦佩的人的陪伴下进行的。戴维的生活很少是平静安逸的。在旅行前不久，他的贴身男仆退出了法国之旅，于是戴维还要求法拉第临时兼作贴身男仆——直到他在巴黎找到一个合适的仆人。这让法拉第很紧张，他思量再三，很是矛盾：他离开熟悉的环境已经很紧张了，现在还不得不放下架子，去给另一个男人清洗靴子。但是，任何一种机会都稍纵即逝！于是，他将自尊放在一边，在1813年10月，坐上了去普利茅斯的四轮大马车。

第二章

化　学

1813—1820 年

法拉第、麦克斯韦和电磁场：改变物理学的人

这是法拉第第一次走出伦敦郊外。到处都是新的景象和声音。他一路上坐在四轮大马车顶上到了普利茅斯，清楚地看到了外面的风光。当轮船从码头扬帆起航去往法国时，戴维夫妇回到他们的船舱，而法拉第则仍然留在甲板上，裹在毯子里，睁大了眼睛看着一望无际的大海，这是他第一次看到大海。

他对法国的第一印象非常糟糕。在两天的艰苦旅程结束后，船停靠在布列塔尼的莫莱克斯港，这个英国团队在被允许踏上土地之前不得不等待了数个小时，只是为了等待一位自命不凡的官员到达，这个官员将例行监督盘问和检查。出了海关后，戴维一行在黑暗中沿着泥泞的小路行进，在午夜过后才到达旅馆。他们发现所有的过道和走廊都被想要取暖和寻找残羹剩饭的乞丐所占据，而鸡、猪和马也挤在过道和走廊里，取暖和寻找食物。

只有在走近巴黎的时候，他们才看到拿破仑统治下新法国的迹象。道路比乡下的有明显改善，雄伟壮观的建筑取代了肮脏的街景。在王子酒店，法拉第与酒店的工作人员沟通，以确保戴维夫妇能够得到他们需要的一切。然后他第一次来到法国的大街上漫步。伴随着"英国佬"的喊声，还有推搡和吐口水，他其实并没有走得太远。他的衣服被扯掉了，只好赶紧买了一套法式风格的新衣服。他感到一阵不寒而栗的孤独，在他的日记中，法拉第写道："我对这里的语言一无所知，举目无亲，一个人也不认识，这里的人民又是英国的敌人，而且他们都爱慕虚荣。"[1]

任何自我怜悯都藏于内心，而且短暂。为了理解一个陌生的

新世界,就必须融入这个世界。所以,法拉第决定学习法语。当他能跟法国人交谈上几句话后,就开始慢慢地喜欢法国人了,他发现法国人"很健谈、活泼、聪明、礼貌周到",[2] 虽然在进行货币交易时往往过分关注外表,并且像是抢钱一样。作为一个勤奋和敏锐的观察者,法拉第漫游在巴黎尖锐的鹅卵石街道上,直到他走不动为止。他参观了礼堂、教堂、花园、纪念碑和画廊。在日记中法拉第做了详细的记录。所有的这一切都令这位年仅21岁的小伙子陶醉。他刚刚从伦敦一个令人厌烦的行业解放出来,但是还笼罩着一丝愁云,因为他目前还是一个仆人。

工作本身其实并不是问题。戴维不是一个天生的贵族,他并不需要也不想别人帮着穿衣服或者刮脸。法拉第所憎恨的是被赋予仆人地位的羞辱。几个星期过去了,他徒劳地等待着戴维信守承诺,在巴黎寻找一个合适的男仆,但是一个又一个候选人都因为不合适而被拒绝了。戴维夫人只是耸耸肩就可能表达了对候选人的不满。关于戴维夫人,法拉第在给他的朋友本·阿博特的信中写道:"她骄傲并傲慢到过分的程度,而且喜欢让她的下属感觉到她的权力。"[3] 简·戴维对她丈夫的工作一无所知,在她眼中,法拉第只是一个超越他自身地位的自命不凡的奴仆。

但是法拉第在参加戴维与法国顶尖科学家充满趣味的会议时,并不是任何人的仆人。开会的顶尖科学家中包括约瑟夫·路易斯·盖-吕萨克(Joseph Louis Gay-Lussac),戴维与他(到目前为止)之间是友好的竞争关系;还有安德烈·玛丽·安培(André Marie Ampère),法拉第与他之间建立了类似的(但更持久的)关系。戴维从英国带来了一个便携式实验包,里面装满了足够多的材料,可以引起相当大的震撼。人们好奇他是如何携带着这些东西从莫莱克斯港口的官员那里通过的,但事实上,他现在在酒店的房间里随意使用这个便携实验包,为客人们演示着各种实验。有一天,安培和一些同事带来了一个装满发光的深灰色薄片的小盒子——他们称之为"X物质"。这实际上是来自一个火药厂的一种意想不到的副产品，但是安培告诉戴维的是：盖-吕萨克和其他人都做过了研究，但是到目前为止还没有确定其化学成分。戴维立刻去工作，把一些薄片放在一个管子里加热，客人们惊讶地发现产生了深紫色的气体。在接下来的几天，经过多番测试后，利用只有他才知道的技术，戴维得出结论：这个神秘的物质必定是一个全新的元素，并将之命名为"碘（iodine）"，取自希腊词语紫色（iodhs）之意。

他谨慎地与盖-吕萨克交换意见，内心不想泄露太多的东西。化学家们将这个新的物质命名为碘，并确定了它的许多特性，但是在尝试了所能想到的每一个测试之后，仍然不确定它是元素还是化合物。自命不凡的法国科学家们也不过如此！戴维迅速地对伦敦的皇家学会宣布了他的发现，并大胆提出了自己和英国（对碘的所有权）的申明。盖-吕萨克勃然大怒，声称荣誉应归于自己和法国。虽然他们可能远离战争，但是科学家们并不能免于沙文主义。可怜的安培被他的同胞谴责，因为他让戴维有机会介入盖-吕萨克的研究课题。

法拉第对这件事毫不怀疑。他给阿博特（Abbot）的信中描述了戴维这一个杰出的作品：

关于碘，很多发现与盖-吕萨克的论文的许多部分相互矛盾，这些论文在很多地方夸大其词。在向他们指明之前，法国的化学家们一直没有意识到这个问题的重要性。现在他们却急于从这个课题上获得荣誉；但是欲速则不达，他们有理论的解释，但是却没有实验证明，显然得不到正确的结果。[4]

他还不知道，他的这种思想将主宰他后来在电学和磁学方面的大部分研究。

在搅动了巴黎科学界之后，戴维一行前往里昂、蒙彼利埃、艾克斯和尼斯，然后在寒冷的冬季越过阿尔卑斯山脉前往都灵和热那亚，从那里再乘船去佛罗伦萨。轮船在风暴中颠簸航行，戴维夫人晕船，一段时间甚至不能说话。法拉第后来向阿博特表示，她的沉默，是他们去冒生命危险换来的。在佛罗伦萨，戴维借用了托斯卡纳公爵（duke of Tuscany）的巨大放大镜，通过聚焦太阳光线来燃烧钻石。钻石被装在一个只含氧气的小玻璃容器中，当二氧化碳气体产生时，戴维得出的结论是钻石必定是碳的一种形式，如同煤烟、木炭和石墨一样。

佛罗伦萨给了戴维和法拉第一个惊叹于伽利略仪器的机会，包括著名的望远镜，现在收藏在自然历史博物馆。在他们的下一个目的地，罗马，他们参观了圣彼得大帝的奇迹和罗马帝国残余的壮观景象。罗马到底发生过什么？法拉第写信给阿博特：

意大利的文明似乎在后几年里加速了倒退的步伐，现在却发现意大利只有一个堕落的闲人，不愿意付出努力去发扬光大他们祖先留下的荣耀[5]。

从罗马到那不勒斯，然后再向北到米兰，法拉第和戴维遇见了69岁的亚历山德罗·伏特。这里至少有一位法拉第崇拜的当时在世的意大利人。戴维回忆起自己的印象：

他的谈话并不精彩，他的观点相当有限，但却显示着明显的独创性。他的举止非常简单。事实上，我认为，一般来说，意大利的学者，虽然他们没有太多尊贵或优雅的举止，但他们都不矫揉造作[6]。

然后他们又回到了阿尔卑斯山，前往日内瓦，在那里戴维见到了加斯帕德·德·拉·维夫（Gaspard de la Rive）和他的儿子奥古斯特。戴维与加斯帕德·德·拉·维夫多年来一直通信，并渴望见到他。戴维一行在德·拉·维夫的湖畔别墅住了三个月。在日内瓦，法拉第的精神导师简·马塞特和她的丈夫亚历山大恰好前来拜访他们的瑞士亲戚。他们邀请戴维夫妇和法拉第共进晚餐，但是到了聚会时，戴维夫人命令法拉第和仆人们一起吃晚饭，这使所有的人尴尬极了。亚历山大尽力去挽救这一局面，当女士们吃完饭退场后，他说："现在，我亲爱的先生们，让我们一起去厨房和法拉第先生待在一起吧。"[7]

到目前为止，戴维给欧洲的许多科学家们都留下了非凡的印象。法拉第也是如此。他们在巴黎和日内瓦两地见过的年轻人之一写道：

> 戴维的实验室助理，早在他凭借自己的工作赢得伟人之名之前，他的谦逊质朴、和蔼可亲和聪明，使他在巴黎、日内瓦、蒙彼利埃等地获得了很多最忠实的朋友。法拉第给我们留下了永恒的记忆，让我们充满活力，而他的主人却永远无法激发出来我们的活力。我们钦佩戴维，我们爱法拉第。[8]

旅行继续。他们回到罗马，显而易见虔诚的人群挤满了大教堂，聆听由教皇主持的群众演唱，然后立即启动放肆的、为期一周的冬季狂欢节，法拉第见证了这一盛况，深感震惊，并被深深吸引住了。在外时间久了，他渴望回家。使他高兴的是回家的愿望很快就实现了。戴维原先打算继续前往希腊和土耳其，但是瘟疫爆发了。此外还有一个更大的障碍，就是法拉第和戴维夫妇在欧洲漫游时几乎没有想到政治局势。在他们的旅途中，拿破仑被其他由大部分欧洲国家组成的联盟击败了，并被流放到厄尔巴岛。现在拿破仑已经逃回了法国，数以百万已经恢复活力的同胞们团结起来支持他的事业。与英国和普鲁士人一样，意大利人也感到了威胁，在街头也聚集起部队。

法拉第在他的日记中很好地总结了自己一辈子对国家之间争斗的看法：

> 我听到波拿巴再次获得自由的消息。我不是政治家，我对此并不担心，尽管我想这对欧洲的事务会有很大的影响。[9]

戴维改变去希腊和土耳其旅行计划的另一个原因可能是他与妻子之间无法消除的隔阂。这个隔阂使他难以忍受。最终，他们选取最快的安全路线，经过德国和荷兰，到达比利时奥斯坦德，然后坐船到英国。这令法拉第喜出望外。他给布鲁塞尔的母亲写信，说他三天后会回家，再加上附言："这是我写给你的最短但是（对我来说）是最令人高兴的信"[10]。

十八个月后，出行时的男孩回来时变成了男子汉。他见过了凡尔赛宫、卢浮宫、圣彼得大教堂、古罗马竞技场和维苏威火山，他曾三次穿越阿尔卑斯山。他与欧洲的精英科学家们待在一起，建立起了长久的友谊。他忍受了戴维夫人的冷嘲热讽，终于学会了冷淡地对待这些人。最重要的是，他成为她丈夫的亲密伙伴，学习了戴维的洞察化学本质的能力，并共享了在科学发现中所有的艰苦努力、错误的道路、质疑和失望的所有过程，除此之外还有灵感凸现和欢欣鼓舞的幸福时刻。

游学旅行曾是英国年轻贵族世代相传的一种教育方式，这是特权阶层教育的特点，可能包括伊顿公学、牛津或剑桥大学。这种游学旅行能够增强生活体验。对于这些人来说，欧洲的最优秀的艺术、音乐及社会交往的吸引力是能够敌得过欧洲最好的寻欢作乐的场所、美食和赌场的诱惑力的。现在，由于运气和他自身努力出色的结合，铁匠的儿子法拉第踏上了同样的金光大道。对于法拉第来说，通过这次游学旅行，他的视野大大拓宽，镀上了很多受到正规教育、年轻、英国绅士的光彩。他对世界的眼界打开了，其中也包括上流社会的一些他不想与之打交道的东西。现在，他的眼界已经远远超越了他以前的简单而勤奋的工作和生活模式，知道了一些有钱有势人的工作和生活方式。他能够平等地面对着他们。

在英国皇家科学研究所，法拉第获得了适度的加薪以及一个奇怪的职位头衔："仪器和矿物学收集的助理和管理人"。"苦工和擦洗工"的日子结束了，贴身男仆的职责也不再需要他来完成了，但他仍然是戴维的抄写员，为伟大科学家的华丽而混乱的工作生活带来秩序，撰写研究报告，并且在戴维参加许多外部感兴趣的活动时坚持实验，戴维的活动既包括专业性也包括社会性的活动。

随着时间的流逝，法拉第的工作任务并不轻，戴维越来越依赖他，但对于法拉第来说，这是一份心爱的工作，在戴维的魅力和显赫的名声的阴影下静静地执行。只要戴维有原稿，法拉第就会把导师所有粗心潦草的研究笔记用自己漂亮整齐的手写体抄写下来，并将其装订为专用的四开大小的合订本。

与戴维的生活方式相比，法拉第自己的生活模式更有规律。事实上，这种规律的生活模式使得他能够有条不紊地处理所有的事情。每个星期一和星期四晚上是阅读和其他自我提高活动的时间；星期三晚上，他去城市哲学学会听讲座，有时自己给他们讲课；星期六总是和他的母亲一起度过；而星期二和星期五晚上则会去陪伴本·阿博特和其他朋友。他喜欢这样的生活。

1815年，法拉第帮助戴维开发了矿工安全灯。煤矿工人需要亮光才能工作，但是数百人死于明火引起的爆炸。在戴维的矿工灯里，用纤细金属网罩住火焰，只要灯保持在良好的状态，就不会发生爆炸。戴维成为矿工们心中的英雄，尽管矿工灯实际上导致了更多的死亡，这是因为矿主重新开采以前因安全原因而关闭的矿井所引起的。

戴维对他的门徒的进步感到很高兴，他给了法拉第科研项目，并让他以自己的名义发表论文。迈克尔·法拉第这个名字开始出现在期刊上，虽然从他早期的论文中，看不到将来会有什么要发生的迹象。这些早期论文短小简单明了，所研究的对象也不可能产生任何轰动。例如，第一篇论文是《托斯卡纳生石灰的分析》。但对于法拉第来说，这些论文是非常珍贵的：它们标志着他加入了实验科学家们的行列。当时他还没有想到他可能会成为一个伟大的发现者，但他决心尽其所能为自己的新职业带来荣誉。他的部分工作是协助其直接上司威廉·布兰德（William Brande）进行实验室工作和讲座。当戴维在演讲厅里光彩夺目时，布兰德几乎没有什么光芒，但他是一位完美的专业人士，法拉第从他那里学到了不少东西。后来，当布兰德从戴维那里接过了在英国皇家科学研究所开办讲座的任务以后,听众就变得寥寥无几了,但法拉第已经有了自己对演讲艺术的看法。正如他在写给阿博特的一封信中所说的那样:"人们通常不能在哪怕是短短的一小时内陪伴着我们,除非路上洒满了鲜花。"[11]同时,他在城市哲学学会练习自己的演讲技巧,参加了演讲术和雄辩术课程的夜校,他在笔记本上写满了133页。他几乎无力承担该课程的费用,但是,他仍然把时间和金钱都花在了这上面。后来他成为掌控时间和擅长演讲的大师,令听众着迷。

到目前为止,他继续以一个熟练和可靠的化学家的身份而逐渐建立起自己的声望。制造商和食品生产商已经开始认识到他们需要精确化学分析,但该国能够执行这些操作的人很少——英国的大学在多年之后才开始教授应用化学课程。法拉第发现,他装备精良的实验室里所进行的分析,商业公司和政府部门有很大的需求。例如,他测量了供应给火药制造商的硝酸钠的含水率,分析了老化的鸡蛋所排放的气体,并测试了各种各样的肉类和鱼的干燥方法,以作为海员的食物——这是为海军所做的服务。这样的生意给英国皇家科学研究所带来了急需的收入。

在法庭案件中,作为专家证人也是如此。法拉第的资历较深的同事们一般都从事法律工作。在1820年,法拉第被一家保险公司雇佣来为他们的案子辩护,结果发现戴维和布兰德都被另一方——一家制糖公司雇佣了。保险公司在火灾后拒绝赔付,声称精炼机器在精炼糖的过程中使用了燃油,从而使该保险单无效。法拉第就燃油的易燃性提供了令人信服的证据,但却输掉了官司:法院不知何故裁决保险公司应该赔偿,因为精炼者没有欺诈的意图。也许这个案子变成了一个很好的法律问题,但是不管法律上的细节如何,从一个案件中收取的三笔费用对英国皇家科学研究所来说是笔好的买卖。

有一次,法拉第放松了他的实验标准。戴维曾经好战地发表了一篇关于磷化合物的论文,他在其中质疑瑞典化学家琼斯·雅各布·伯齐利厄斯（Jöns Jacob Berzelius）的发现。论文中包含了法拉第工作的一些成果；伯齐利厄斯检查了法拉第的结果，发现了错误，并回击称：

> 如果戴维先生能亲自不厌其烦地重复这些实验，他就应该相信这样一个事实，即在进行精确分析时，绝不能把他们委托给另一个人；当反驳其他化学家的工作时，这是一个必须首先遵守的规则，而这些化学家没有表现出做出精确实验的严谨。[12]

这是赤裸裸的羞辱，也是一个教训。在竭尽全力地消除所有可能的误差来源之前，法拉第再也没有发表过任何东西。

虽然用化学这个词来描述戴维、布兰德和法拉第所做的工作，但他们并不认为自己是专家，而仅仅是科学工作者或自然哲学家。他们在化学领域工作，因为那是科学的前沿。研究进展在于发现更多的关于物质成分的信息，以及它们在混合或经受电流时的反应。戴维本人分离出了7个新的化学元素。科学家们总是被对知识的渴望所驱动，另外一个驱动的动力来自工业。制造商希望利用化学领域的最新发现制造新产品或使旧产品更加经济，并准备为可能给他们带来经济效益和领先优势的研究支付费用：法拉第去参观了炼铁厂，并被邀请去研究如何提高手术器械用钢的质量。总而言之，未来的道路似乎很明确：对于那些有意推动科学前沿的人来说，这是令人满意的路线。但是没有人能够知晓即将发生的事情。

1820年9月，在他29岁生日的时候，法拉第已经跻身于中层英国科学家的行列。他是一名一流的化学分析专家，即使不那么引人注目，他的职业生涯看起来也还是光荣的，他也是英国皇家科学研究所的一个忠实拥护者。到目前为止，他所做的一切似乎都没有预示他未来将会有什么重大的成就。然而，他迄今为止所做的一切，都是为有史以来最伟大的科学成就所做的最完美的准备。他所有的观察、探索、思考和想象的能力，加上他的实验技能、细致的记录以及坚定的决心，都将得到充分检验，表现得完美无缺。

战斗的号角是在 1820 年 10 月 1 日吹响的。汉姆弗瑞·戴维爵士（Sir Humphry Davy）带着来自丹麦的一些惊人消息来到了英国皇家科学研究所。汉斯·克里斯蒂安·奥斯特（Hans Christian Oersted）在一条载流电线附近放置了一个磁罗盘，并看到磁针移动到与导线成直角的位置。在伏特为他们提供电流的二十年里，科学家们一直在科学的丛林中寻找着知识的碎片，而奥斯特发现的第一个重要信息就在他们脚下的小路上。探索的精神是强大的，为什么没有其他人想到把指南针放置在电路附近，看看是否会发生什么呢？奇怪的是，虽然在我们看来，只有少数科学家认为电力和磁力之间可能存在着某种联系，但是这些少数人被其他人视为空想的形而上学者。大多数人坚定地支持所谓的牛顿模式，尽管牛顿本人可能会否认其中的一些：物质间可在一段距离的直线上瞬间相互作用来施加力。这种模式并没有试图解释自然界的力中的一种，如电力，如何能够与另一种力相互作用，比如磁力。但是，正如我们所看到的那样，人们持有这样的科学观点，并持续了几十年——甚至在面对越来越多的证据时依然坚持这个观点。这些证据首先来自于奥斯特，然后来自于法拉第的工作，后来是来自于麦克斯韦。

戴维和法拉第对奥斯特新的发现感到震惊和着迷，他们自然地也开始用电流和磁体进行实验。不久之后，法拉第就将在英国皇家科学研究所图书馆和其他图书馆中查找有关资料，看看能从电和磁的历史中收集到什么。

第三章

历 史

1600—1820 年

法拉第、麦克斯韦和电磁场：改变物理学的人

自古以来，电和磁就被迷信、神秘主义和江湖医术的迷雾所掩盖。最早驱散迷雾的那个人是威廉·吉尔伯特（William Gilbert）。他 1544 年出生于科尔切斯特（Colchester），长大后接受过医师培训，并成为一名非常优秀的医生，后来晋升为医学院院长并担任伊丽莎白女王的私人医生。但我们仍然有比他的病人更感激他的理由，因为他是第一个通过实验来研究电和磁的人，他的细致观察和科学推理为后来从事这项工作的人扫清了道路。

为什么悬浮的磁针总是自动地对齐南北方向？为什么琥珀在用毛皮摩擦后会吸引细碎的纸片和绒毛呢？吉尔伯特对这些问题很是着迷，他试图从古代和当代的学术著作中寻找启示，但是却找不到关于这一主题的任何文字。他在 1600 年出版的《论磁学》（*De Magnete*）一书中写道：

> 现代许多人都写过琥珀和煤玉吸引箔条以及其他相关的未知事实的文章：他们的劳动成果使得书商的商店里挤满了人。我们这一代人创造了许多深奥、难解和神秘的书籍，但却从来没有从实验中得到证明，也从来没有发现任何实验证据。作者们秘而不宣地对待这一主题：奇迹般的、难以理解的、深奥的、神秘的。因此他们的这种哲学讨论是没有什么结果的，因为他们的书籍仅仅依赖于一些希腊语或不同寻常的术语——这就好像是，理发师抛出一些拉丁语让没有文化的下层民众听，以表示他们的学识，从而赢得声誉……很少有哲学家是调查者，或者对事物有第一手的认知[1]。

"创造奇迹者"也包括教会。可以说，正是因为英国人更加宽容，吉尔伯特才能够大胆地发表自己的观点而不用担心自己的生命和自由，尤其是在他明显地支持哥白尼的观点时，即认为地球不是宇宙的中心。英国与罗马的情况截然不同，在罗马，支持哥白尼观点的人被残酷地对待：吉拉迪诺·布鲁诺（Giardino Bruno）被火刑处死，伽利略·伽利雷（Galileo Galilei）被终身软禁在家中。

吉尔伯特并没有采用当时一些学者们躲在书斋中冥思苦想的做法，而是深入实践，与那些使用磁铁的人进行交谈：指南针（罗盘）制造者、领航员和船长。毫无疑问，他多次听到了所有的当时流行的理论——磁体被北极星或巨大的北极山所吸引，如果与磁铁离得太近，就会把船上所有的铁钉都拉出来，而磁铁会干扰罗盘读数。他产生了一个想法，这与他所听到的关于指南针的实际行为相一致：地球可能是一个巨大的磁体。为了验证这个想法，他制作了一个他称之为"特雷拉（terella）"的模型——一个由天然磁性铁矿石（磁石）形成的地球模型——并且把指南针放置进去围绕它移动。结果表明：尽管只是一个模型，但是发现罗盘指针的行为完全就像在真实的地球上一样。

为了研究比磁场弱得多的电场，他需要一个灵敏的探测器，为此他制造了世界上第一台验电器。他把它称为"静电验电器（versorium）"——一个在针头上平衡的轻金属针，就像一个指南针，只是针没有被磁化。当朝向带电物体移动时，针头会移动以便指向带电物体。他制作了一大堆材料，当你摩擦这些材料时，它就变得带电了，这可以使用静电验电器来验证。他发明的这种静电验电器，虽然很奇妙，但是却不能区分正电和负电，所以吉尔伯特没能发现一些物质带正电，而另一些物质带负电。他也没有注意到两个带同样类型电荷的物体会相互排斥。他也没能看到磁引力和磁斥力的对称性——对他来说，异极之间的相互吸引是同极之间相互排斥的必然结果。

法拉第、麦克斯韦和电磁场:改变物理学的人

人们不能因为他的这些失败而去苛责他。吉尔伯特在对电和磁的理解上取得了巨大的进步,他打破了中世纪以来的思维,开辟了通往现代科学的道路。在他的同时代人中有弗朗西斯·培根和伽利略·伽利雷,他们在提倡我们现在所说的科学方法的过程中更加有名,也更为有力。大约在二十年后,伽利略展示了观察、假设、数学演绎和验证实验间的完整的关系,但在电和磁方面,是吉尔伯特指明了方向。吉尔伯特通过准确地报告他在实验中所做的事情,使得其他人能够重复这些实验,验证实验结果,甚至还可以予以扩展。他的工作引导了其他人去研究这个问题,在17世纪20年代,意大利神学和数学教师尼科洛·卡贝欧(Niccolo Cabeo)发现了吉尔伯特未发现的现象。他注意到,铁屑一接触到带电琥珀的时候,铁屑就好像跳开了。和磁力一样,电力既有吸引力也有排斥力。

对科学的追求一直在进行着,但大部分研究还只是局限在"如果你这样做,那么诸如此类的事情就会发生"这样的陈述中。在物理世界里发生的一切规律都可以采用数学公式进行描述,这一观点似乎和魔法山一样奇特和虚幻。但是到了1687年,艾萨克·牛顿出版了《数学原理》(*Principia Mathematica*)时,一切都改变了。牛顿说,用三个简单的定律就足以描述任何物体在力的作用下如何移动,并且任意两个物体之间的相互吸引力与它们质量的乘积成正比,且与它们之间距离的平方成反比。从苹果的坠落到行星的轨道,一切都可以用精确的方程式来描述。很难找到一个足以描述牛顿成就的词语。也许亚历山大·蒲柏(Alexander Pope)在1727年为牛顿所写的一个墓志铭可以勉强描述牛顿的伟大成就:"自然和自然法则在黑夜里藏起来了:上帝说,让牛顿去吧!于是一切都被照亮!"

科学进入了一个新的时代,并且走上了我们今天仍然沿用的科学道路。新时代的目标是把一切事物纳入到普遍规律之中——规律越少越好,越简单越好,通过实验和数学公式来实现这一点。

牛顿自己在光学领域做了一些惊人的非常成功的实验，证明了我们感知的白光实际上是由可见光谱中各种颜色混合而成的。他从来没有把他的研究触角伸向电和磁。但是，正如我们将看到的，其他人开始借鉴他的万有引力定律构建电和磁这两个领域中的模型。

与此同时，科学家们正在逐渐地提高对电的认识。18 世纪 30 年代，由法国陆军军官变为化学家的查尔斯·杜·费伊（Charles du Fay）发现，用玻璃和丝绸摩擦得到的电性，与琥珀和毛皮摩擦得到的电性是不同种类的。带电玻璃能够吸引带电琥珀，而两块带电玻璃却互相排斥，两个带电琥珀也一样是互相排斥的。杜·费伊认为，琥珀和玻璃可能各自都充满了一种独特的电流体，并引入了所谓的"双流体"理论。与此同时，一个美国人正在沿着不同的途径工作。本杰明·富兰克林（Benjamin Franklin）似乎能够做出任何事情。他当时已经是一个出色的、成功的印刷商、出版商和记者，如果不想继续做这些事业的话，他将来还可能继续成为一位杰出的政治家。与此同时，他也是一位伟大的科学家。1747 年，他提出了电荷的概念，它可以是正的，像玻璃所带的电一样；或者是负的，就像琥珀所带的电一样。富兰克林所提出的电荷以单一假设的电流体形式出现。通过他的"单流体"理论，一个具有正常流体量的物体将没有电荷，但是一个具有过剩流体的物体则是带正电的，而一个缺乏流体的物体则是带负电的。为了解释杜·费伊的实验结果，富兰克林假设：（1）当丝绸摩擦玻璃时，电流体从丝绸转移到玻璃上；当毛坯摩擦琥珀时，电流体从琥珀中被提取出来转移给了毛皮。（2）通过与磁极类比，异性电荷互相吸引，而同性电荷相互排斥。基于同样的原因，这也解释了为什么卡贝欧所做实验中的铁屑在接触到带电琥珀时会跳出，——当它们触碰时，它们得到的是同样的（负）电荷并且相互排斥。

有一个广为流传的故事，富兰克林将风筝放入雷雨云中，以证明闪电是带电的,这为在建筑物上安装避雷针奠定了坚实的理论基础。实验成功了,避雷针得到广泛的使用。富兰克林,如果确实是他成功做成这个实验的话,那么,他亲自冒着生命危险挽救了许多生命。事实上其他几个人因为尝试类似的实验而丧命。为了进行风筝实验,需要从闪电中收集电,并将之储存起来供以后进行检查。几年前,荷兰莱顿大学的教授彼得·范·穆森布罗克(Pieter van Musschenbroek)发明了这种装置。他试着把电储存在一个装满水的瓶子里,实验比预想的还要成功。当富兰克林转动一台机械摩擦起电的机器手柄时,他的学生和助手安德烈亚斯·库奈斯(Andreas Cunnaeus)拿起了瓶子,试图从瓶子里将火花引到自己另一只手握着的枪管上。他们以前见过火花,但不是这次这样的。那是一道巨大的闪光,而通过库奈斯身体的电击几乎使他丧命。他们对储电装置做了改进,在瓶内和瓶外涂覆金属箔片,而无需像穆森布罗克装置中需要用水,这称为莱顿瓶,也是第一个电容器。它很快成为储存电能的标准设备,包括法拉第在内的许多人,后来都制作了他们自己的莱顿瓶并用于实验。

吉尔伯特和其他人很久以前就观察到,随着一个人从带电体或磁极离开,他所受到的电力和磁力就会变弱。由于牛顿的平方反比定律在重力作用下非常有效,所以类似的定律似乎也适用于电和磁。1750年,约翰·米歇尔(John Michell)证明了反比定律对磁力是适用的,约瑟夫·普利斯特里(Joseph Priestley)在1766年也证明了反比定律适用于电力。1785年,法国物理学家查尔斯·奥古斯丁·库仑(Charles Augustin Coulomb)进行了一系列的关于反比定律的决定性实验,并用他的名字命名为"库仑定律"。为了精确实验,库仑独立地重新发明了一种非常精确的仪器——扭力天平[2]。约翰·米歇尔早在30年前就开始尝试制造,但遗憾的是在投入使用之前他就已经过世了。

库仑并不赞同富兰克林的单一流体假说。从杜·费伊的时代起,法国科学家就开始相信双流体的电学理论——琥珀类物质有一种流体，玻璃类物质则有另外一种流体——当库仑支持双流体理论时，这种理论已经在法国科学家的思维中深深扎根。在海峡的另一边，富兰克林的单一流体理论则非常受欢迎，英国科学家成为他的单流体模型的忠实支持者。辩论持续了很多年，双方都有热情的拥护者。现在看来，这一切看起来是相当愚蠢和无关紧要的，就像一个关于飞猪是否有一对还是两对翅膀的争论。但是在 18 世纪后期，所谓的无法估量的流体——被感官无法察觉的假想物质——是科学思维的重要组成部分；例如，化学之父安托万·洛朗·拉瓦锡（Antoine Laurent Lavoisier）认为热是一种叫作"热量"的流体。

磁同样有它的流体，英国和法国都承认有两种。但是，无论用单流体还是双流体，电和磁的理论现在都遵循牛顿的万有引力定律的平方反比律模式，区别只在于：电和磁均会吸引和排斥，而万有引力只能互相吸引。这些方程看起来和牛顿的方程是一样的，能够给出力的精确值。一切看起来都很正确。但是，有一个缺陷深埋在其中。牛顿发现了它。牛顿给他的朋友理查德·本特利（Richard Bentley）写了一封信：

万有引力对于物质来说应该是天生的、固有的和必不可少的，因此，通过真空，没有其他的媒介，一个物体可远距离对另一物体作用，并通过相互作用，作用力可从一个物体传递到另一个物体。在我看来，这种思想荒谬之极，我相信任何一个在哲学问题上具有充分思考能力的人都会对此疑惑不解。[3]

牛顿知道他的方程式并不是关于这个问题的定论。没有力可以瞬间通过一个距离对其他物质作用。尽管他谨慎地避免做出关于传递力的介质到底是什么的任何假设，但在涉及的空间里一定存在着某种物质来传递这种力。而在法国，有数学天赋的物理学家们将传递介质的思想置之脑后，在牛顿的基础上自信地建立起一种新的观点。他们不觉得有必要纠缠于重力或其他力量的终极意义以及它们是如何传播的。用数学方程式来描述宇宙中的规律就足够了，而且，瞧，这一切通过数学表达式都变得可以理解了。他们相信，正如牛顿所做的那样，整个物理世界的表现就好像是由质点组成的，它们遵守精确的定律（就像行星一样），从而将宇宙中可测量的物质的规律简化为一系列的方程。描述这些规律的数学是优雅的、精巧的、包罗万象的，结果非常漂亮。

约瑟夫·路易斯·拉格朗日（Joseph Louis Lagrange）创作了关于动力学的权威著作《分析力学》（*Mécanique analytique*），书中没有包含一个图表；皮埃尔·西蒙·拉普拉斯（Pierre Simon Laplace）撰写了他精湛的杰作，五卷的《天体力学》（*Mécanique céleste*）；西蒙·丹尼斯·泊松（Simeon Denis Poisson）计算出两个球导体在给定距离的情况下表面电荷的精确分布。牛顿关于引力在没有任何介质的情况下瞬间起作用是"荒谬"的警告并没有完全被遗忘。假定介质为流体，拉普拉斯计算出引力的传播速度至少比光速快700万倍，这一结果似乎使其他人确信，无论是对重力还是对电和磁力的瞬时作用的任何差异，都可以完全忽略不计。有了电和磁，牛顿的引力模型似乎提供了一条康庄大道，但不幸的是，它最终却变成了一条死胡同。

在1800年以前，所有的人造电都是静态的。持续电流的发现完全是一个意外，科学中的新发现总是来自于意外，这似乎是一个传统。博洛尼亚的一位解剖学家路易吉·伽尔伐尼（Luigi Galvani），将死青蛙的腿挂在一排黄铜挂钩上晾干。那时，大约是在1780年，他碰巧用一块与黄铜挂钩接触的铁片触碰了一条青蛙腿，发现青蛙腿竟然抽动了！青蛙腿上的肌肉组织产生了电流，当时伽尔伐尼或许是这样想的。他的朋友亚历山德罗·伏特不同意这一观点，并着手证明另一种理论，即电是通过与青蛙腿接触的不同金属之间的化学作用产生的。大约十年后，他研究出伏打电堆（伏打电池）。他的第一块电池是一堆交替放置银和锌的圆盘，中间交错叠放着浸盐水的厚纸板。令人惊讶的是，当一端的银盘通过金属电路连接到另一端的锌盘时,看似惰性组件的这种简单装置产生了连续的电流。电堆中的圆盘越多,电流效应就越大。此后还证明了不需要使用昂贵的银也能产生电流,任何两种金属都可以,换用铜和锌效果也很好。

伏特从未打算发明这种电池,但这种电池很快就得到了青睐。实验人员发现,将电池的每一端分别连上一根导线,并将这两根导线的末端浸入一种化学溶液中,会发生一些有趣的事情。到目前为止,化学家们研究物质成分的唯一方法就是将物质混合在一起,观察发生了什么。现在一种名叫电化学的新技术开辟了新的领域。可以把正在研究中的物质制成物质的溶液,将电池的两根导线浸入其中,然后让电力来做这项工作;有时它会分离物质的成分,每一组分都被吸引至其中一个金属丝末端。正如我们所知道的,这一消息最终传到了城市哲学学会的年轻爱好者们那里。法拉第,用他的由 7 个半便士组成的电池,高兴地看到了气泡的出现,他所试验的硫酸镁溶液在分解时变浑浊。

电池得到了大规模的利用。汉弗莱·戴维(Humphry Davy)用一个巨大的电池(由 2000 个伏打电池组成),在英国皇家科学研究所为化学开辟了新的领域。通过大胆而时有危险的实验,他分离出了一系列新的元素:钡、钙、钠、钾、镁和硼(最后一个是与法国人约瑟夫·路易斯·盖-吕萨克和路易斯-雅克·泰纳德(Louis-Jacques Thénard)一起命名的)。在这项工作的过程中,戴维越来越相信所有的化学反应都是电作用的结果。他的观点当然也影响了他的门生,尽管法拉第没有引用任何人的话,甚至包括戴维的话,他总是亲自动手来解决一切问题,这是他的习惯。

电正在搅动着化学,但一股新风正令人惊讶地吹来。伊曼努尔·康德(Immanuel Kant)在 1781 年出版了《纯粹理性批判》(*Pure Reason*)一书,该书开启了德国一个名为自然哲学的科学思想学派,该学派的思想主要由弗里德里希·冯·谢林(Friedrich von Schelling)提出。哥本哈根大学的物理学教授汉斯·克里斯蒂安·奥斯特,是科学和哲学的拥护者。奥斯特是一位药剂师的儿子,他有一位同名的密友叫汉斯·克里斯蒂安·安徒生(Hans Christian Andersen),还有一个弟弟安德斯·奥斯特(Anders Oersted),后来成为丹麦首相。汉斯·克里斯蒂安·奥斯特是一个多才多艺的人——他写过诗——但是他很早就被科学吸引住了,特别是被化学和德国的哲学所吸引。

康德在 1786 年的著作《自然科学的形而上学基础》(*Metaphysical Foundations of Natural Science*)中提出了一种物质间的动力学理论——它由基本的排斥力和吸引力组成——从而开辟了统一处理所有力的可能性,包括电力和磁力。在这个理论中,所有的力都被归结为吸引力和排斥力这两种对立的力量。这两种力遍及在整个空间中,并通过一种媒介传播:根据康德的理论,需要某种介质来传递所有的物理力——光、引力、电力和磁力。

谢林和康德一样,认为所有的现象都可以归结为引力和斥力的作用,但他进一步指出,基本力在不同的环境中以不同的形式表现出来。例如,在给定的物理条件下,电力是吸引和排斥的表现。根据《自然哲学》(*Naturphilosophie*)一书的观点,所有的空间都是由各种力组成的网络,这些力量根据当地存在的条件以各种形式表现出来。随着所有力的统一,人们有理由认为,在适当的实验条件下,每一种力——光、热、电、磁、引力——都可以转化为其他任何一种形式的力。这是实现场理论的第一步,场理论认为与物理现象相关的能量存在于围绕物体的连续介质中,而不是在物体本身。

库仑,一个非常信仰牛顿学说的人,他争辩说物质主体在一定距离上是相互作用的,这种作用沿着它们之间的一条直线,中间的空间根本不起任何作用。与康德和谢林不同的是,库仑认为每一种力都是不同的:例如,电力需要一种不同于磁力的流体,所以一种力不可能被转化成另一种力。

从我们现在掌握的知识来看,康德和谢林显然是对的,至少在广义上是对的，库仑是错的。但在 19 世纪初，情况看起来则有所不同。库仑的方程清晰、简洁，而且给出了精确的答案，而康德和谢林的思想则是推测性的、模糊的，甚至是形而上学的。在 1820 年奥斯特发现电力与磁力之间的联系之后，安德烈·玛丽·安培大吃一惊，这位与戴维和法拉第在巴黎相见的法国数学物理学家，在一封给朋友的信中，解释了为什么他的同胞们没有想到像奥斯特所做的那样，把指南针放到载流导线附近：

> 你当然有权利去问，为什么二十年了没有人尝试伏打堆在磁铁上的作用，这真是太不可思议了！然而，我相信原因是很容易发现的：在于库仑关于磁作用性质的假设中；每个人都认为这个假设仿佛就是事实；这个假设简直就是认为电力和所谓的磁力线之间的相互作用不存在任何可能性……每个人都墨守成规，不愿意改变自己惯常的想法[4]。

奥斯特从一个完全不同的角度研究电和磁。他一直受到自然哲学的强烈影响，同时也遵循所有自然力是统一的这一宗旨。他在原则上接受了康德的观点，即所有物质都是由两种力组成的，一种是吸引力而另一种是排斥力，不过，奥斯特将这两种力用"燃烧物"和"可燃烧"的比喻来解释。当休眠时，这些力就构成了物体的化学性质，就像是静止的燃烧物一样；当条件允许它们自由行动时，它们就产生了电，就像燃烧物燃烧起来一样。为探索电和磁可能会如何联系时，他形成了一种新的想法。将一个电池通过一根细长的金属灯丝来传输电流，这样灯丝就会发热和发光——他认为磁效应会随着热和光从灯丝上辐射出来。指南针靠近电线；也许它的指针会偏转。他制作了这个仪器，并在演讲中试探性地尝试了一下。当他接通电池时，指针颤动了，但非常微弱，实验并没有给观众留下深刻的印象。奥斯特也很无奈。三个月过去了，他又试了一次，指南针仍然只有很微弱的颤动。后来，他用一根粗导线来代替灯丝，大大增加了电流，这次指南针指向了一个新的方向，竟然与导线成直角！这一次粗导线没有发热，也没有发光：能够看到电和磁之间的直接联系。电流产生了某种"突变"，围着导线绕成一个圆圈起作用，遇到磁性材料时就会产生一种力的作用。

这种效应是以前从未见过的，它在科学界掀起了冲击波。奥斯特自己对它的解释，虽然可以理解，但有点试探性和模糊性，完全违背了公认的牛顿学说，即排斥-吸引力在一定距离内沿直线运动，因此加大了对科学界的冲击。他写道：

为了解释这些现象，我们现在可以进行一些观察。电的突变只作用于物质的磁粒子……它们的磁粒子抵抗这种"突变"的通过。因此，它们可以在竞争力的推动下移动。

之前的事实可以充分证明，电的"突变"并不局限于导体，而是非常广泛地分散在周围的空间中……我们同样可以测量到，这种突变呈现出圆环状；因为如果没有这种条件，下面的情况似乎不可能发生，即当组合导线的一部分放置在磁极下方时，它应该被向东推动，而将此部分置于磁极上方时则应向西推动；因为根据圆的性质，相反部分的运动应该具有相反的方向。此外，圆周运动，与根据导体长度的前进运动相结合，应该形成一个贝壳状线或螺旋线。但是，除非是我弄错了，否则不能解释所观察到的现象。[5]

奥斯特开辟了一个物理学的新领域。现在人人都知道电和磁是密不可分的。但对这种联系的确切证明，当时还是令人难以捉摸的。找到它需要勇气、坚韧和天才。

第四章

圆周力

1820—1831 年

法拉第、麦克斯韦和电磁场：改变物理学的人

戴维和法拉第不失时机地重复了奥斯特的实验。他们观察到磁针与载流导线成直角。通过将导线摆成垂直状态并使磁针在导线周围移动，他们发现力确实是在做圆周运动。虽说眼见为实，但他们一定有过怀疑自己双眼的时刻。根据牛顿的原理，自然界已知的三大主要力——重力、电力和磁力——要么直接拉向力的源，要么直接推离力的源。可是，这种新发现的力却是侧向作用的。

在这个时候，法拉第沉浸在关于钢铁合金的艰苦实验中——这个实验可以为英国皇家科学研究所带来急需的收入——而且很快还会有另一种事情会严重分散他的注意力，因此，戴维只好转向他的朋友威廉·海德·沃拉斯顿（William Hyde Wollaston）寻求帮助。沃拉斯顿是一位杰出的科学家，在他的许多成就中，其中之一是，他证明了摩擦产生的电，例如用丝绸摩擦玻璃产生的电，与电池产生的电是一样的。他们一起工作，很快就推翻了戴维最初的猜测，即载流导线本身也被磁化了。沃拉斯顿开始进行一些有前途的实验。

与此同时，另一个人正在巴黎另辟蹊径。安德烈·玛丽·安培以惊人的速度锁定了奥斯特的发现。凭借无与伦比的精湛的科学技艺，他在短短几个月内就创立了电磁学理论，并几乎赢得了广泛的认同。这不仅仅是纸上谈兵的理论，他以精妙绝伦的实验来支持这个理论。安培战胜了个人的不幸，成为巴黎理工学院（École Polytechnique）的一名受欢迎的教授——他的父亲是法国大

第四章 圆周力

革命后雅各宾派恐怖主义的受害者,而他的妻子在结婚仅仅四年后就去世了。安培是法国牛顿学派的坚定成员,他试图用直线的力和在一定距离的作用来解释奥斯特的发现,并以绝妙的独创性找到了实验方法。

他的灵感是测试两根平行的载流导线是否相互施加力。令他高兴的是,当电流向同一方向流动时,导线相互吸引;当电流向相反方向流动时,导线相互排斥。他突然有了一个重要的想法:电流可能是所有磁性的来源。那么,永久的铁磁体是如何工作的呢?他的第一个想法是,圆柱形的电流围绕着磁体南北两极之间的轴旋转,但是,如果是这样的话,电流从哪里来呢,为什么没有人注意到它们呢?在试图探测这些电流的过程中,安培的朋友奥古斯汀·菲涅尔(Augustin Fresnel)提出了一个惊人的具有先见之明的猜想,铁中的磁性是由每个微小的金属颗粒周围的电流产生的,每个电流回路充当着一个小磁铁。在永磁铁中,这些环形电流彼此对齐,环形电流的累积作用产生了强磁效应。

安培推测,在圆柱形永磁体中,所有这些小的内部电流的总效应,与仅在圆柱体表面循环的单一电流的总效应是相同的。这个想法很容易测试。他将电线缠绕成螺旋线的形状,并通上电流。他制成的螺旋线圈——世界上第一个螺线管——实际上携带着一个圆柱形电流,它的行为就像同一尺寸和强度相同的永磁体。将它小心地悬挂起来,与地球的磁场对齐,就像指南针一样。

和当时几乎所有的科学家一样,安培也沉浸在对牛顿学说的传统信仰中。在他看来,最紧迫的问题是如何用牛顿力学的术语来解释他新发现的载流导线间的相互作用力。他的数学技能现在要发挥作用了。

在数学上,一个带电回路可以被看作是一系列无限小的电流元,每个电流元都有自己的强度和方向。任意两个电流元都会产生相互吸引力或排斥力,这取决于它们的强度和方向,并且可以假定作用力沿着连接它们的连线。此外,根据牛顿的规则,力与它们之间距离的二次方成反比。（安培实验表明，这种定律适用于平行平面上的两个载流电路，因此，假设这些导线的所有元件都以相同的方式工作是合理的。）通过这种方式，安培写出了对于任意两个电流元之间的相互作用力的公式，无论它们的强度、方向或空间距离如何，两个完整的载流回路之间的合力，原则上可以通过在数学上对每对电流元之间的力进行求和的方法计算出来。

安培的工作堪称一绝。不久之后，法拉第将很快在这个问题上形成自己的想法，不过，在当时，也就是1820年和1821年的冬天，他脑子里还在想着其他的事。他在城市哲学学会的一个朋友爱德华·巴纳德（Edward Barnard）也是桑德曼教派的人，当法拉第遇到爱德华19岁的妹妹萨拉时，他被迷住了。几年前，他可能会说，他一心追求科学真理，没有给女性留下多少空间，爱情是可以避免的。事实上，他在他那本摘记簿里写了一首诗：

人生中的让你心痒难耐备受折磨的虫子是什么？
经常带给妻子的咒语是什么？
是爱。[1]

这些话看上去显得多么空洞和愚蠢。他找到了生命中的伴侣，并在一封信中向她敞开心扉：

你知道我以前的偏见和我现在的想法——你知道我的弱点、我的虚荣心、我的全部思想；你已经将我从一个错误的方式转变过来，我希望你能尝试纠正别人做错了什么……无论用何种方式，我都要尽力为你的幸福效劳，无论是殷勤关照还是不在场时，都要做到。不要通过收回你的友谊而伤害我，也不要因为我想得到比朋友更近一步的关系而惩罚我并让我获得更少；如果你不能给我更多，请留下我所拥有的，并请听我向你诉说衷肠[2]。

当萨拉把这封信拿给父亲看时，父亲立刻将她送走，让她和妹妹住在肯特海岸。法拉第感到惆怅但并不气馁，他放下了工作并随后跟着前往肯特海岸。有一段时间，他的追求没有取得任何

第四章 圆周力

进展，但后来美好的一天到来了，他和莎拉游览了多佛的悬崖。他的日记里充满了喜悦。

峭壁像山一样升起……在这些悬崖的脚下是明亮的闪闪发光的海洋，被新鲜清爽的风吹动着生机，并被阳光照亮着，这使得水体自身看起来有些发红……我永远也不会忘记这一天。虽然我已经大胆地计划了，可我认为自己几乎没有成功的希望。但是，当这一天到来的时候，从醒来的第一刻起，我满怀着忐忑；每一件事情都如此强烈地影响着我，一会儿希望一会儿害怕。我似乎以三倍于以往的精力生活着。[3]

萨拉接受了他的求婚。他们于 1821 年 6 月结婚，一生彼此相爱，忠贞不渝。虽然萨拉对科学一无所知，但她非常理解丈夫的工作对于他自己和对于更广阔的世界的重要性。她确保他吃的是营养丰富的食物，并尽力照顾他，使得他长时间待在实验室里的紧张与适当的放松相平衡。正如法拉第所说，她是"他心中的枕头"[4]。他们没有自己的孩子，但他们在英国皇家科学研究所的公寓是一个充满活力、快乐的家，通常在那里举办生日或婚礼后的家庭庆祝。去拜访迈克尔叔叔和萨拉婶婶对年轻的亲戚来说总是一件乐事：那里有热闹的游戏，还有无限量供应的由法拉第在楼下实验室所做的苏打水、姜汁酒和润喉糖。甚至在那里，他也会让孩子们坐下来看他工作。有时他也会为他们表演一个小节目——把一些钾块扔入水中，这样它会嘶嘶作响，在淡紫色的火焰中飞舞，或者把一些汞封在玻璃管里，这样他们就能感觉到它的重量，并看着它滚来滚去。

婚后回去工作时，法拉第收到了他在城市哲学学会的一个朋友的请求。理查德·菲利普斯（Richard Phillips）被任命为《哲学年鉴》的编辑，他要求法拉第写一篇关于电磁学的历史发展概述。到目前为止，法拉第只是刚刚涉足这个领域，但这是一个重要的任务，他尽了自己所有的能力。他把能找到的东西都读了一遍，并重复了一遍实验，尽力按照奥斯特和安培的推理去做。

正如我们现在所知道的，奥斯特的观点，源自于康德，即所有的空间都被这种或那种力交织在一起，结果证实它们在某种程度上接近于真相。这也接近法拉第最终得出的结论。他很可能也受到了康德、谢林和自然哲学的间接影响。戴维的诗人和哲学家朋友塞缪尔·泰勒·柯勒律治在1798年访问德国后，成为《自然哲学》的传道者，他对于《自然哲学》的热情也感染了戴维，尤其是所有自然力都是统一的这一理念。法拉第，在他的成长岁月里，曾接触过德国学派的思想。但是，不管他怎么努力，都实在无法理解奥斯特关于"电流冲突"的模糊理论，也无法理解奥斯特关于电流是化学破坏和重新构建的一种波的观点。安培的工作更加切中要害。他提出的精确而优雅、以数学为基础的理论得到了实验的支持。但法拉第的教育经历在一个重要方面存在缺陷：他没有学过数学。对他来说，安培的方程可能就像用埃及的象形文字写成的。

我们永远也不知道法拉第在掌握了数学之后会取得怎样的成就，但矛盾的是，他对数学的无知可能是一种优势。这使得他能够完全从实验观察中得出结论，而不是从数学模型中推导出来。随着时间的推移，这种方法使他对电磁现象有了一种根深蒂固的直觉。这使得他能够提出别人没有想到过的问题，设计出别人没有想到过的实验，看到别人忽略掉的可能性。他大胆地思索，但直到经受了最严格的实验测试后，他才会发表自己的意见。正如他在给安培的信中所解释的那样：

我很不幸地缺乏数学知识，也不具有任何抽象推理的能力。我不得不根据紧密相连的事实来摸索出我的方法[5]。

另一方面，对安培来说，数学是自然的语言。如我们所见，他关于电和磁的观点主要是通过与引力理论的数学类比得出的。他确实做了一些很好的实验，但这些实验主要是为了证实他已经通过抽象推理发展起来的理论。这两位伟大的科学家的明显差异源于他们的背景。安培是一个功成名就者，是信誉卓著的法国牛顿学派数学物理领域的主要领导人物；而法拉第，虽然是在戴维的资助下培养的，但他自己是独自一个人——一个最终进入中心舞台的局外人。尽管两人有所不同，但由于对科学的共同热爱，他们走到了一起，多年来一直保持友好的通信联系。法拉第相信意见的分歧有助于查明真相。

尽管法拉第很欣赏安培的工作，但他也开始对载流导线使磁针偏转的作用力的性质提出自己的看法。安培的数学公式（他没有理由怀疑）表明，磁针的运动是它与导线之间的排斥和吸引的结果。但是，在法拉第看来，这似乎是错误的，或者至少方式是错误的。他认为，所发生的是：导线在它周围的空间里感应出了一个圆形的力，而且其他所有的结果都是由此产生的。

接下来的一步出色地展示了法拉第的天赋。他把萨拉14岁的弟弟乔治带到了实验室，并将一块铁棒磁铁插进一个盆中的热蜡里，当蜡变硬后，再把盆里装满汞，直到仅有磁铁的顶端显露出来。他从一个绝缘的支架上悬挂一段很短的电线，使它的底部浸在汞中，然后将电池的一端接到电线的顶端，电池另一端接到汞。电线和汞现在是电路的一部分，即使电线的底部移动，电路也不会被破坏。然后移动电线——它在磁铁周围快速旋转，如图4.1所示。

实验到此并没有结束。法拉第稍微改进了仪器，释放磁铁，让它漂浮在汞中，但一端系在盆底部的一个固定点上。大约1/4的磁铁现在暴露在汞表面之上。他把悬挂的电线换成了一个固定的、浸入位于表面中心的汞中，然后再把电池重新连接起来。这一次，磁铁绕着电线旋转！法拉第已经成为一个发明者：他制造了世界上第一个电动机。他和乔治围着桌子跳舞，然后去马戏团庆祝。乔治后来回忆说："我永远也不会忘记他脸上流露出的热情和眼中闪耀的光芒。"[6] 我们可以想象法拉第在日记中写下这句简单的话时的喜悦："非常令人满意，制造了一个更灵敏的仪器。"[7]

法拉第、麦克斯韦和电磁场：改变物理学的人

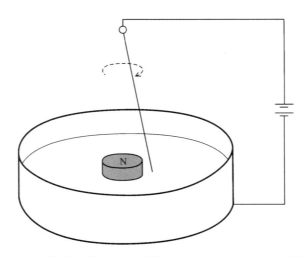

图 4.1　法拉第的第一个电动机装置（经 Lee Bartrop 许可使用）

他可能会补充说：把它公之于众——告诉全世界。（法拉第始终如一的座右铭是"工作、完成、发表"。）带着这个想法，他匆匆赶写了一篇题为"关于一些新的电磁运动和电磁学理论"的论文，以便赶上下一期的《科学季刊》（*Quarterly Journal of Science*）。不到一个月，他的论文就发表了；但没出一个星期，他的兴奋消失了。在匆忙之中，他忘了按照惯例应该在论文中向他的导师和资深同事戴维致谢。更糟糕的是，他没有提到戴维的密友沃拉斯顿的工作，沃拉斯顿一年来一直尝试用电流和磁铁产生旋转运动。虽然自从沃拉斯顿出现后，法拉第就没有和戴维一起研究过电磁学，但他在谈话中无意中听到过这两人的谈话，并对沃拉斯顿在做什么有了大概的了解。事实上，沃拉斯顿在另一条轨道上——徒劳地试图让线圈响应磁铁，以绕着线圈自己的轴旋转——但这种旋转和法拉第的旋转之间的区别太微妙了，一般的观察者是无法识别的。法拉第被指控剽窃，不是被沃拉斯顿直接指控，而是被包括戴维在内的其他人指控。

被怀疑有这样一个不光彩的行为，是一种沉痛的打击，当得

第四章　圆　周　力

知戴维——在这个世界上他最崇拜的人，是他的主要指控者，事情就变得更糟糕了。我们只能猜测戴维的动机。他性格复杂，既慷慨又自负。或许最好、最简单的解释是，当法拉第作为一个门生，其成就提升了他自己的公众地位时，戴维的"慷慨"获胜；但当他的门生以竞争对手的身份出现时，戴维的虚荣心就占据了上风。法拉第没有与他的领路人和导师分享部分荣誉，这一失礼的疏忽是对戴维尊严的侮辱。

法拉第极度渴望要澄清对自己的诽谤，于是他写信给沃拉斯顿道歉。他得到了一个有点轻蔑的回答：

在我看来，关于我对你所提到的问题的看法，你似乎有某种误解，因而让你劳神费力。至于别人对你行为的看法，那是你关心的事，不是我所关心的事；如果你完全无视他人的建议的话，我觉得你也没有必要太在意这件事。

法拉第孤军奋战，反驳对他的剽窃指控，并在很大程度上取得了成功。但是即便如此，他仍然不受英国科学界元老们的待见，这些元老非常重视礼仪，并期望从后辈那里得到尊重。

但是，大礼不辞小让，法拉第要探索更广阔的世界，对这样的小事情并不在意，他的发现也有了旺盛的生命力。几个月后，英国皇家科学研究所在演讲厅安放了一个巨大的旋转器供所有人参观，并向欧洲各地的科学家赠送了一个袖珍版的旋转器。电磁学现在是一个热门话题。许多人想要更多地了解它，并转而翻阅《哲学年鉴》上登载的一系列文章，杂志上有很多大家需要的知识。系列文章的作者没有给出自己的真实名字，只是谦虚地称自己为"M"。关于谁是作者的猜测满天飞，人们基本上认定法拉第是作者。这确实是法拉第应理查德·菲利普斯的要求所写的关于电磁学的综述，现在他不得不承认自己的作者身份。法拉第出名了。

他的职业生涯的下一步是成为皇家学会的一员，而包括沃拉斯顿在内的一批现任会员都支持他参加竞选。事情似乎进展顺利，但开始的选举过程却是他一生中最不愉快的插曲之一。对法拉第不够绅士的指责并没有消失，由主席汉弗莱·戴维爵士领导的一个小团体也表示反对法拉第当选皇家学会会员。此事把法拉第逼到了墙角。为了克服这种不公正的待遇，他被迫放弃桑德曼式教养的所有规则，通过呼吁那些阻挡他的人来为自己的进步而努力。这是一项令人厌恶的任务，但法拉第做到了，并于 1824 年 1 月，在仅有一票反对的情况下，被选为英国皇家学会会员（简称 F. R. S.）。法拉第从未对这一事件怀有任何怨恨，这是他的性格，尽管他确实向一个朋友承认，他与戴维的关系从此以后再也回不到过去了。

第二年，戴维却促成了法拉第晋升为英国皇家科学研究所所长——也许是不可抗力的原因。法拉第眼下的任务是把这个机构从一个岌岌可危的财政状况中拯救出来，他做这件事可与 20 年前的戴维相媲美。在戴维家的草坪上，那里也是演讲厅，他通过邀请协会的成员参加周五晚上在实验室的报告，这个活动很快就变得非常受欢迎，于是法拉第把报告场地移到了楼上的大演讲厅。从此，开始了英国皇家科学研究所星期五晚间演讲的传统，此传统一直延续到今天，甚至连形式都没有改变。形式很简单——准确地说，在精确的约定时间，演讲者未经介绍，自己进入会场，演讲恰好控制在一个小时，最后鞠躬离开讲台。早期的报告会进行得很顺利，法拉第决定在圣诞节为孩子们举办一系列特别的讲座。这些做法也从那时起就一直延续到现在，现在的电视观众非常多。法拉第的直接目的也达到了：随着人们被吸引去听讲座，该机构的会员人数和收入都在增长。虽然并不富裕，但至少现在已经摆脱了财务困境。

报告的成功并非偶然。正如我们所看到的，法拉第在早年间就开始对科学演讲的艺术形成了自己的观点。到如今，他又建立起了一个无与伦比的专业知识体系：如果法拉第撰写一本专业方面的书，它一定将会成为权威著作。他的笔记本中，包含了从座位的布局到大厅里的通风和照明的每件事的指导，以及对演讲者的各种建议，比如："在开始，应该点燃一束火焰，并始终如一地保持着持续不断的光辉，直到最后。"[8] 法拉第自己做了很多次演讲，吸引了很多忠实的听众，就像戴维当年吸引了很多听众一样，尽管两人的风格截然不同。戴维精彩的即兴表演是华丽的和闪耀着光芒的，而法拉第的演讲则具有一种简单的魅力，他以完美的措辞和对时机的把握向听众传达了科学的奇迹。法拉第很快成为英格兰最重要的公共科学讲师，其向公众演讲传播科学知识的生涯始于1823年，当时他出人意料地被召来代替威廉·布兰德（William Brande），并持续到1862年的最后一次。

很难确定法拉第的天才的本质，但可以从他精通于演讲一事看出一些原因：他对这门学科的知识并非来自于他读过或被告知的内容，而是来自于个人的观察；他以罕见的能力观察和倾听，能够捕捉到其他人未曾注意到的微妙影响和细微差别。出于同样的原因，他煞费苦心地找出有助于听众欣赏的各种因素，并单独和综合地评估其效果。也许最具有启发性的是，他从来没有在讲台上演示过一个实验，无论实验是多么壮观，除非他也能向听众说明背后的理论。他的科学天赋不仅在于产生人们无法获得的实验结果，还在于解释这些结果。

法拉第被提升到科学界权威的地位，这对他的时间安排提出了新的要求。在积极应对英国皇家科学研究所的日常事务时，他不得不拒绝承担其他行政工作的要求，例如新雅典娜俱乐部的秘书一职。但有一个要求他无法拒绝。18世纪早期，英国在制造光学仪器用的高质量玻璃方面处于世界领先地位，但在1746年，英国政府决定对所有玻璃征收重税，以筹集资金。下金蛋的鹅慢慢地窒息而死——在19世纪20年代，法国人和德国人制作了质量极高的镜头，但英国制造商却忘记了如何制作。政府不可能自己减税。在1825年，英国皇家学会成立了光学玻璃质量改进委员会，试图挽救这种局面。法拉第被邀请加入——实际上是为了运行该项目——接受这个项目是他的爱国职责。

在一系列艰苦繁重的实验中——先是在附近的猎鹰玻璃厂，然后在他自己的实验室里使用新安装的玻璃熔炉——法拉第检查了玻璃中瑕疵的所有可能原因，逐一消除它们，同时测试新的方法和成分。这种重复耗时的工作令人厌烦；每次失败之后，找到原因并进行正确处理的过程都要花费数周的时间。这一切都耗费了法拉第的精力，他只能挤占自己的其他研究时间。3 年后，他患上了他所说的"神经性头痛和虚弱"[9]，萨拉带他去乡下待了两个月以恢复健康。这种艰苦的工作、精神疲惫和被迫的放松，在他的职业生涯中，数度重复。

也许除了法拉第，没有人能从这个吃力不讨好的任务中获得任何成功，但在 1830 年，他交付了一种尺寸适中且令人满意的玻璃样品，他使用的是一种硅硼酸铅盐，取代了传统的氧化铅，样品在望远镜镜头中的使用效果很好。而委员会现在想要制造更大的镜头，法拉第觉得自己被吸入了一个泥潭。如果现在自己不挣脱出来，他将把余生的大部分时间花在为这个玻璃质量改进委员会的工作上。1831 年，他打包了 6 卷实验笔记，送给皇家学会，并从光学玻璃质量改进委员会辞职。

39 岁的法拉第完成了自己的职责。多年来，他因为没有时间投入到自己的研究中而感到沮丧，现在，他终于把这件事掌握在自己的手中了。他以前曾拒绝了新伦敦大学教授职位的邀请，现在他接受了位于伍尔维奇（Woolwich）的皇家军事学院的兼职职位——他喜欢教学，200 英镑的年薪是对他在英国皇家科学研究所的微薄薪水的有益弥补。现在，法拉第不再为玻璃质量改进委员会工作，也不需要为商业公司进行处理分析工作，尽管这可能让他成为一个富人。他也不想追求高级职位。英国皇家科学研究所既是他的家，也是他的职业舞台；他会留在这里，追随他的科学女神。令人厌烦的玻璃项目留给法拉第一笔很好的酬劳：他得到

第四章　圆　周　力

了一名好助手——安德森中士，他刚刚从皇家炮兵退役——他一直担任法拉第助手这个职位，直到1866年去世。法拉第在英国皇家科学研究所的继任者约翰·丁达尔（John Tyndall）非常钦佩安德森，他用一个词总结了他的优点："盲目服从"[10]。法拉第的朋友本·阿博特（Ben Abbott）喜欢讲这么一个故事：一天晚上，法拉第忘记告诉安德森，他可以回家了。第二天早上法拉第过来时，发现安德森仍在扇炉子。

法拉第用电流和磁铁产生旋转已经过去了十年，但它的奥秘到底是什么，则是他脑海中挥之不去的。他现在在英国没有亲密的同事，但他喜欢与安培进行生动友好的通信。他们彼此喜欢，互相非常尊重，尽管他们对电磁的本质机制上有着根本的分歧。事实上，法拉第开始意识到他自己的观点与主流观点有明显的分歧。安培建立在法国牛顿学说传统基础上的超距作用的高水平数学理论，似乎给了顶尖科学家们所有他们需要的东西，所以他们普遍接受安培的观点。法拉第在他自己的著作中承认了这一点，在他的著作中，任何对立的建议他都要非常谨慎地表达出来。这就是他一反常态地在《哲学年鉴》上综述电磁学进展时使用笔名的原因，很可能是他不想被贴上傲慢、自命不凡的家伙的标签。然而，他给安培的信是自由而坦率的，例如：

我自然对理论问题持怀疑态度，因此你不必因为我不承认你刚提出的理论而生我的气。它的独创性和应用是惊人的和准确的，但我无法理解这些电流是如何产生的，特别是如果它们应该存在于每个粒子周围这一观点。我等待它们存在的进一步证明，直到我最终承认它们。[11]

安培已经成为法拉第值得信赖的知己。从另一封信中可以看出，法拉第对比了他们的工作生活：

你写给我的每一封信都说明了你有多忙碌，我不希望如此，要不然我就知道你的时间是如何被合理利用的。不幸的是，我的

法拉第、麦克斯韦和电磁场：改变物理学的人

大部分时间被很普通的工作所占据，并且我可以以此作为一种借口，我在原来的研究中只做了一点事情。[12]

的确，有许多工作使他从真正想做的工作中分心。有一次，当他沉浸在电磁学的研究中时，却不得不把研究都放在一边，因为他需要对皇家海军燕麦片的 32 个样本进行测试，以确定它们是否受到了污染。尽管如此，法拉第把从其他工作中抽出的任何时间都用于关于电和磁的实验探索。也许是通过测试安培的想法，他自己的想法才开始发展起来的。他首先把一根载流导线弯曲成一个环形线圈，然后发现，就像安培所做的那样，电流线圈表现得就像一个磁体——它的南极在电流顺时针方向流出的一侧，北极在另一侧。线圈只有一圈时，力是微弱的，但是通过将导线缠绕成多匝的螺旋结构，他制造出一个强大的电磁铁。根据安培的理论，磁场力就是两对电流元之间的所有直线力的数学叠加的结果。法拉第看到了不同的东西——对他来说，绕着任何载流导线弯曲的磁力不是由直线力产生的、需要间接的数学推导的结果，它是一种原始的圆形力。圆形力的概念远远超出了被大家普遍接受的牛顿的直线力的学说，而法拉第因为缺乏传统的科学教育反而可能使他更容易接受。他的思想以一种甚至更远离牛顿理论模型的方式继续发展。他推断，通过将导线缠绕成螺旋线，把圆形力的一部分挤入穿过螺旋的管道，并允许力的其他部分扩展到空间。

在法拉第脑海中开始形成的关于通过空间作用的圆磁力，不管是什么样的理论，现在他只能把这种推测藏在心里——因为把它们发表出来肯定会招致嘲笑的。还需要进行更多的研究才行。法拉第设计了一个巧妙的典型实验，一个只有在你思考之后才觉得简单的实验。他在一根玻璃管周围缠绕了一个螺旋形导线线圈，并将线圈连接到电池上，从而形成磁铁。他把线圈放于一个固定的水平位置，其中的一半浸入水中。然后拿起一根和螺旋线一样长的磁针穿过一个细软木塞，把软木塞漂浮在水上，然后接通电流。现在他的实验中有两个磁铁：一个是半潜式载流线圈，它处

于一个固定的位置；另一个是浮动的磁针，它可以自由移动。因为异极相吸，所以磁针的北极被吸引到线圈磁铁的南极，并向它移动。根据公认的磁极理论，当磁极到达线圈磁极的南极时，磁极应该停止运动——这时，相互吸引的南北两极就会在一起。但是，与这种预测结果相反的是：它一直穿过玻璃管，然后将它自己的北极停在线圈磁铁的北极旁边。在另一端，两个南极在一起。

这是一个简单但是却很深刻的证明。根据法拉第的解释，这个实验已经表明，磁力不是简单的两极相互吸引或排斥的问题。事实上，它已经表明磁力并不是在两极开始和结束，而是通过磁铁不断地连续循环。尽管法拉第对自己的观点一直持严格的专业怀疑态度——他花费了很多时间，设计实验来证明他的想法是错误的——但是，随着得到更多的实验结果，他逐渐开始相信磁场确实存在于空间中。对于法国牛顿学派的追随者来说这是完全陌生的另外一种观点，他们相信力是由一个物体瞬间超距作用于另一个物体而产生的，他们不关心在这个空间中发生了什么。

有一种新的现象使每个人都感到困惑。1825年，在巴黎，弗朗索瓦·阿拉戈（François Arago）注意到，当一块铜片在附近移动时，指南针的指针有时会发生偏转。为了研究这个现象，他将磁针悬挂在快速旋转的铜盘上。令人惊讶的是，磁针也转动了。铜是一种非磁性材料，那么到底发生了什么呢？答案是因为这是一种全新的效应，这个新的效应也将是法拉第最伟大的发现之一。与欧洲其他科学家一样，法拉第对阿拉戈的研究结果很感兴趣，在长时间研究玻璃的过程中，关于电磁学的思想一直在他的脑海中酝酿着。有时他会从口袋里掏出一个用金属丝缠绕的铁圆筒，盯着它看。在所有问题中有一个主导问题：如果电能产生磁力，那么磁不能产生电吗？在他匮乏的空闲时间里，他试过各种各样的磁铁和电路装置，但是到目前为止还是一无所获。现在他已经摆脱了繁重"公共场所的工作"的负担，可以把他所有的精力、技能和经验投入到解决这个谜题中去了。

法拉第、麦克斯韦和电磁场：改变物理学的人

汉弗莱·戴维于 1829 年因一次疾病去世。尽管戴维有种种缺点，法拉第还是很尊敬他。他们在一起待了很长时间，结成了牢固的纽带。戴维不仅是法拉第的导师，还是法拉第的朋友和灵感来源。法拉第很荣幸能与如此伟大的人物待在一起。当戴维的传记作者约翰·艾尔顿·帕里斯（John Ayrton Paris）向法拉第借用戴维写给他的第一封信时，法拉第答应了他的请求，并附上了字条：

我把原件寄给你，请你好好保管，因为你可以想象我是多么珍惜它。[13]

学生即将踏上一条超越大师的探索之旅。1831 年 8 月，法拉第在他的实验室期刊上写下了一个新项目的第一个词，那将成为他一生中最杰出的作品。他在电学上的实验研究，一个完全没有用一个公式的文字写出的不朽巨著，已经开始撰写了。

第五章

电磁感应

1831—1840 年

英国皇家科学研究所最珍贵的财产是一件即使放在城市垃圾堆上也不会显得不合时宜的东西——一件破烂不堪的物体，就像缠着布的甲板网球圈，被电线缠住。然而，它却是无价的——是有史以来最重要的科学仪器之一。

到1831年，每个人都知道了如何从电中产生磁。将载流线圈小心地悬挂起来，就会自南向北排列，而一块普通的铁片只要放在线圈内，就能变成永磁体。当然，做相反的事情应该也是可能的：用磁产生电。许多人尝试过，但都失败了。法拉第自己尝试了各种电路和磁铁的组合，但他的想法并没有比其他人更好，但在他随身带着的、不时思索着的小铁管的帮助下，他的思考仍在继续。

新的灵感来自于物理学的另一个分支。法拉第对音乐的热爱导致了他与科学家同行查尔斯·惠斯通（Charles Wheatstone）的特殊友谊，惠斯通的家族企业生产和销售乐器。惠斯通发明了万花筒，这是一种能从安装在木板上的振动金属杆顶端反射光线的装置。当投影到屏幕上时，移动的反射光形成了复杂的图案，这让法拉第很高兴。惠斯通向他介绍德国物理学家和音乐家恩斯特·克莱德尼（Ernst Chladni）的工作，他曾经演示过与振动板类似的效应。他发现，如果把沙子薄薄地铺在玻璃盘子上，用小提琴弓敲击盘子的边缘，盘子里的振动就会让沙子变成美丽的图案并在玻璃中以驻波的图形存在，如图5.1所示。

此外，在散布着沙粒的板块上，可以通过敲击另一个板块产生短距离的振动来产生图案——第一个板块的振动在空气中产生

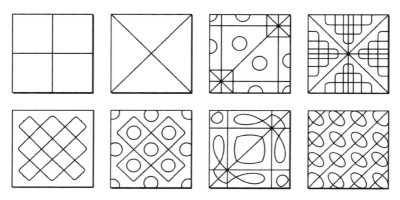

图 5.1 克莱德尼图形——在沙子上形成的图案，薄薄的散布在振动的玻璃板上（经 Lee Bartrop 允许使用）

声波，然后引起第二个板块的振动。和往常一样，法拉第亲自试了试，通过改变实验条件，探索了各种可能的情况。他得到了一个更生动的声音感应演示——当他把蛋清、油和水的混合物而不是沙子倒在第二个盘子上时，振动显示出了非常精细的条纹，一种液体混合物的卷曲图案。

法拉第沉浸在对声学振动和波的沉思中，开始认为电和磁也可能是由类似于声音或光的波来传播的。为了验证这个想法，他在 1831 年夏天决定将两个电路连接起来，看看通过第一个电路发送电流是否会引起某种振动或波，这种振动或波会通过一个铁磁体在第二个电路中感应出电流。当他将电路和图案投射到屏幕上时，他需要在电路之间建立最强的磁力连接。于是他委托人锻造了一个直径 6 英寸的铁环，就像他父亲当铁匠时做的那样。他还需要多匝的线圈电路——每多一圈就会增加电流的磁场效应。所以铁环送来的时候，他在铁环的相对两侧缠绕了两个线圈，每个线圈都尽可能多地绕在一层上，接着是绕在上部的其他层。为了将线圈的每一圈与相邻的圈绝缘，他插入了一段细绳；为了将每层线圈与下一层线圈绝缘，并且为了与铁环绝缘，他用了一块布。

它不雅致，但尽量做到美观。

他把一个线圈（A）连接到电池和开关上。这就形成了主电路或发送器电路；它的作用是使铁环磁化。他希望某种振动或波能够穿过铁环，在另一个线圈（B）中会感应出电流，另一个线圈（B）由两根长电线连接到一个检流计（G）上，检流计上有一根轻而平衡的磁针。（检流计的工作原理与奥斯特最初检测电流的方法相同，但安培和其他人对其进行了很大改进。）线圈（B）、长电线和检流计构成了次级电路或接收器电路，如图5.2所示。

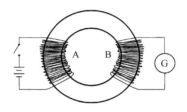

图5.2 法拉第铁环实验示意图（在Lee Bartrop的许可下使用）

如果有最小的电流，他会看到磁针从正常的南北位置移动。1831年8月29日，一切都准备就绪。

法拉第合上开关，看着磁针。他的心脏在它运动时一定是跳了起来，但经过短暂的颤动后，它又回到了静止的位置。现在，一个稳定的电流在初级电路中流动，但是在次级电路中完全没有发生任何事情：检流计的磁针保持静止。但是当他把初级电流关断时，磁针又一次颤动了，这次是在另外一个方向。确实很奇怪，还有一个奇怪的现象：磁针的运动表明次级电路中的第一电流脉冲与初级电路中的电流脉冲方向相反，但第二电流脉冲则与初级电流方向相同。

他所做的工作，可能是有史以来最伟大的科学发现之一，也可能是一个难以捉摸但是可以解释的偶然结果。无论如何，法拉第抑制不住他的激动，在写给他的朋友理查德·菲利普斯的信中，他说道："我最近忙于电磁学方面的研究，我认为我掌握了一个规律,但是现在还不能说出来,那可能仅仅是一根杂草而不是一条鱼。我后面还要努力,试图解决这个问题。"[1]

这不是一根杂草。他微小地改变参量,多次重复铁环实验,并寻找可能导致磁针颤动的任何可能的外部干扰的原因,却没有发现。

难怪花了这么长时间才找到一种利用磁力发电的方法:因为除了在接通或断开电流来改变磁力影响能产生电以外,其他情况下都不会产生电。这是一个重大的实验结果,当然还需要做很多的事情。现在是从磁力产生电的,但是到目前为止,还仅仅是由电磁铁来产生的。有可能使用普通的永久磁铁和电路来达到同样的效果吗?用直线、螺旋线圈和螺旋排列的磁铁没有产生出可检测的结果,但是当他在两个类似的棒状磁铁的不同磁极之间放置一个线圈包裹的铁圆柱体,并且把磁铁的另一端连接在一起时,产生了持续的电,效果是持久性的,实际上,强度为采用单 V 形磁铁时候的两倍,如图 5.3 所示。

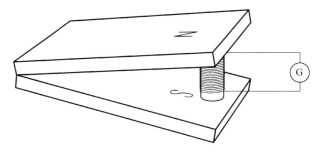

图 5.3　法拉第 V 形磁铁实验原理图(在 Lee Bartrop 的许可下使用)

就在他把磁铁的两端连在一起的那一刻,连接线圈的检流计的指针就闪动了。当他把磁铁扯开的时候,指针弹向另一边。他用磁铁直接产生电,很快就发现还有一个更为简单的方法:把一个多匝线圈连接到检流计上时,将一个普通的磁铁,推入线圈内部,再拉出来,这时检流计的指针会猛烈摆动,如图 5.4 所示。

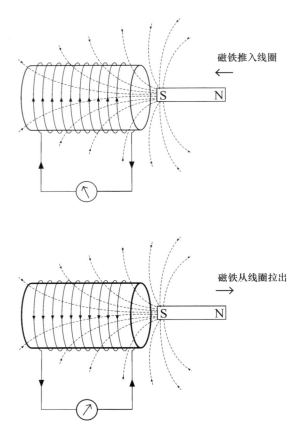

图 5.4　法拉第磁铁线圈实验（在 Lee Bartrop 的许可下使用）

他发现了一种最终会改变人们生活的东西——电磁感应。要在导线中发电，原则上，你所要做的就是把它靠近磁铁，使导线和磁铁处于相对运动状态。法拉第开启了获得廉价电力的可能性。但脉冲式出现的电流还不够；实际应用中需要的是一股连续不断的电流。这些短暂出现的电流是由线圈和磁铁的相对运动产生的。有可能设计出一种能产生稳定电流的平滑运动模式吗？法拉第的想法再次转向了 7 年前弗朗索瓦·阿拉戈进行的一项奇怪的实验。阿拉戈转动附近的铜盘，使磁针旋转起来。没有人解释为什么会这样，但法拉第现在认为他可能找到了答案。也许阿拉戈的盘片和磁针的相对运动在盘片中产生了电流——如果是这样的话，这些电流的磁场效应会使针旋转。

法拉第决定对阿拉戈的实验做个改动。他在车轴上安装了一个铜盘，把它的边缘放在一个强力磁铁的两极之间的一个窄缝里。然后，他把一个滑动触点放在圆盘的边缘，把另一个放在车轴上，然后用电线把两个触点连接到检流计上，制成了电路。他希望当圆盘旋转时，它相对于磁铁的运动将产生一个稳定的穿过圆盘的电流，在检流计上能够检测到。他转动着圆盘，看着指针。指针摆动了，这次指针保持在一个新的位置上：这表明产生了一股微弱但稳定的电流。当圆盘以反方向旋转时，指针也会反向摆动，如图 5.5 所示。在制造了世界上第一台电动机 10 年之后，法拉第又制造了世界上第一台发电机。

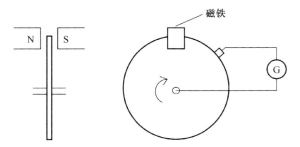

图 5.5 法拉第的第一个发电机的原理图（经 Lee Bartrop 允许使用）

出于同样的原因，他解释了阿拉戈实验的结果：当阿拉戈旋转圆盘时，它相对于悬浮磁铁的运动在圆盘上产生了一股电流，从而形成了磁力线，使磁铁旋转。

就像他对电动机所做的那样，法拉第很乐意地向人们展示了发电机的原理，并将其技术发展留给他人去完成。他的工作是努力推进物理世界的前沿知识。他对电和磁的作用有了惊人的新发现，现在他所有的思想都集中在试图解释它们。

法拉第、麦克斯韦和电磁场：改变物理学的人

事实上，他已经对这个课题进行了 11 年的认真思考。自从奥斯特发现了与电流垂直的磁针以来，他一直试图弄清楚电与磁之间的关系。他的思想来源于他在实验室里亲自观察到的，而不是来源于数学或别人的理论。起初，这些思想是模糊的、尝试性的，现在想法开始慢慢地凝聚起来，他的思想是开创性的，不像以前所出现的任何理论。法拉第知道，许多正统的科学家会对他的观点嗤之以鼻，甚至说它是异端邪说，因此，他只是自己在思考。

1831 年 11 月 24 日，他向英国皇家学会的同事们展示了电磁感应的发现。这篇论文措辞简练、实事求是，报道的实验结果没有夸大其词，几乎没有任何猜测。他还没有准备好对已经确立的理论提出公开挑战，因而小心翼翼地选择了措辞，只引用了安培模型中假设电与磁之间的联系的部分。他只简短地涉足了理论领域，但是从中可以看出他与安培或其他任何人的理论有了距离。他报告了他的铁环实验，解释了他认为电流是如何在次级电路中感应的：

> 当电线受到伏特电或磁电感应作用时，它似乎处于一种特殊的状态，因为它抵抗在其中形成电流。然而，如果在一般情况下，会产生这样的电流；当不受影响时，它具有产生电流的能力，电线在普通情况下不具备这种能力。物质的这种电状态尚未被认识，但它可能在许多（即使不是大多数）由电流产生的现象中产生非常重要的影响。因为这种现象会立即出现，我在与几位有学问的朋友讨论之后，大胆地把它定名为"电应力态"（或电紧张状态，electro-tonic state）。[2]

也许当时法拉第的同事几乎不知道他在说些什么，这也不足为奇。正如我们所看到的，电紧张状态在场理论的发展中起着很大的作用，但在当时的起步阶段，甚至法拉第也觉得它是一个谜。它似乎是一种张力或应力，当电线携带电流时，它存在于电线中，但它只是在一定状态下才会显露出来，而当这种张力或应力被释

放时,法拉第试着想尽一切办法来直接检测它,但是没有成功。法拉第对这种难以捉摸的状态的构想,是科学想象力的一个非凡壮举。铁环实验最令人费解的地方是:在初级电路中的电池断开后,在次级电路中能够短暂流过电流。对于法拉第来说,这似乎是在次级电路中释放了某种应力,这种应力是由初级电流通过连接两个电路的铁环中的磁力的作用而引起的。同样地,在电池首次连接在初级电路中之后,在次级电路中反向流动的短暂电流也是这种应力建立起来的一种表现。当初级线圈的电流稳定流动,但当电池断开时,应力状态继续,然后通过短暂的次级电流释放出来,就像气体从被刺破的气球中释放出来一样。

这种想法来自于大量的实验和建立在实验基础上的深思熟虑。法拉第一直沿着不同于其他任何人的思路进行深入思考。他认为,电流可能是电线中应力迅速积累和释放的结果。每一股电流都会在自身周围产生一种圆形的磁力,一种在周围空间中似乎有物质存在的力。类似地,每一个磁铁都产生了一个沿其周围的弯曲路径作用的力。虽然肉眼看不见,但是这些路径只需要将铁屑撒在磁铁上方的一张纸上就可以显示出来,如图 5.6 所示。

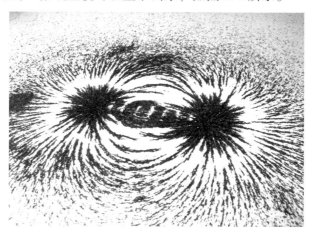

图 5.6　在磁铁上方纸上撒满铁屑时表现出来的磁力线

铁屑显示出一个三维图形的横截面，法拉第在他的脑海中看到的，不仅是在每个铁磁体周围的情况，而且包括在每个载流线圈周围的情况，如图 5.7 所示。（这些线圈就像安培所展示的那样，相当于是磁铁。）

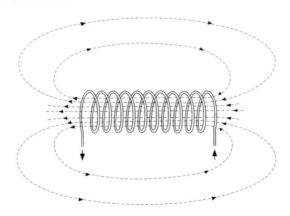

图 5.7　载流线圈周围的磁力线（在 Lee Bartrop 的许可下使用）

当第二磁体被引入时，情况改变了。第二磁体的一个磁极放置在第一磁体的磁极附近。法拉第在《电学实验研究》（*Experimental Researches in Electricity*）中解释了这个概念："通过磁力曲线，我的意思是磁力线，会被磁极的并置所改变，但是磁力线可以通过铁屑的图像而描绘出来。"[3]

这是"力线"这个术语第一次公开提出来，"力线"是场理论发展的中心概念。利用"电紧张"状态这一概念，有助于解释法拉第在实验室里的发现。当导线靠近磁铁移动时，即当导线穿过磁铁的力线时，在导线的电回路中产生了电流，反之亦然。法拉第推测，这种"切割"磁力线的行为是电线中产生电能的原因。如果导线是完整电路的一部分，那么电流就会流动。例如，通过将磁铁推入线圈中，磁铁的力线被线圈中的所有线匝"切割"（即交叉，而不是切断），从而产生电流。当他把磁铁拉开时，同样的情况再次发生，电流沿着另一个方向流动。

法拉第的发电机如何解释呢？在任何瞬间，铜盘的一部分在磁极之间移动并切割其力线，从而在盘上产生稳定的电流。同样的原理在铁环实验中也可以采用，虽然实验中的电流效应不太明显。当第一次接通初级电流时，磁力线从初级线圈绕着铁环散布到周围空间，当它们通过次级线圈时，被那里的所有线匝切断，导致电流流动。一旦力线被固定而不再变化，它们就不再被切割，次级电流停止。但是，当初级电流被切断时，过程与打开初级电流时的正好相反：力线在退缩时再次被切断，并且电流在次级电路中以相反的方向流动。

法拉第以他独特的综合能力，将持续的想象力与他所具备的最高超的实验技巧相结合，创造了两个全新的概念：①电应力（电紧张）状态；②磁力线。他确信这两个概念是普遍适用的，虽然在当前这个阶段，关于这两个概念的画面仍然是有点模糊的。当时，他的概念是不受欢迎的，这跟以前出现的场景很类似。

正如我们所见，法拉第在 1831 年 11 月 24 日向英国皇家学会报告了他的电磁感应发现。大约与此同时，他还给巴黎邮寄了一封信，他的通信联系人 J. N. P. 哈歇特（J. N. P. Hachette）在 12 月的法国科学院的会议上宣读了他的信。到目前为止，一切看起来都很好，但是 *Le Lycée* 杂志对这次会议的描述有些含糊不清，这篇杂志上发表的一篇文章，将这一发现归功于两位法国科学家。其后，两位意大利人——利奥波多·诺比利（Leopoldo Nobili）和文森佐·安蒂诺里（Vincenzo Antinori）——看过 *Le Lycée* 杂志上这篇论文后重复了实验，并发表了自己的实验结果。他们承认了法拉第的发现，但他们的文章发表时却误写成 1831 年 11 月，而法拉第的论文直到 1832 年初才发表。再来看看伦敦发生的事情，情况似乎变得越来越糟：《文学公报》（*Literary Gazette*）的威廉·杰登（William Jerden）发现了日期上的差异，并告诉他的读者，两个意大利人刚刚领先于迈克尔·法拉第，获得了一项重大发现。

在被错误地指控剽窃了沃拉斯顿的电磁旋转理论 10 年后，法

法拉第、麦克斯韦和电磁场：改变物理学的人

拉第再次无辜地卷入到了争议之中。他的桑德曼教派的容忍和自控也无法控制住他的愤怒。他写信给杰登：

> 我从来没有像这次研究那样地完全独立于别人；我从来没有像现在这样为被卷入的情况所困扰过。[4]

哈歇特和杰登公开和私下里做了道歉；而诺比利和安蒂诺里的文章的英译本对法拉第先前的成果给予了突出的认可。但这是法拉第最后一次在公开发表自己的论文之前就先公开自己的研究结果。

他从这段经历中感受到的痛苦，只能通过他用简单实验和简单推理发现的所有数学物理学家都没有发现的事实所带来的喜悦来抚慰。他的桑德曼教派的善良再次受到了考验。这一次，即使只是一瞬间，他屈从于骄傲的罪孽，在给理查德·菲利普斯的信中法拉第写道：

> 令我感到舒服的是，我发现在数学面前，实验无需令人沮丧，通过实验也能够有所发现，这足够与数学匹敌。我对高超的数学家们宣布发现的东西感到困惑……有这么少的实验基础……弄不懂数学公式中那些自负的字母。[5]

法拉第对电和磁的看法是这样的——他的推测拓展了他的想象力，但总是基于他在实验中观察到的东西。在进行声学振动和波的实验时，他开始怀疑自己是否是在观察电学和磁学的相对慢速的一个版本。关于电和磁发生了什么，在磁体和电路方面的新成果使他的想法几乎变成了一种信念。他认为，当电池连接到电路时，围绕电线的磁力线的建立必须要花时间，而且磁力和电力必须通过介质中的振动或波来随时间传递，就像空气中的声压一样。这样的想法完全违背了当时流行的瞬时行动理论（超距理论），但他当时还没有直接的证据来支持这些想法，所以在他发表的论文中没有提到这些想法。然而，有一种方法可以正式地记录他的这些激进的想法，同时又不需要将之公开。1832 年 3 月，他

要求英国皇家学会的秘书在他的保险箱里放一张纸条。上面写着:

在《电学与磁学实验研究》(Experimental Researches in Electricity and Magnetism)两篇论文中所体现的某些结果使我相信磁作用是渐进的,是需要时间的,也就是说,当磁体作用在远处的磁体上时……从磁体逐渐地进行作用需要传输时间,这可能是非常明智的观点。我还认为电感应(张力感应)也是在同样渐进的时间内进行的。

我倾向于将这几种现象进行比较:磁力从磁极扩散,扰动水表面的振动,或是声音现象中的空气表面的振动。例如:我倾向于认为振动理论将适用于这些现象,就像我们已知的它适用于声音那样,很可能也适用于光。[6]

法拉第曾两次被错误地指控剽窃,现在他可能正在采取预防措施,防止同样的事情再次发生。

现在有几个已知的电力的来源。有些鱼,像电鳗,会自己产生电;摩擦产生的静电,可以储存在像莱顿瓶那样的装置中,一次释放出所有的电荷;电池通过两种不同金属之间的化学作用产生稳定的电流;还有就是法拉第最新研究出来的磁电流。所有类型的电都是一样的吗?沃拉斯顿和其他人已经证明,静电和伏打电产生类似的电化学效应。但是,一如既往地,法拉第坚持着必须亲自去做实验以验明真伪的习惯,现在他决定进行一次彻底的研究。他首先确定了6种不同类型的电效应:电荷的吸引和排斥;电流的热效应;磁力的产生;化学分解;生理效应;火花。随后,他系统地研究了这些效应,并且很满意地证明了不管是哪种电的来源,它们都是一样的。至于电究竟是一种流体,或是两种流体,还是别的什么东西,他都保持着开放的思想。这种不可知论从他在1833年《电学实验研究》中给出的电流描述可以明显看出。

我所说的电流,是指任何不断前进的东西,不管它是一种电流流体,还是两种相反方向的流体,或者仅仅是振动,或者更一

般地说，是前进的力。⁷

电流并不仅仅存在于电线中，它们还能流入到化学溶液中。法拉第想，在化学溶液里，他或许会发现更多关于电流的信息。在又一次具有历史意义的系列实验中，他确立了电解的两个基本定律：当电流通过时，化学溶液中物质的质量与电流的总量成正比；由一定数量的电产生的不同物质的质量与所谓的"等效质量"成正比。元素的等效质量现在根据其原子结构来定义。我们只能对一个人的天才感到惊讶，他能够在原子存在被证明之前的七十年就确定了这一定律，特别是因为法拉第对原子持有不可知论观点，正如他对电子持有相似的观点一样。他写道：

> 物体的等效重量只是其中包含等量的电或具有自然相等的电功率的那些量，它决定着等量的电性，因为它决定结合力。或者，如果我们采用原子理论，那么在通常的化学作用中彼此等价的物体的原子，具有与其自然关联的相等数量的电。但是，我必须承认，我讨厌原子这个词，因为尽管谈论原子很容易，但是很难对它们的性质形成清晰的概念，特别是在考虑复合体时。⁸

大约半个世纪后，德国伟大的物理学家赫尔曼·冯·亥姆霍兹在纪念法拉第的演讲中，对法拉第非凡的远见卓识大加褒扬。他说：

> 法拉第定律最惊人的结果也许是这样的。如果我们接受基本物质是由原子组成的假设，我们就不能避免得出这样的结论：即电，正的和负的，也被分成基本部分，其行为类似于电的原子。⁹

亥姆霍兹的这番话，是在电子被发现的 10 年前讲的。这使得他的话更具有说服力。今天，我们可能会奇怪，为什么法拉第没有追求每个原子都有正电荷部分和负电荷部分的可能性。追究该原因的一个线索在于，他奇怪地使用"讨厌"这个词来描述他对原子的看法。法拉第和他的导师戴维一样，不相信约翰·道尔顿关于所有物质都是由原子组成的理论,尽管原子论为化学反应中元素的比例权重提供了一个简单的解释。戴维和法拉第都寻求统一的理论,不喜欢道尔顿把化学物质分成许多不相关的类型,而每种都有自己的原子。然而,道尔顿的简单理论被证明是基本正确的——在这个罕见的例子中,我们可能会说法拉第把婴儿和洗澡水一起扔了出去。

与此同时,法拉第面临的问题是,电流如何在化学溶液中流动?当时的主流观点类似于带电物体之间和磁极之间相互作用力的超距理论:当连接电池的导线的末端被浸泡在液体中,导线末端成为力的中心,力是沿着二者之间的直线作用的,在力的作用下,溶液中的物质微粒被撕开,每个被撕开的微粒的两个部分带有相反的电荷,所以一个被拉向负极,另一个被吸引到正极;而所有这些自由微粒的运动,构成了电流。这种观点在当时受到众人的认可,以至于导线的末端被称为"极",就像磁铁的磁极一样。

法拉第的导师戴维和莱比锡的西奥多·格罗斯(Theodor Grothuss)认为,整个过程要复杂得多。在他们的解释中,来自正极和负极的力不仅仅撕裂分离了粒子,而且在溶液中建立了化学交换链,在这个过程中,带正电荷的部分向负极移动,而带负电荷的部分则向相反方向移动,如此,带电的微粒不断地交换着位置,这很像双向桶链中的桶。当带正电荷或带负电荷的微粒到达它们各自的电线末端时,它们抛弃后面的伙伴,将电荷捐给了电线,然后就成为不带电的自由微粒了,如图5.8所示。[10]

图5.8 电解过程中带电粒子的运动链(经 Lee Bartrop 允许使用)

法拉第、麦克斯韦和电磁场：改变物理学的人

在他的一闪而过的灵光中，戴维更进一步说，电是把不同元素结合在一起形成化合物的力量，这意味着它是物质的固有属性。不需要两种电的流体，甚至也不需要一种流体。当然，他是对的。但是电的流体的概念在当时已经根深蒂固了，直到许多年过去后，才最终被抛弃。

法拉第与戴维和格罗斯站在了一边，他进一步地驳斥了电极的相互作用。虽然他们认为引起化学交换的是来自两极的力，而且这些力随着距离的增加而减小，但是法拉第认为两极根本没有施加任何力，它们只是流经溶液的电流入口和出口，电是由电池提供的。他是对的。

法拉第在撰写电化学研究报告时，面临着一个难题：他试图描述以前没有人描述、甚至可能没人想到过的物理过程。这并不是一个新问题，他已经在朋友的帮助下发明了"电紧张（电应力）状态"这个词。随着他的思想的发展，语言本身也成为他的思想的一部分。每个新单词和每个新短语都有助于澄清、甚至定义基础概念，即使其本身尚未完全形成。他寻求用词的精确性，试图解决一个特殊的问题：即纠正那些常用但对于理解其理论内涵却具有误导性的词。最好的例子是电流，这意味着电是流体。对于电流这个概念，他从未找到过有用的替代词汇——此后也没有人找到过——但在其他情况下，他创造了最终成为标准词汇的新词。读者通过仔细地、创造性地关注他的作品中的语言，就能够掌握和接受新的思想，即使它们完全违背了当时流行的理论。当然也有例外，因为他的一些概念与以前看到的任何概念都大不相同，以至于他的同时代人都不理解它们，尤其是因为他无法用数学术语来表达它们。他在英国皇家学会的继任者约翰·丁达尔解释了这一困难：

有时我突然想到，法拉第看到了流体、醚和原子的游戏，虽然他之前的训练没有让他把看到的东西分解成不同的组分，或者用精通力学理论的头脑以满意的方式来描述它……然而，必须永

远记住，他工作在知识的边界上，他的思想习惯性地处在知识的"无边无际的影子"中。[11]

我们在下文中将会看到，詹姆斯·克拉克·麦克斯韦（James Clerk Maxwell）花了很长时间来理解法拉第是如何"看戏"的，并将法拉第的思想翻译成一种其他人能够理解的数学语言。

当法拉第需要一个新词时，他就会小心翼翼地采纳最好的建议。他现在咨询了他的朋友惠特洛克·尼科尔（Whitlock Nicholl）博士。在尼科尔的帮助下，法拉第现在提议废除对浸入溶液中的电路末端使用误导他人的"极"一词，取而代之的是"电极"。"电解"一词也出现了，即电流通过溶液来分离溶液成分的过程，"电解液"则指用于电解的溶液。为了得到进一步的建议，法拉第向剑桥博学的威廉·惠威尔（William Whewell）寻求帮助。惠威尔提出用"阳极"来表征正极，"阴极"来表示负极，还提出了"阴离子""阳离子"和更普遍的"离子"等词汇。和许多创新一样，这些新词一开始遭到了强烈的抵制，但法拉第到现在已经是一个世故的智者了，他充分利用了惠威尔令人敬畏的名声来反击。他在给惠威尔的一封信中承认了这一点：

> 我在这里对他们提出了一些强烈的反对意见，我发现自己的处境很像这样一个人，他带着他的儿子和驴，试图取悦每一个人，（无论是他让儿子骑驴，或是自己骑驴，或是自己和儿子一起骑驴，或是都不骑驴，都要受到别人的指责）但当我举起你权威的盾牌时，很高兴地看到反对的声音是如何消失的。[12]

值得注意的是，除了顽固的幸存词汇"电流"以外，现在在电解中使用的所有常用术语都是法拉第在19世纪30年代，在他的有学问的朋友们的帮助下创造的。这些都证明了他总是用准确的语言描述他的发现，也表明了他的高超的沟通技巧。新词之所以需要，不是为了创造而创造，而是因为已有的词汇有它原先的意义，可能会限制一个人的思维。法拉第可能不懂古典希腊文，但他有办法请教懂古典希腊文的学者,并在他们提出建议时选用正确的词——这些词清楚地、深刻地表达了他们的意思,而且不会与已有的意思相混淆。

从他与戴维交往的早期开始,法拉第就一直认为电是物质固有的能量。现在他知道这是事实。他的研究也毫无疑问地表明,至少在电化学中,电能不是在一定距离内,而是在一定范围内从一个粒子传到另一个粒子。此外,力的作用不是直线,而是曲线。例如,当电池的两个导线端子浸入到氯化铜溶液中时,铜不仅沉积在正极侧面,还沉积在正极周围;如果阴极是叶片的形状,它的背面和正面都会镀上了铜,这表明了化学交换链,以及由此产生的力,必须沿着弯曲的路径。

这些都是显著的结果,但无论是在英国、法国还是其他地方的数学物理学家都很少关注它们。脏乱、难闻的化学物质在他们的研究领域之外,他们对此并不关心。然而,当法拉第冒险进入静电学核心领域的时候,情况就不一样了。在静电学核心领域,库仑定律(库仑定律的含义是力的直线运动)是神圣不可侵犯的。像法拉第这样不懂数学的人怎么敢插手他们的领域呢?

在他研究电化学时,一个很自然的问题促使他转向静电学。电解过程是如何开始的?当电池刚连接上电路时会发生些什么?法拉第认为,在分解开始之前,化学溶液或电解质中的所有粒子,哪怕只是一瞬间,都必须处于极化状态——即处于拉伸应变状态——它们的带正电和带负电的粒子被拉向相反的方向。而且,在这种状态下,它们会倾向于把自己排列成链,每个粒子都以正负电荷交替的顺序紧挨着它的邻居。他推测,这些链条是电子作用的曲线,沿着这些链条发生了化学交换。这种应力状态在电解中只是短暂地维持着——只要粒子开始分解,应力就会释放出来,至少部分地释放出来,化学交换沿着电作用的曲线进行,形成电流。

对法拉第来说,这不仅仅是对电解液中化学分解是如何开始的一种解释，而是一种彻底颠覆牛顿对物理世界的看法的思想过程的起点。他脑子里开始形成一个宏伟的计划。也许开始电解过程的极化应力状态实际上是材料中所有电活动的来源。如果用金属导体代替电解液，金属就不能以持续的方式支持应力，电流就会自由流动。另一方面，如果电解质被一种绝缘材料取代，这种应力就会被保持住——尽管在极端的应力下，这种绝缘最终会崩溃，会突然放电，就像空气中的火花一样。法拉第认为，十有八九，没有一种材料是真正的完美导体或完美绝缘体；即使是最好的导体也能保持一小部分的应力，即使是最好的绝缘体也能泄漏一点电流。但是，绝缘体可以保持极化应力状态这一想法，即使不是很完美，也具有重大意义。在法拉第看来，绝缘体的这种应力状态就像是电紧张（电应力）状态，就像电线靠近磁铁时，在电线内部和周围存在一样。就像电磁感应中的电紧张状态一样，静电状态被证明是不可能被直接探测到的，尽管法拉第用尽一切办法试图揭示它。

传统理论认为有两种主要的静电效应，都是远距离作用的结果。一个是带电体之间的机械力，另一种是电感应：带电的物体会在附近的另一个物体中产生相反的电荷。法拉第现在可以解释这是如何发生的了。远处并没有什么神秘的东西，实际上，是从一个物体到另一个物体的连续极化粒子链，通过它们之间的绝缘介质，从而发生了感应现象。如果第一个物体是带正电的，它会吸引靠近第一个物体表面的中间介质中的带负电的那部分微粒，所以第二个物体远端粒子的表面将带正电，将吸引带负电荷的粒子，从而感应出负的电荷。

如果法拉第的想法是正确的，那么最初带电体和另一个带电体之间的感应将取决于中间介质形成感应链的倾向性，因此，在一种绝缘体和另一种绝缘体之间，感应效应将会有所不同。他做了一个仪器来测试这一点，用两个同心圆的金属球，在它们之间的空间里有各种各样的物质，包括空气、虫胶、蜡和硫黄，他发现这种效果的确差别很大。每种物质都有其特有的感应能力——这是另一个伟大的发现。在这个实验过程中，法拉第能够观察到他已经怀疑过的东西：感应需要时间通过绝缘材料起作用——这一发现给后来的大西洋电报电缆项目提出了问题。

那么带电体之间的力呢？面对着一个化学溶液的容器，法拉第想象着带电粒子在电极之间移动的路径时，他想起了铁屑撒在磁铁上的图案。正是这种模式促使他提出磁力线的概念来解释电磁感应。现在，他设想了一连串连续的极化粒子来解释静电感应，在他脑海中这些粒子所形成的曲线图案也类似于磁铁周围的铁屑。这些感应链当然就是电力线。沿着拉伸的极化粒子链的张力，可以解释为什么相反的电荷相互吸引。

法拉第还推测，他所给出的电力线和磁力线是互相排斥的，尽管他对这一特性的全部意义的认识还是很模糊——一位著名的传记作家说他当时"隐约地"意识到了这一点。[13]这似乎很奇怪，因为力线之间的斥力如此巧妙地解释了同种电荷之间和同极之间的差别。[14]不难找到法拉第在某些地方容易出错的其他例子。他早先曾开玩笑地提出（正确的）观点，即他的电磁系统中的电紧张（电应力）状态与机械系统中的动量有相似之处，结果却遭到了别人的拒绝。

事实上，这些例子提醒我们，他是在完全未知的领域工作着，尽自己所能地试图去理解他的实验中发现的那些奇怪的、有时甚至是明显矛盾的发现。奇迹并不在于他没有抓住特殊点，而在于他设法从这些令人困惑的证据中得出了一些与众不同的想法，这些想法几乎无法用语言来描述，但结果却是正确的。直到伟大的物理学家威廉·汤姆孙（William Thomson）（开尔文勋爵 Lord Kelvin）和后来的苏格兰人詹姆斯·克拉克·麦克斯韦用数学语言表达了法拉第的一些想法，其他人才理解了。

根据法拉第的思想，物体上出现的电荷只是感应线的终点，感应线的一端必须是正的，另一端必须是负的，所以总的净电荷总是为零。因为像金属这样的导电物质不能支持感应应力，电荷只存在于它们的表面，它们很靠近感应线。这些假定的物质特性的一个结果是，外界的感应不会穿透封闭的金属容器。法拉第对这一观点和相关命题进行了许多实验，但最壮观的一次是在英国皇家科学研究所的戏剧剧场里为观众们表演的。法拉第，一个伟大的表演者，制作了一个木制的立方体箱子，边长为 12ft[○]，涂上锡箔，并与在场的观众一起步入箱子内部。然后用静电发生器将金属表面充电到几千伏。在法拉第平静地坐在箱子里的时候，火花从角落飞过，通过检查，发现没有一个电荷渗进到箱子里。这是法拉第笼的首次展示。现在每个人都乘坐汽车和飞机，都相信即使闪电击中汽车，乘客也不会受到伤害。

  超距作用理论的信奉者相信静电感应总是沿着直线进行的，他选择了一个简单的实验来证明并非如此，静电感应也是可以沿着弯曲的路径作用的。法拉第将一个黄铜球放在带负电荷的杆子附近。金属不传递静电感应，所以如果感应只是沿着直线作用，球就会起到屏风的作用，并投射出一个清晰的阴影——一根杆感应不到的区域。但是他发现，杆上的负电荷实际上对完全置于假想阴影内的物体感应出了正电荷。感应线必须绕着黄铜球屏风而弯曲。对于法拉第来说，这不仅证实了静电感应，也证实了静电力沿着曲线起作用，而且证实了它们从一个粒子作用到另一个粒子，因为只有沿着曲线起作用才能如此。

  到 1838 年 6 月，他在出版的《电学实验研究》一书中，对静电的本质理论做了 10 点总结：

  理论上，假设所有的粒子，无论是绝缘的还是导电的物质，都是完整的导体。

  在它们的正常状态下没有极性，它们可能由于相邻带电粒子

○ 1ft = 0.3048m。——编辑注

的影响而变得具有极性，极性状态能够在瞬间形成，正如在由许多粒子组成的导电体中。

极化时的粒子处于受迫状态，并趋于恢复正常或自然状态。

作为整个导体，它们可以很容易地被充电，无论是整体还是末端充电。

相邻的粒子也处于感应作用线上，它们能或多或少地将极性力彼此传递。

那些不那么容易感应的粒子，在力实现传递之前需要将极化力提升到更高的程度。

相邻粒子之间的力即刻能够传递的，构成了导体；难以传递的则是绝缘体……

这种普通的感应是由于带激发电或自由电的物质对绝缘物质作用的结果，趋向于在其中产生等量的异号电荷。

它只能通过对相邻的粒子进行极化来做到这一点，这些粒子对相邻的粒子执行相同的作用，而这些粒子对后面的粒子又执行相同的作用；这样，作用就从受激发的物体传播到下一个导体，在那里，由于传递的影响，反向力就明显地显现出来了，而传递的影响是由传导物体对物体粒子极化的叠加作用而引起的。

因此，感应只能通过绝缘体或穿过绝缘体进行；该感应是绝缘的，它是粒子状态和电力通过这种绝缘介质传递或传输的模式施加影响的必然结果。[15]

简而言之，静电以一种应力的形式在物质中表现出来，这种应力从每个粒子传递到其相邻粒子。在闭合电路中，当应力崩溃时，电流就会流动。法拉第写这篇文章的时候，大多数物理学家仍然认为电是一种不可测量的流体（或两种），它沿着假想的直线向远处施加力。法拉第的传记作者之一希尔瓦努斯·P.汤普森（Sylvanus P. Thompson）恰如其分地描述了他是如何超越同时代人的视野的：

第五章 电磁感应

在他的充满着实验设备的实验室里,没日没夜的工作、研究和甚至生活,根据实验现象,他放飞他的思想,不停地提出理论来解释观察到的事实,然后再通过实验来检验他的想法,把这些根据实验结果得到的想法,分析综合以得到具有严谨逻辑的结论,不管这些结论与当时流行的观点有多少差异……他以他那独特的可以被称为奇迹的、富有远见的科学视野,持续不断地努力工作着。即使是那些在当时看来似乎不成功的实验(因为它们没有立即产生积极的结果),对于随后跟随着他的科学家们来说,后来也被证明依然是一个丰富的深矿。[16]

法拉第在 19 世纪 30 年代的成就几乎令人难以置信。到 1838 年,他在电力方面的一系列实验研究已经完成了 14 个系列。除了作为英国皇家科学研究所的所长以外,他还在伍尔维奇的皇家军事学院开设讲座,当然,也在周末在英国皇家科学研究所的剧院做表演。他还打破了之前的决定,接受了一些重要的分析和咨询工作,其中一些是出于强烈的社会责任感或爱国责任感,还有一些是为了充实机构的财力,或者是为了提高他微薄的薪水。其中一项任务是担任三一学院(Trinity College)的科学顾问,三一学院负责英国的灯塔。虽然他的妻子萨拉也会在有机会的时候带他去乡下或海边散心,但持续的工作开始给他的健康带来了负面影响。他年轻时偶尔患过的神经性头痛变得更加频繁了;他再也不能保持他那种工作方式所要求的高度专注力,他的记忆力变得越来越差。

医生命令他休一个月的假,然后又是一个又一个休假。法拉第只能断断续续地去实验室,他发现给朋友写信都是一件很辛苦的工作。在一封信中,他说他的记忆是如此的不可靠,以至于当他读到一个句子的中间时,他都不记得它的开头是什么。在他 49 岁生日那天,法拉第确信他再也不能有伟大的发现了。但是,事实上他错了。

第六章

一个猜想的影子

1840—1857 年

法拉第、麦克斯韦和电磁场：改变物理学的人

  法拉第，这个一直以来被实验迷住了心窍的人，却已经有两年没在实验室里工作了。在海边和山里的强制休假使他得到了很好的休养，他恢复了精神焕发、身体健康的状态，在阿尔卑斯山口一天走 30 英里[①]也是轻而易举的事情。他以他的家人和朋友为乐，以大自然的美丽和力量为乐——他喜欢在雷雨中奔跑——但是如果没有实验工作，那么他认为自己的人生就不完整。他在一个笔记本里总结道："我很乐意花一半的精力用于做跟记忆有关的事情——但我现在与这类事情似乎什么关系也没有了。"[1]

  法拉第严格限制自己的脑力劳动，他做了他能做的一切工作。他在 1841 年和 1842 年给孩子们做讲座，包括在圣诞节的时候；为三一学院的大厦提供灯塔通风方面的建议；领导政府调查火药厂和煤矿的爆炸事件。1842 年，他试图回到实验室，研究威廉·阿姆斯特朗（William Armstrong）广为人知的发现：从锅炉逸出的蒸汽带电了。在弄清楚电荷原来是来自于水滴和排气管之间的摩擦接触之后，他再次把实验室交给了安德森警官照看，直到 1844 年他才再度返回，他恢复了一些早期液化气体的工作，并取得了一些进展，合成了液化氨并利用戴维以前的特长制备出致幻的液态氧化亚氮。

  1845 年 6 月，法拉第参加了英国科学促进会的年会。他并不

---

 ① 1 英里 = 1 609.344 米。——编辑注

第六章 一个猜想的影子

是定期的参与者，但今年的聚会是在剑桥举行的，三一学院的院长威廉·惠威尔在那里曾向他推荐过"离子""阳极"和"阴极"等词。在会议间隙，一位富有魅力的年轻的苏格兰人介绍了自己——他是剑桥大学（Cambridge）彼得学院新当选的院士，名叫威廉·汤姆孙。汤姆孙现在被人们称为开尔文勋爵（Lord Kelvin），他是一位神童，10岁时考入格拉斯哥大学（Glasgow University），在所有科目中都获得了最高分。他对数学特别感兴趣，在他17岁的时候，他就证明了法拉第的电力线可以用约瑟夫·傅里叶为金属棒中的热流推导出的方程式来表示。这是一篇具有历史意义的论文，首次表明法拉第的思想是可以和数学相容的，但由于这篇论文出自于一个才刚到剑桥大学一个学期的十几岁的毛头小伙子，所以没有引起多少关注。法拉第似乎也没有注意到这一点。尽管如此，他还是对这个头脑灵活的年轻人留下了深刻的印象——每个人都是如此——当8月份收到汤姆孙的后续来信时，法拉第受到了鼓舞，再次踏上了探索之路。

对汤姆孙和安培来说，数学是科学的语言。法拉第需要自己做实验来理解一个规律，而汤姆孙则需要写方程。关于法拉第的没有一个方程式的论文《电学实验研究》，汤姆孙的第一印象是，该论文似乎是用笨拙的外语写成的。但是一旦汤姆孙注意到力线可以类比于傅里叶的热流数学理论，他开始认真思考力线的理论，这是除了法拉第自己以外的第一人。他很好奇地发现，同样的结果可以从库仑和安培的静电力理论中得到，那么法拉第的力线仅仅是另一种表示点电荷之间的瞬时作用的方法吗？汤姆孙一开始是这么想的，但他注意到法拉第关于电感应需要时间才能起作用的发现，就像傅里叶热流一样；他发现利用力线和热流之间的类比实际上使计算变得简单了很多。他开始认为法拉第是对的——力线可能是物理上存在的，电力可能是带电物体之间的介质中某种张力（应力）的表现。

汤姆孙知道，透明物质内部的张力（应力）可以被透过它的偏振光检测到，也就是说，在这种光中，横向波振动排列在一个特定的平面上，而不是像普通阳光那样随机定向。科学家们发现，当偏振光通过一个机械受力的透明物质时，其振动的排列，也就是偏振面，发生了改变。法拉第的想法是，电力线代表介质中的一种张力，汤姆孙猜测，张力（应力）可能这样被探测到：在力线的位置上放置一种透明物质，用一束偏振光照射该物质，观察偏振面的任何改变。也许法拉第已经尝试过了这个实验，于是汤姆孙写信向他询问。

多年来，法拉第一直被好心的狂热分子的徒劳建议所困扰，但这次不同。他确实尝试过了汤姆孙提出的实验——还不止一次，但是毫无效果——然而这是一个很好的建议，令人惊讶的是，它来自于一位年轻的数学家，他不辞辛劳地试图理解法拉第的工作。这正是法拉第需要的，他立即向汤姆孙表示感谢，并决定再试一次。

他首先尝试把偏振光通过各种液体，包括蒸馏水、硫酸、硫酸铜和硫酸钠溶液，这些液体经过静电发电机的静电充电。他先让光束平行于电极化方向，然后穿过光束，但光束的横向振动方向并没有改变。他没有就此罢休，而是尝试了改变电流——稳定、上升、下降、脉动，最后是火花。然后他用各种固体、透明的物质代替了液体——平板玻璃、石英、冰洲石等——但他发现，在两周的工作中，他没有什么可以向人展示的结果。

也许极化平面的变化太小而令人无法察觉。他决定试一试磁力的作用，磁力可以比电力强得多——他在英国皇家科学研究所的实验室里有强大的电磁体，还可以从伍尔维奇的皇家军事学院弄来一个更大的电磁体。他又一次改变了实验的条件，改变了磁体的位置和强度，使偏振光再次穿过所有的透明物质，但都无济于事。然后他想到了一小块特别重的玻璃样品，它是由铅的硼硅酸盐制成的，这是他在19世纪20年代的玻璃工程的繁重工作中留下的。

第六章 一个猜想的影子

两个星期以来，他一直盯着镜头，除了黑色什么也看不见。光源是一盏油灯，光线首先通过偏光棱镜，然后通过测试物质，再通过分析仪，最后到达目镜。该仪器的设置是，只有当光的偏振面被电或磁力作用改变时，才能到达目镜。起初，他把一块重质玻璃放在一块磁铁的北极和另一块磁铁的南极之间，什么也没有发生。当他尝试几种其他的配置方式时也是什么现象都没有。但当他把那块玻璃"沿着"两极放置时，用光束照射，然后看了看目镜——他发现有一个闪烁的火焰的模糊影像，如图 6.1 所示。

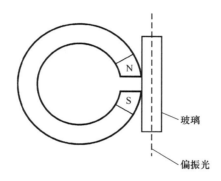

图 6.1　法拉第磁光实验中磁铁和重质玻璃的排列
（经 Lee Bartrop 允许使用）

法拉第又一次嗅到了新发现的气味。他又要打开一扇大门，但打开这扇门还需要更强大的设备，这很容易解决。他派人去取巨大的伍尔维奇电磁铁，带着愉快的期待休息了四天，计划着当大磁铁到来时他要做些什么。

9 月 18 日，他用重质玻璃的样品重复了这个实验，这次用的是伍尔维奇磁铁。火焰的图像又出现了，比以前明亮得多，但大约过了 1 秒钟才达到最高亮度。这是迄今为止法拉第所观察到的最好的例子——电磁铁需要时间才能达到其全部的磁化强度。然后他验证了经过磁化的玻璃，光的偏振面旋转了，并确定了旋转的

法拉第、麦克斯韦和电磁场：改变物理学的人

方向，发现旋转的角度与磁铁的强度成正比（可以通过改变缠绕在电磁铁上的线圈匝数来改变，电磁铁连着电池）。仿佛又回到了自己年轻时的精力旺盛的时代，他进行了一次又一次的测试，在他的实验室日志中记录了测试结果，并加上了"效果非常好"和"效果最好"这样的表述。填满 12 页测试记录后，他用"一天出色的工作"这样的话结束了当天的日志。[2]

借助于巨大的伍尔维奇磁铁，法拉第重新测试了各种透明物质，这些透明物质在以前的实验中，光的偏振面没有产生任何明显的旋转，但是现在产生了旋转。法拉第觉得他认为的自然界所有力在根本上都是统一的这一信念正在得到证实。他不仅证明了光和磁在某种程度上是相互联系的，而且还证明了玻璃和其他各种透明物质（迄今为止被认为是非磁性的）也受到磁性的影响。结果引发了一个问题，是不是所有物质都具有某种磁性？这不是一个新想法，实际上他以前已经试过磁铁对许多物质的作用，但是都没有什么结果。不过，现在缪斯女神和他在一起，他决定再来试一次。

对一种看似非磁性物质是否具有磁性的最直接的证明，就是把该物质样品放在一个强磁铁的两极之间，如果它像指南针一样移动，就说明具有磁性。最有希望做出实验结果的物质是他手头的重质玻璃，是一个长条形，两英寸长，半英寸宽。法拉第把它包在纸里并用一根线吊在伍尔维奇磁铁的两极之间，但是却没有发现明显的效果。这种失望并没有使法拉第放弃他的任务。也许需要一个更强的磁铁。他从船上的锚链上取下一根巨大的铁链的一半，把它制成一个巨大的电磁铁，线圈有 522 英尺长，总共重 238 磅⊖。[3] 在制作这个庞然大物的时候，法拉第用实验室里已经有的设备做了更多的实验。在一个实验中，他差点就发现了后来被

⊖ 1 磅 = 0.453 592 37 千克。——编辑注

称为克尔效应（Kerr effect）的现象，即光的偏振被磁化金属表面的反射所改变。

11月4日，新的磁铁制作好了。当法拉第把他那块重质玻璃悬挂在电磁铁的南极和北极之间时，那块玻璃开始摇摆，最后与磁力线成直角。他终于证明了玻璃具有一种新的磁性特性——一种不依赖于光的特性。通向另一个伟大的发现的大门打开了。他用许多其他非磁性物质代替了玻璃，所有的物质都有相似的实验结果。晶体、粉末和各种液体（装在薄壁容器里）、木头、牛肉、苹果、面包，甚至大多数金属都与磁力线成直角排列。铁、钴和镍则是例外，与磁力线平行排列。法拉第在电的实验研究中生动地总结了这些实验结果，他写道：

> 如果把一个人非常小心地悬置在磁场中，他会旋转并指向垂直方向，因为组成人体的所有物质，包括血液，都具有这种特性。[4]

有重大意义的是，法拉第在这里使用的"磁场"一词与这一重大的新发现同样重要。空间本身可能是力的所在地的想法，现在被浓缩在一个词中，这个词将成为物理学家不可缺少的一个领域。

法拉第对这项新工作非常感兴趣，以至于他不想离开实验室去参加11月20日英国皇家学会的会议。在会上，他将提交论文《光对磁铁的作用》（On the Action of Magnets by Light）——委托其他人替他宣读。他惊人的研究结果促使他得出结论：所有的固体和液体物质都对磁力起反应——可能也会对气体起反应，尽管目前他还无法证明这一点。他发现，在磁场中垂直磁力线排列的物质，而不是与磁场平行的物质，会被任何磁极排斥，无论磁极是朝北还是朝南。大多数物质都属于这一类，他需要一个新词来描述它们。在威廉·惠威尔的帮助下，他选择了"抗磁性"这个词。现在还需要另外一个新词来描述那些与磁场平行排列的少数物质——它们曾被简单地称为磁性物质，但现在既然所有的物质都被认为具有磁性，那么这种说法就不成立了。法拉第为铁、镍和钴等材料选择的名字是"顺磁性"。

在这些成功实验的鼓舞下，法拉第继续寻找自然力统一的方法。他现在相信磁力是物质的普遍性质，他知道它能影响一束光。反过来呢？光能使物体带电或磁化吗？在一个阳光明媚的日子里，他把一束阳光照在一根螺旋线圈上，没有任何效果。他在线圈里放了一根未磁化的钢棒，但仍然没有效果，即使他试着转动这根钢棒。这是数百次试图在一种力和另一种力之间找到联系的失败尝试之———在其他一些尝试中，他试图把电、磁和引力联系起来。现如今，科学家们仍然在寻找这一联系，寻找将目前已知的四种力——电磁力、弱核力、强核力和重力——统一起来。（前两种力被统一成所谓的电弱力）

英国皇家科学研究所周五晚上的演讲现在已经成为一种独立的活动了。1846 年 4 月 3 日的讲座，是一个历史性的时刻，尽管没有一个听众认识到这一点，而且整个事情都是以一种非常奇怪的方式发生着。查尔斯·惠斯通本应是一长串杰出演讲者中的最新一位，但他高度紧张、惊慌失措，就在准备入场时却跑开了。尽管惠斯通对自己作为科学家、发明家和商人的职业生涯充满信心，但他却羞于在公共场合发言，人尽皆知。法拉第在邀请他报告他的最新发明——电磁计时仪（一种测量小的时间间隔的设备，比如火花的持续时间）时，还真是冒了一次险。结果这次冒险失败了，法拉第要么只能把失望的听者送回家，要么自己去演讲。他选择了后者，但是在规定的演讲时间还没到的时候，他就已经无话可说了。

他猝不及防地做了一件他从未做过的事，让观众瞥见了他对物质、力量和光线的深入思考。在此过程中，他对光的电磁理论进行了极有先见之明的概述，因为它将在接下来的 60 年里得到快速发展。在他的设想中（当时没有人与他一样有这样的设想），宇宙被力线纵横交错——电的、磁的，可能还有其他种类的力。这些线相遇的点就是我们感知物质存在的点;"原子"不过是贯穿整个空间的力的中心。当受到扰动时,力线横向振动,并以一种快速但有限的速度,沿其长度方向传递能量波,就像沿绳子传播的波一样。他认为光可能是这些振动的一种表现。他斩钉截铁地说,这种振动是力线本身的振动,而不是所谓的以太光——一种被认为是传播光波所必需的不可捉摸的介质。法拉第怀疑存在这样的以太。他评论说,它必须"没有引力,弹性无限"。

光的传播以及所有辐射作用的传播都需要时间,而力线的振动应该能够解释辐射现象,因此这种振动也必须需要时间。我不知道是否有任何数据,已经确定或可以确定,诸如引力这样的力量是否能够不花时间就能够起作用,或者力线是否已经存在,在一端对它们进行这种横向干扰将需要时间,或者必须是在另一端才能感受到。[5]

在他同时代的人看来,重力可以通过力线作用,重力还可能以某种方式与电和磁力相联系,这种想法似乎很奇怪。在他们看来,根据牛顿定律,万有引力,是一个在远处瞬间发生作用的直线力;电和磁是流体;而光则是一种无法估量的物质的振动。所有这一切都可以用优雅的数学来解释,但这里有一个不懂数学的人,他提出的观点如果被认真对待,就有可能颠覆物理世界的既定法则。从今天的观点来看,这显然是一个历史性时刻。法拉第是一位大胆的理论家,他正在提前宣布一种科学的转变,这种转变不仅给我们提供了电磁理论,也给我们提供了狭义相对论、无线电、电视以及更多的东西。

但当时的情况并非如此。法拉第可能会后悔,他自己的这些想法让别人知道了,使得自己受到别人的嘲笑,造成了对自己的伤害。为了减少对自己的伤害,他在《哲学杂志》(*Philosophical Magazine*)上发表了一篇题为《关于光线振动的思考》(Thoughts on Ray-vibrations)的文章。

法拉第、麦克斯韦和电磁场：改变物理学的人

我想很可能我在前面的论文里犯了很多错误，甚至我的一些观点仅仅是猜测，或者仅仅是自己脑海里的模糊印象，还需要一段时间去思考和研究。从事实验研究的人知道，在真正的自然界的真相被发现之前，需要花费多少时间和多少精力。[6]

一般的科学观点认为法拉第的冒险行为远远超出了他的深度。他的同伴们认识到他是一个极好的实验主义者，但他们觉得，他没有数学基础，根本就不具备任何理论的能力。他最近的言论似乎充分证实了这一观点。就连法拉第的支持者们也感到尴尬。他的第一个传记作者亨利·本斯·琼斯（Henry Bence Jones）把《光线振动的思考》这篇论文用了一半的篇幅予以驳斥；他的第三位传记作者约翰·霍尔·格莱斯通（John Hall Gladstone）根本没有提到这件事；他的第二位传记作者，继承了法拉第在英国皇家科学研究所职位的约翰·丁达尔，形容这篇论文的观点是"最奇特的推测之一，是由一个科学家提出的"。[7]然而，尽管他们的观点具有猜测性，但正如麦克斯韦和他的追随者所展示的那样，法拉第的观点基本上是正确的。

无论他们如何看待法拉第作为理论学家的能力，各地的科学家都对他的抗磁性发现感到震惊。为什么物质会以这种意想不到的方式表现呢？汉斯·克里斯蒂安·奥斯特，现在是一位伟大的科学老人，他提出了相反的极性：磁极在顺磁性物质如铁材料中，诱导出相反的极性；而在反磁性物质如铋中，诱导出相同的极性。爱德蒙·贝克勒尔（Edmond Becquerel）的父亲曾与安培想出了一个巧妙的理论，类似于流体静力学中的阿基米德定律：所有物质都有磁性力，更强大的（顺磁性）总是倾向于取代较弱的（抗磁性），就像一个稠密液体取代低密度的物体如气泡一样。这是一个简洁的答案，但是要解释为什么在真空中抗磁性会被磁极排斥，贝克勒尔不得不使用了一个常见的乙醚：它具有自身磁性，比顺磁性小，但比抗磁性大。

法拉第在他自己的研究过程中，以他一贯的方式，仔细检查

了别人的理论和实验。奥斯特的反向极性假说首次出现在他的实验清单上。他在磁铁上部的纸上撒了铋屑,理由是,如果奥斯特是对的,他们就会按照铁屑的惯用方式排列——事实上,每个小铋屑却在四周以不一样的方式散布着。换言之,如果铋屑显示出与铁屑相同的图案,那么它们就会显示出磁极的存在。然而,法拉第的铋屑没有显示出排列的迹象。奥斯特似乎错了,没有反向极化的迹象。

后来,他听说德国物理学家威廉·韦伯(Wilhelm Weber)的一项精彩实验,当时韦伯是莱比锡(Leipzig)大学的一名教授。这是法拉第的铁圈实验的一个巧妙的变形,有一个主线圈和一个副线圈,但是没有环。螺旋初级线圈与电池连接,形成一个强大的电磁铁。次级线圈是另一个螺旋,与第一螺旋同轴,距离较近。它被缠绕在一根木管上,这样一来,一根铁棒或铋棒就可以被推到线圈里再拉出来。次级电路线圈的两端连接到检流计,检流计可以指示任何电流的方向。当韦伯把铁棒推入次级线圈时,检流计的指针短暂地向右颤动了一下,当他把它拉出来时,指针也颤动了,但这次是向左的。与预期的一模一样。但当他用铋代替铁时,指针却向另一个方向颤动——这明显是极性相反的表现,如图 6.2 所示。

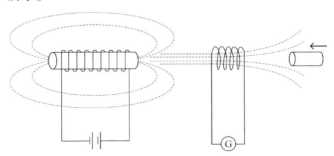

图 6.2 韦伯实验的示意图,右边的木管里有一根铁条或一根铋条(经 Lee Bartrop 允许使用)

法拉第想出了一种解释韦伯实验的方法。他一直相信磁力是沿着力的方向作用的。难道有些物质不可能比其他物质更容易通过这些通道吗？他证明了每种物质都有自己的静电感应能力；难道这些物质不应该有同样的能力来传导磁力线吗？一切都能够得到合理的解释。顺磁体比周围的空气更好地引导力线，所以这些线集中在它们身上。另一方面，抗磁体传导力线比空气要差，所以这些力线偏离它们，如图 6.3 所示。

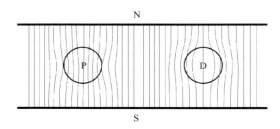

图 6.3　磁力线会聚于顺磁物质（左），而分叉于抗磁物质（右）
（经 Lee Bartrop 允许使用）

因此，在空气中，顺磁体倾向于移动到线密度更大、磁力更强的区域，抗磁体倾向于移动到线密度更小、磁力更弱的区域。一般来说，物体的磁性取决于其周围的介质。如果它引导的力线能力胜过周围的介质，则它的力线就会像一个草履虫那样；如果它引导力线的能力不如周围介质，它的力线就会像钻石一样。就是这么简单。在力的中心意义上，根本就没有极点。没有吸引或排斥，当然也没有超距作用；所发生的一切是，物体对其自身位置的力线模式——换句话说，对磁场的力线模式做出的反应。

韦伯的实验结果只是宏观图像的结果。当铁条被推入次级线圈时，力线就会聚到它上面，从而切断线圈里的电线并产生感应电流。相反，当铋条被推入其中时，力线就会偏离它，再次切断线圈的电流，但这一次却引发了反向的感应电流。

要对反磁性进行完整的解释，需要用到以后发展起来的原子理论和量子力学。一般来说，所有物质都是抗磁性的，但也有一些是顺磁性的，它们的顺磁性淹没了弱抗磁性。铁、钴和镍具有另一种性质，即现在所说的铁磁性，它能淹没其他性质的磁性，使金属能形成永磁体。虽然奥斯特、贝克勒尔和韦伯的理论是有缺陷的，但是他们都是有功劳的。法拉第的理论与贝克勒尔的流体静力学可以类比，他很享受与韦伯的学院式研究相互竞争，韦伯也是真理的追寻者。他写完论文后，法拉第写信给奥斯特，答应给他寄去一份，并对整个事件进行了愉快的回顾：

一开始观点不同不是很奇妙吗？时间会慢慢地筛选和塑造它们。我相信，我们目前还不太清楚它们今后十年或二十年的重要性。[8]

迄今为止，法拉第还未能探测到气体中的磁性，但1847年，他从意大利得到了消息：热那亚大学（Genoa University）的米歇尔·班卡拉里（Michele Bancalari）教授证实了磁性影响了火焰的行为。法拉第一如既往地自己来检查结果。他对自己"多年前未能观察到这种效应"[9]表示惊讶。几周之内，他对许多气体进行了实验，结果不仅表明它们都具有磁性，而且它们之间也有很大的差别，其中有的是反磁性的，而氧气则是顺磁性的。

法拉第研究的一部分是利用最好的真空泵研究真空的磁性。研究中出现了两个问题。首先：为什么真空比抗磁性物质能更好地传导力线？他无法回答。在20世纪量子力学发展之前，其他人也无法回答。第二：真空是如何传导力线的？他的回答很神秘：

纯粹的空间不能像物质那样起作用，也许假说中的以太是可以的。[10]

在他的"光线振动"的演讲中，他完全排除了以太。是他的强硬路线软化了吗？他在后来的几篇论文中澄清了自己的观点：以太可能是一种不必要的发明，但如果它确实存在，它就会像传播光一样传播磁力线。

法拉第、麦克斯韦和电磁场：改变物理学的人

多年来，法拉第一直在想着"异端邪说"，但除了在即兴的"光线振动"演讲中猝不及防的爆发外，他基本上都是把它们藏在心里。他的理由很清楚。尽管他被公认为是一位伟大的实验科学家——英国皇家学会为他颁发了三枚奖章，其中包括最高的一枚：科普利奖（Copley Medal），但法拉第知道，他缺乏数学知识，这是他获得与理论家被同样认可的障碍。以数学为基础的牛顿学说传统，其关于电荷或磁极之间沿直线运动的理论仍然占主导地位，几乎没有人认为关于库仑和安培的优美数学理论可能是错误的。就连法拉第简短而谨慎地提到可能存在的力线，也遭到了普遍的嘲笑。事实上，从他的实验室得出的结果是，数学家们越来越难以用牛顿的术语来解释，但是韦伯已经采用了安培的方法，他和其他人正在创造出越来越巧妙的数学模型来解释这一切。相比之下，法拉第的理论就像是小孩子的幻想。英国皇家天文学家乔治·比德尔·艾里爵士（Sir George Biddell Airy）委婉地表达了当时大多数人的普遍观点：

> 我很难想象，任何一个知道实验和理论（远距离作用的计算和实验结果）一致性的人，会对相信哪一个有一丁点的犹豫：简单而精确的实验，还是模糊和变化的力线。[11]

但是，对于法拉第来说，实验结果是唯一的真理。一旦他的研究结果表明某个观点是假的，他总是会放弃任何形式的继续研究。然而，他的力线观点经受住了每一次考验。在多年来的数百次实验中，他终于相信，力线不仅仅表明了电磁力的存在，也表明了物质中张力（应力）的存在，而且是转换力的"载体"，力线从物理上说存在于空间中。尽管毫无疑问，没有直接证据可以证明，但来自一个又一个实验的证据压倒性地支持了法拉第的这些观点，而不是对手的远距离作用假设。他所有实验的结果都表明，在远处什么也没发生，所有的力和所有的感应都通过中间介质中的某种张力（应力）起作用，并且应力很少是沿着直线的路径起

作用的。在成功地发现了反磁性之后，法拉第变得大胆起来，开始对正统观点进行公开挑战。磁场这个词现在经常出现在他的作品中，他试图在他的《电学实验研究》中的一份报告中表达他的观点：

从我最早关于电与磁的关系的实验开始，我不得不把磁力线当作磁力的表示，不仅在质量和方向上，而且也在数量上。[12]

这有点虚伪，他对这个有争议的话题的想法和言论，在以前基本上都是私下进行的。但他接着说：

对于这些线的定义来说，重要的是线的数量代表一个确定的不变的力。因此，如果存在两个或更多个能量源或中心，虽然这些线的变化可能很大，而且它们穿越的空间也可能不同，但是任一部分磁力线所携带的能量之和，等于任何其他部分的能量之和，无论这些磁力线的形状如何变化，或收敛或发散。[13]

法拉第并不是一个数学家，他在这里只是精确地描述了磁场的特性，而其数学形式则在后来的四个著名的"麦克斯韦方程"之一中给出了。

在此后的实验中，法拉第进一步量化了1831年的实验结果，即当电线"切割"磁力线运动时，电线中会产生感应电流。他用一段论述总结了这个敏锐的发现："感应电流的电量"是"与曲线相交的量成正比"的。[14]无论磁力线是稠密还是稀疏，是收敛还是发散，也不管电线的形状，或者电线切割运动的方式，他的这个说法都是正确的，除了电流的方向取决于所谓的右手定律。[15]这是电磁学最基本定律之一的最初表述，现在将之简称为"法拉第电磁感应定律"。

法拉第的一个假设是质疑磁极的存在。他给出了三个很好的理由。其中有两个尽管似乎是法拉第最先总结出来的，但是是大家公认的。首先，为什么磁铁末端的任意点可以作为力的中心？第二，从来没有人发现过单极，而总是存在南北磁极对。如果你

法拉第、麦克斯韦和电磁场：改变物理学的人

把一块磁铁切成薄片，那么每块磁铁，不管有多薄，都会有一个北极和一个南极，这表明原始磁铁的功率是沿着它的长度分布的，而不是集中在磁铁的末端。

第三个理由是法拉第自己认定的。不同于在带相反电荷的物体之间运行的电力线，磁力线在任何地方都没有开始或停止——它们是连续的环。他在1831年的浮针实验表明，围绕载流线圈的每个磁力环都贯穿线圈。如果用相同尺寸和强度的磁铁代替，磁效应将完全相同，磁力环的形状不变。似乎磁力线穿过线圈时必须沿着铁磁体的长度一样运行。条形磁体的两端是简单的表面，在那里循环的力线进入和离开；并没有两极。[16]

法拉第没有对永磁体内部的力线的来源做出任何解释。人们可能会想，为什么他不接受安培和菲涅耳关于磁体中铁粒子周围循环的微小电流的假设呢，这个假设是非常合适的——每一个小的电流环都会有一条力线穿过它。也许他不想通过增加一些像安培和菲涅耳电流这样的推测性的东西，来破坏力线的概念，因为力线本身是完美的，得到了来之不易的实验证据的支持。此外，他还是个化学家，也许关于围绕物质粒子循环的电流的想法在他看来并不正确。

随着磁力线的出现，另一个概念也出现了。法拉第写道："电紧张（电渗）状态的概念一次又一次地出现在我的脑海中"[17]。他能用力线的概念很好地解释磁场与电流的相互作用，但无法摆脱这样一种想法，即在这个过程中存在某种应力或张力状态。一次又一次地，他观察到了自己于1831年的铁圈实验中首次发现的东西。当一个磁场突然从线圈附近移开时，一个短暂的电流就会流过线圈。这可以用力线坍缩和"切断"导线来解释。但法拉第似乎也认为，导线环内部和周围存在一种张力（应力）状态，这种张力（应力）以电流的形式释放。类似地，伴随像莱顿瓶这样的存储设备放电的短暂电流，似乎来自于带电金属表面之间的绝缘材料的张力（应力）释放——力学张力（应力）状态的电学

第六章 一个猜想的影子

版本。

1855 年，法拉第完成了他的第三卷也是最后一卷《电学实验研究》著作。[18] 这些著作忠实地记录了成百上千次的实验研究，包括成功的和失败的；也记录了他的许多大胆假设，大多数是在经过严格测试之后被丢弃或修改的；还记录了他的推理过程，从中渗透出他的不屈不挠的探究精神。尽管记忆力日渐衰退：他回头看笔记时发现，仅仅六个月前，他重复了长时间的一系列实验，竟然淡忘了；也尽管他的精力再也比不上年轻时那样的充沛旺盛，他还是完成了这项论著工作。他曾控制自己的生活，拒绝几乎所有的晚餐和其他活动的邀请；他也经常从实验室工作中抽身而出，用他所有的热情从事社会事业，例如，努力消除泰晤士河的污染。

他还尽其所能地揭露了那些鼓吹旋转桌子的江湖骗子们，这些人在 19 世纪 50 年代曾经风靡伦敦。当时几个人把手放在桌子上，桌子就会移动，就像被幽灵般的力量推动一样。法拉第亲自调查了三场降神会，参与者坐在黑暗中，手放在桌子上，神秘的力量似乎扭转了桌子。法拉第放置了隐藏的滚轮来检测推力，实验再次进行时，毫不意外地，桌子保持不动。同样不出意料的是，主持降神会的骗子们对这一结果不屑一顾，他们声称，在严密监视下，人们很难指望神灵会有所表现。1853 年 7 月，法拉第给《雅典娜博物馆》（*Athenaeum*）杂志写了一封长信，揭露了这一骗术，引起了巫师们和他们庞大的追随者们的强烈不满。法拉第在给一个朋友写信时说：

在骗子们做桌子的游戏时，我没有袖手旁观，我也不该袖手旁观。有那么多的疑惑涌入了我的脑海，我认为最好立刻让大家知道我的想法和意见，以阻止流言蜚语。就人类思想而言，我们的世界充满了脆弱、轻信、怀疑、迷信、胆大妄为，是多么可怕，多么荒谬的世界啊。它充满了矛盾和荒谬。[19]

法拉第、麦克斯韦和电磁场：改变物理学的人

尽管法拉第等人做出了努力，这种迷信依然存在。九年后，他拒绝了一个降神会的邀请，说："我要把这些灵魂留给自己，让他们自己去发现怎样才能转移我的注意力。我厌倦了他们。"[20]

法拉第已经有了重大的发现，但在19世纪50年代，这些发现的领导作用却未受到关注。他展示了电动机、发电机的原理，还有他的铁环，即变压器——一种在电力系统中不可或缺的设备的原理，但在当时，这些原理还没有产生多少应用成果。发明家们制造出了电磁机器，但这些机器大多是些稀奇古怪的东西，没有什么实际用途。奇怪的是，最终开辟这一领域的是海因里希·盖斯勒（Heinrich Geissler）等人在19世纪70年代开发的高效真空泵。这使得灯丝电灯成为可能，进而导致了因为需要高效发电机的配电系统而进行的投资。从那时起，开发各种用途的电动机才变得切实可行。在19世纪末，尼古拉·特斯拉（Nikola Tesla）展示了高压交流配电系统的优势，这种系统需要变压器。

当时，电照明还有一段路要走，但电的另一种应用是那个时代的奇迹。由英国的查尔斯·惠斯通和他的搭档、英国的威廉·福瑟吉尔·库克（William Fothergill Cooke）以及美国的塞缪尔·莫尔斯（Samuel Morse）共同开创的电报正在取得惊人的进展。到19世纪40年代末，许多城市已经通过陆地上的电线连接起来了，但是在水下电线线路还不能可靠地工作。在法拉第的许多其他活动中，有一项就是使得海底电报成为可能。其关键问题是要找到一种令人满意的材料，作为金属电缆芯和电缆外护套之间的绝缘体，电缆的外护套直接与海水接触。人们用尽了能想到的一切办法——棉花、橡胶、浸在煮过的焦油里的绳子——但总是无法绝缘。后来，在1848年，有人把一种叫古塔胶的马来树胶样品寄给法拉第，法拉第测试了这种树胶，发现它不仅是一种很好的绝缘体，而且防水、柔韧、弹性好，并能够很容易地在加热时成型。法拉第的名声如此之好，以至于他的建议很快就导致了对古塔胶的巨大需求。这种材料满足了人们对海洋电缆的所有需求，电缆

第六章 一个猜想的影子

很快就铺设穿过了英吉利海峡和爱尔兰海。

接下来的挑战既明显又令人畏惧——在大西洋海底铺设电缆。这一任务带来了许多新的问题。其中之一就是信号脉冲沿海底电缆传输时变得模糊，必须缓慢地发送信号，以便将每个脉冲与下一个脉冲区分开来。电缆越长，问题就越严重。因此，在投入巨额资金进行电缆项目之前，大西洋电报公司（Atlantic Telegraph Company）需要知道，它是否能够以足够快的速度发送信号，从而实现盈利。

起初，电报员不知道为什么会出现这种信号的模糊现象，但法拉第很快给出了答案。一根电缆的铜芯由绝缘材料和外护套包裹，就像一个巨大的莱顿瓶。他在实验室里发现，所有的电感应都需要时间才能通过绝缘介质。因此，像莱顿瓶这样的装置充电和放电需要时间；这就是在电缆上发生的事情。当电报员在发送端摁下按键时，接收端的电流只是逐渐增加，直到电缆完全充满电时才达到最大值。当电报员释放按键时，接收器的电流同样需要一段时间才能降到零。所以，原本应该是一个尖锐的脉冲变成了一个模糊的斑点。

但法拉第无法量化充电时间，于是大西洋电报公司求助于年轻的威廉·汤姆孙。他早就为法拉第的电力线给出了方程式。当时他使用了热流的类比，现在他又这样做了，认为电感应会通过金属棒像热一样扩散到绝缘材料中。这样，他为海底电缆设计了一个方程，计算结果给了公司一个坏消息，即充电时间与距离的平方成正比，即使使用昂贵的低电阻电缆，穿过大西洋传递信息也会比在爱尔兰海传递信息花费多得多的时间。不管怎样，他们还是继续向前进，在经历了许多挫折之后，在1858年终于铺设了第一条电报电缆，维多利亚女王和布坎南总统之间以每个字母两秒的速度传送了信息，只是不久之后就失败了。不过，后来的尝试成功了：公司最终为其忠实的股东赚取了利润，威廉·汤姆孙赢得了骑士爵位。

法拉第、麦克斯韦和电磁场：改变物理学的人

善变的汤姆孙很少在任何问题上花上几个星期的时间，他的头脑总是会被一个新的想法所俘获，而这个新想法往往是在一个完全不同的科学领域。他对法拉第电场力线的早期研究的兴趣，是典型的灵感迸发。他时不时地回到电学领域。法拉第认为每一种材料都有其特定的感应能力，可以产生电，也可以产生磁，汤姆孙对此给出了数学表达式。他推导出了一个磁性系统总能量的公式。但是，我们很快就会看到，他最大的贡献是给了另一个想学电学的苏格兰年轻人一些好的建议。

法拉第是个孤独的工作者。在戴维之后，他没有亲密的同事，尽管他是戴维的门徒，但他从来没有自己的学生。法拉第在他的著作中写道：

我为我们的实验室寻找天才已经很久了，但一直没有找到。但是，我看到许多人，我想，如果他们能够自我约束，他们就会成为成功的实验科学家。[21]

尽管如此，他还是拒绝了拜伦勋爵的女儿艾达·洛夫莱斯（Ada Lovelace）的热切请求。艾达·洛夫莱斯想加入他的研究，用她的话来说，她想成为科学的新娘。也许他并没有准备好接受洛夫莱斯独特的奉献精神。或者，他强烈的个人风格使他无法担当导师的角色。

不管原因是什么，法拉第关于空间物理力线的激进观点可能会在藤蔓上枯萎。除了汤姆孙以外，谁也不感兴趣，汤姆孙认为电力线主要是数学中一个有趣的方面。尽管如此，汤姆孙还是做出了重要贡献：当一位年轻朋友向他请教如何最好地开始学习电学时，他告诉他一定要先阅读法拉第在电学方面的实验研究著作。

1857年初，法拉第在他的邮箱中收到了一份题为《论法拉第的力线》（On Faraday's Lines of Force）的论文。作者是詹姆斯·克拉克·麦克斯韦（James Clerk Maxwell），他是阿伯丁玛丽沙尔学院（Marischal College, Aberdeen）年轻的自然哲学教授。论文是

这样开始的：

> 目前的电学状况似乎特别不利于深入研究下去。[22]

法拉第一定很担心接下来会发生什么，但这是麦克斯韦引入另一个物理学分支的类比的方法。他提出的力线的类比是不可压缩流体的流动。流体的流线表示力线，无论是电的还是磁的，而流体在任何一点的速度和方向表示力线的密度和方向。他将这个类比涵盖了所有的静电和磁效应，包括两个载流电路之间的磁力。关于流体的数学是无可争议的，他用几个方程式和简短文字把它们表达了出来，作为总结。在论文第一部分的最后一句话中，麦克斯韦表达了他想要接受法拉第关于电磁学的指导的意愿：

> 我希望找到一种合理的普遍的方法，用力学概念来描述这种电张力（应力）状态。

在第二部分中，他确实找到了一种数学上描述电张力（应力）状态的方法。我们可以想象出当时法拉第的喜悦。在这里，终于有人准备接受他的想法并与之合作。他回答说：

> 我收到了你的论文，非常感谢。我并不冒昧地感谢你所说的"力线"，因为我知道你这样做是为了追求科学真理；但你一定认为这应该感谢我，并且给了我很多鼓励去思考。当我看到数学对这门学科产生作用时，我起初几乎感到害怕，然后又惊奇地发现，这门学科竟然能如此经得起考验。[23]

也许在麦克斯韦的支持下，法拉第大胆地发表了一篇正式提出万有引力线的论文，扩展了他在"射线振动"演讲中首次提到的一个概念。他知道那些伟大的科学家们的反应是不相信，当他向麦克斯韦征求意见时，他也许感到有些焦虑。不过他其实完全不必担心。麦克斯韦发回了一封深思熟虑的长信，最后断定这个想法是正确的。万有引力线可以"在天空中织网"和"引导星星前进"。[24]对此，法拉第做出了回应：

你的信是第一个就这个主题与我进行交流的,你的思维方式和习惯对我很有用,我会一遍又一遍地阅读你的来信并思考。我相信你的话,因为它们对我来说很重要,给了我莫大的安慰。[25]

法拉第找到了接班人。

第七章

法拉第的最后岁月

1857—1867 年

法拉第、麦克斯韦和电磁场：改变物理学的人

法拉第在他的最后 10 年里所取得的成就，并不那么显著，以至于难以载入史册。尽管如此，这些成就也还是很了不起的。这些成就是在记忆能力不断下降和神经疲劳的折磨下完成的，这些折磨最终使得最简单的脑力劳动变得令人厌烦。

最后 10 年法拉第的大部分工作的灵感来自于强烈的公共责任感，没有什么比他为三一学院（Trinity House）的服务更好了。他放弃了贸易，放弃了作为咨询化学家的有利可图的职业，转而追求一个自然哲学家的生活，他的思想被提升到抽象的最高境界，远离日常的世俗生活。晚年时，他那一头乱蓬蓬的白发，甚至看上去像个不入流、心不在焉的教授。然而，在为三一学院工作后，他成了一位务实的维多利亚时代的商人，对预算问题十分敏感，关于灯塔业务，对任何提出不必要预算或浪费的人都十分严厉。

在 19 世纪 50 年代后期，他为三一学院写了二十多篇报告。它们涵盖了灯塔运作的各个方面，但主要关注的是灯光的亮度和可靠性，法拉第的任务之一是监督电灯是否可以作为石油或燃气灯的替代品的实验工作。经过多次初步试验，1858 年在多佛附近的南福兰德安装了一套完整的操作系统，尽管仍处于试验阶段。由蒸汽机驱动的磁电发电机为一盏碳弧灯提供电流，第一道电光照亮了英吉利海峡。其他灯塔也有类似的电力系统，但其高昂的成本和不完美的可靠性导致电气化计划被推迟到 20 世纪 20 年代，直到那时，灯丝电灯和中央发电终于取得了实际应用。

法拉第经常视察灯塔，在各种天气情况下乘坐"三一之家"

号船出海，测试海上灯光的能见度。这样的工作对于一个只有他一半年龄的人来说都是一种勇气的考验，从他 1861 年对南福兰德的例行访问的报告中可以明显看出，当时他已经 70 岁了。

上周一我去了多佛。那天晚上被暴风雪困住了……不能去灯塔。第二天，发现丘陵上的道路被雪封住了，于是只好返回伦敦。星期五，我又去了多佛，希望找到一条没有积雪的道路，但是仍然被困在通往灯塔的路上，但越过篱笆、墙壁和田野，我成功地到达了那里，并进行了必要的调查和观察。[1]

今天，我们很难认识到当时在海上拯救生命（和货物）的重要性。但是看一下下面这个例子就知道其重要性了。早在 1912 年，诺贝尔物理学奖就颁给了尼尔斯·古斯塔夫·达伦，因为他发明了一种自动向灯塔和浮标输送气体的方法。根据评奖委员会的判断，他的成就超过了他的竞争对手爱因斯坦、普朗克、洛伦兹、马赫和海维赛德。法拉第的灯塔工作是服务于他的同胞的，是全心全意的付出，应该得到赞赏。而且，法拉第关于灯塔的一段描述，相当恰当地为我们展示了宗教信仰如何启发了他的科学工作方法。在一份报告中，他写道：

没有一种人类的安排比灯塔更需要规律性和确定性。水手相信它，就好像它是自然法则。当太阳落山时，他期待着，光确定会出现。[2]

在实验室里，他试图揭示更多上帝的自然法则，在三一学院的工作中，他把这些法则当作一个模型，尽可能地加以研究。

法拉第是政府在任何话题上都希望去寻求实用科学建议的那个人。在克里米亚战争期间，陆军部曾就一些事情咨询过他，这些事情按照今天的规则来看应该是高度机密的。他们问他毒气云的可能形成和移动情况，当时认为这种武器有助于击败苏联。在回答这个问题时，他回忆了半个世纪前的维苏威火山之旅，当时一股逆风从火山口向他吹来了有毒气体，差点呛死他。显然，毒气是一把双刃剑,因此陆军部决定不使用它。³这段插曲表明,相比于上周发生的事,法拉第能更清楚地记住50年前发生的事情。

他建议如何最好地保存伦敦国家美术馆的画作和大英博物馆的埃尔金大理石雕塑等文物。他还尽其所能地鼓励学校改善所提供的令人遗憾的科学教育。他对受过良好教育的人连最简单的科学原理都不懂感到震惊。有一次,他向公立学校的委员们抱怨说:

> 他们来找我,跟我谈论他们认为属于自然科学的东西:关于催眠术、旋转桌子、在空中飞翔、万有引力定律。他们来向我提问,固执地反对我的观点。他们认为我只知道一点点这些定律,认定我肯定错了,而他们是对的。在某种程度上,这种情况表明了普通教育课程几乎没有教他们这些科学知识……他们完全没有意识到自己的无知……我再说一遍,在教育体系中一定存在着某种错误,最高学府的教育思想处于一种错误的状态。⁴

当局确实不知道自己的无知。法拉第的话也可能被当成耳边风。拉丁语和希腊语,以及少量的欧几里德语,在一段时间内一直是英国公立学校教育的主要内容。

直到他生命的最后时刻,他一直继续寻求科学真理。多年来,他越来越相信所有自然的力是统一的,当务之急是找到证据,证明引力与电和磁力有关。他关于重力的实验是一个悲壮的失败。早在1849年,他就用一根长为350英尺、轴线相垂直的铜丝做了一个螺旋形的装置,然后把各种各样的东西扔了进去——从英国皇家科学研究所大讲堂高高的天花板到地板上的垫子。他推断,在重力线中保持静止的物体可能处于一种类似于金属线在磁力线中的电张力(应力)的紧张状态。如果是这样的话,那么当身体自由下落时,张力(应力)也许就会减轻,而这可能——通过类似于电磁感应的方式——会在线圈中产生电流,可以用检流计检测到。他试着把铁块、铜块、铋块和其他材料扔下去。但是却没有检测到电流,不过,结果并没有动摇他"对重力和电之间存在某种关系的强烈感觉"。[5]

这一次，他试着用他能找到的最长的垂直距离，把巨大的带电的铅块举起和放下，看看电荷是否会发生变化。在考虑了下议院的高塔之后，他决定在滑铁卢桥附近建造一座 165 英尺高的高塔进行实验。[6] 没有明显的电荷变化，但是法拉第把实验结果写了下来并提交给了英国皇家学会。法拉第认为，在这个话题上，即使是一个负面的结果也足够重要，值得发表。但是英国皇家学会秘书乔治·斯托克斯（George Stokes）不同意。像他的大多数同事一样，斯托克斯从来没有认真地对待法拉第关于力的统一观点，他相信让法拉第撤回那份报告，从而把这位受人尊敬的老人从嘲笑中拯救出来的建议是正确的。法拉第默许了。

法拉第的最后一次实验是在 1862 年 3 月进行的，当时他在研究磁铁对白炽灯光谱的影响——他的大脑仍在思考物理上可能的界限。他点燃了磁铁两极之间的气体火焰，寻找所产生的光学效果。无色气体火焰上升到磁铁的两极之间，其中的钠盐、锂盐等用来给火焰以颜色。一个尼科尔偏振器被放置在强磁场和仪器另一端的分析仪之前。在偏光镜或分析仪的任何位置上，都没有观察到对谱线有任何影响或变化的丝毫痕迹。[7]

这是另一个失败。但是，对我们来说，法拉第的天才和远见卓识闪耀着光芒。在这里，正如他寻求统一所有已知的力一样，他正在播种一粒种子，以便将来的科学家能够收获。1897 年，荷兰物理学家彼得·塞曼（Peter Zeeman）利用更强的磁场和更精密的仪器，重复了这个实验，他发现了法拉第一直在寻找的结果。今天我们所知道的塞曼效应——在磁场存在的情况下将光谱分裂成几个部分——使磁共振成像等技术成为可能。我们只能对这样一个人感到惊奇，即使他的智力在衰退，他也能想象到磁场对光的影响。

随着法拉第的健康和智力的衰退，他开始放弃在英国皇家科

法拉第、麦克斯韦和电磁场：改变物理学的人

学研究所的各种职责，最终在 1865 年他将董事职位移交给了约翰·丁达尔。随之而来的收入损失和他的公寓被收回则是一个令人担忧的问题。但在 1858 年，阿尔伯特亲王，一个伟大的法拉第的崇拜者，要求女王在汉普顿宫建一所房子供法拉第使用。法拉第一开始拒绝了，因为担心高昂的维修费用，但女王说她会支付维修费。他和萨拉搬了进来，这幢新房子成了他最后的家。

他坚持自己的决定，不因商业工作或接受高级职务而从科学研究的事业中分心。1857 年，英国皇家学会要求他担任会长职位，但是法拉第拒绝了。他的健康状况不佳，而且 1824 年他竞选英国皇家学会会员（F. R. S）时的痛苦滋味还没有完全消失。当被问及这些年来获得的许多科学荣誉时，他说道：

> 只有一个荣誉称号，即英国皇家学会会员（F. R. S.）称号，是我自己追求的并需要支付会费。其余的都是一些机构自发的和善意的赠予。[8]

有谣言说法拉第被封为骑士爵位了。当有人写信询问此事时，法拉第回答说：

> 我很高兴我不是爵士，而且我不打算（如果这取决于我的话）成为爵士。[9]

毫无疑问，如果他愿意，法拉第可能会成为一名骑士，后来还可能会成为一名男爵，就像威廉·汤姆孙那样。但他更容易接受来自海外的荣誉。继戴维获得拿破仑奖之后，[10] 他从拿破仑三世手中接过了荣誉军团司令的头衔。这绝不是他的唯一的外国头衔。他是普鲁士功勋勋章获得者，根据萨沃伊皇家勋章规则，他是圣莫里斯和圣拉撒路勋章的骑士指挥官。人们可能会想，为什么平凡的迈克尔·法拉第——他在自己的国家里过着简朴的生活，蔑视浮华，蔑视公民荣誉——会乐于接受海外精英团体的这些伟大头衔呢？法拉第自己给出了部分解释，他说："对于普鲁士的骑士身份，我感到很荣幸；在另一方面，我不应该获得该荣誉。[11]"也

第七章 法拉第的最后岁月

许是遥远的距离也起了一定的作用：他知道获得这些外国的荣誉，不会有人叫他穿着奢华的长袍或参加精心准备的仪式。

直到他最后退休，法拉第大部分时间都在汉普顿宫到英国皇家科学研究所之间旅行，从 1860 年起，他有了一位新的访客。詹姆斯·克拉克·麦克斯韦（James Clerk Maxwell）在斯特兰德的国王学院（King's College）谋到了一份工作，并住在肯辛顿（Kensington），他每天的工作地点离阿尔伯马尔街（Albemarle Street）很近。他参加了一些周五晚上的演讲会，并在法拉第的邀请下，亲自做了一个难忘的演讲。没有关于他们非正式见面的记录，但我们可以相当肯定地说，他们确实是私下见面了。我们很高兴地把他们两人在一起的画面描绘出来，这是两个谦虚、和蔼的人，他们共同的努力改变了世界。

从 1862 年开始，法拉第的健康状况逐渐恶化，他对周围发生的事情的心理把握也逐渐崩溃，他对现在和过去同样感到困惑。在给一位密友的最后一封信中，他写道：

我亲爱的申拜因，

我一次又一次地撕毁我写好的信，因为我写的都是废话。我不能连续地拼写或写出一行字来了。我不知道我是否还能从这种混乱中恢复过来。我写不出更多的东西了。我爱你。[12]

他的意志力已不能够控制他处理日常事务了，过去一直能够驱散的阴霾现在笼罩着他。他大部分时间都静静地坐着，在晴朗的夜晚，他喜欢从窗口欣赏日落。1867 年 8 月，他在椅子上平静地离去。按照他的意愿，他的葬礼"完全是私人的、朴素的"。[13] 他被葬在海格特公墓，根据他的意愿，墓碑上刻着：

> 迈克尔·法拉第
> 1791 年 9 月 22 日生
> 1867 年 8 月 25 日卒

直到最后，他还是那个平凡的迈克尔·法拉第。

法拉第、麦克斯韦和电磁场：改变物理学的人

来自世界各地的人们向迈克尔·法拉第表达了由衷的敬意。他们的致辞可以填满一本书。约翰·丁达尔写的一篇文章让我们对法拉第的性格有了更多的了解。丁达尔和其他人一样了解法拉第：

> 我们已经听说过法拉第的温和、甜蜜和温柔。这是完全正确的，但还是非常不完整的。你不可能把一种强大的本性分解成这些元素，而且法拉第的性格如果没有包含一种力量的话——这是"温和"和"温柔"这种形容词绝不适用的——就不会像以前那样令人钦佩了。在他的温和与温柔下面是火山的热度。他是一个容易激动、脾气暴躁的人，但通过高度自律，他把火变成了生命的中心光芒和动力，而不是让它在无用的激情中浪费。智者说，"不轻易发怒的人"，"比有权势的人更强，比攻城的人更能支配自己的灵魂。"法拉第也会愤怒，但他完全控制了自己的精神，因此，尽管他没有占领任何城市，他却俘获了所有人的心。[14]

尽管法拉第的科学工作受到了普遍的赞扬，但他最大的成就在他有生之年却基本上被忽视了，直到他去世后才开始浮出水面。伟大的德国物理学家赫尔曼·冯·亥姆霍兹（Hermann von Helmholtz）在1881年发表了这样一篇文章：

> 现在，克拉克·麦克斯韦给出了法拉第关于电力和磁力概念本质的数学解释，我们看到，在法拉第同时代的人看来，这些词要么含糊不清，要么晦涩难懂，而实际上其背后却隐藏着很深奥的精确的科学原理。他凭一种直觉，在没有一个数学公式的帮助下，发现了如此之多的通用定理，这些定理的有条理的推论要求最高级的数学分析能力，这是最令人惊讶的。[15]

要想展现法拉第的伟大之处，需要一个身强体壮、才华互补的人。那个人是詹姆斯·克拉克·麦克斯韦。

第八章

那是怎么回事?

1831—1850 年

法拉第、麦克斯韦和电磁场：改变物理学的人

远离法拉第所在的烟雾缭绕、喧嚣嘈杂的伦敦街道，乌尔（Urr）山谷依偎在苏格兰西南部加洛威（Galloway）缓缓起伏的群山之中。就是在这里，年轻的詹姆斯·克拉克·麦克斯韦迈出了他的第一步，说出了他的第一句话。他的父亲继承了一处后来被称为格伦莱尔（Glenlair）的庄园，这是一个宁静而美丽的地方，乌尔河的潺潺流水横贯流过田野和树林。虽然麦克斯韦在其他地方度过了他的一生，但他在内心深处仍然是一个乡村男孩，扎根于这片土地，他的心与那些在这片土地上工作的人在一起。格伦莱尔不仅仅是一个迷人的乡村，这还是他的家——在需要的时候是他灵感的源泉，需要的慰藉。要了解麦克斯韦，我们需要了解一下格伦莱尔及其居民的历史。

事情并不总是那么平静。几个世纪前，加洛威庄园的规模要大得多，被称为米德尔比（Middlebie），是厉害的麦克斯韦家族（Maxwell clan）的据点之一。在与约翰斯通家族（the Johnstones）的激烈竞争中，麦克斯韦家族掠夺了这个边境城堡。相比之下，爱丁堡附近的佩尼奎克（Penicuik）镇的克拉克家族（the Clerks）则是一个有着无可挑剔的资历的显赫家族。这两个看似不相容的家族在18世纪中期走到了一起，当时佩尼奎克镇的克拉克家族通过婚姻获得了米德尔比，条件是谁继承了遗产，谁就要在他的名字中加上麦克斯韦。由于克拉克家族已经有了属于自己的佩尼奎克的男爵爵位，所以他们安排把佩尼奎克传给老大（年长的继承人），而把米德尔比传给老二（第二继承人）来继承。所以詹姆斯

第八章　那是怎么回事？

的父亲是米德尔比的约翰·克拉克·麦克斯韦，而他的伯伯则是佩尼奎克的乔治·克拉克爵士。

约翰的祖父是米德尔比的克拉克·麦克斯韦尔家族的第一代，但他从未在那里生活过，当他因矿业投资而遭受重大损失时，他不得不卖掉大部分巨大的地产，只留下 1500 英亩土地传给了约翰的父亲，但约翰的父亲加入了英国东印度公司的海军，也从未在米德尔比生活过。当约翰还在上学的时候，就继承了米德尔比遗产，对这个家庭来说，只不过是一个原始的家产，约翰似乎也不是一个在家操持家产的地主。他在复杂的爱丁堡社会中长大，后来成了一名律师，但他从未以多大的精力从事这一职业。有了足够的个人收入，他可以充满激情地从事科学和工程研究。他喜欢了解最新的想法，这些想法可能涉及从水处理厂或采矿技术到大规模生产茶壶的任何事情，他还结交了许多在工业、农业和大学领域志同道合的朋友。他和他最亲密的朋友约翰·凯（John Cay）一起，试图发明并推广各种各样有用的新设备，比如可以持续不断地爆炸的风箱。这些计划都无果而终，但另一个想法开始在他的脑海中形成——去米德尔比生活，在那里将他的现代理念应用于林业和农业。也许，如果他和约翰·凯的妹妹弗朗西丝（Frances）的长期友谊没有发展成爱情的话，他也会重蹈"老鼠和男人"的覆辙。[1] 弗朗西丝是一个坚决果断的女人，她提供了他迄今为止所缺乏的进取精神。她同意嫁给他，他们决定在加洛威共同生活。[2]

去加洛威生活是一个艰巨的工程。这个庄园长期被忽视了，在开始耕种和种植之前，需要做很多工作，比如清理灌木和石头。米德尔比没有合适的住所，但这并不重要——对约翰来说，设计和建造自己的房子是理所当然的。他设计了一个宏伟的大厦计划，但是地面清理已经占用了项目预算的很大一部分，他们只能负担得起建造一小部分的房子——其余的就得等到以后再说了。克拉克·麦克斯韦给米德尔比带来了新的生活，他们的新房子虽然小，但却是米德尔比的中心区域,他们把它叫作格伦莱尔,这个名字很快就被用来指称整个庄园。

弗朗西丝生了一个女儿伊丽莎白,但孩子夭折了,喜悦变成了痛苦。当弗朗西丝再次怀孕时,他们决定去爱丁堡生孩子,如果需要的话,可以住在亲戚家附近,或者去医院。这一次是个男孩——詹姆斯·克拉克·麦克斯韦,生于1831年6月13日。他们在爱丁堡与亲戚们举行了欢乐的庆祝活动,随后回到了格伦莱尔。现在这里是他们的家,对他们的儿子来说,是一个非常幸福的家。

詹姆斯很快就显示出自己是一个了不起的孩子。一切都逃不过他的眼睛。他的父母和其他大人们都必须不停地回答他的问题。被幼小的詹姆斯询问各种问题,就像经历一种不同寻常的折磨。任何移动、发光或发出声音的物体都会引发这样的问题:"那是怎么回事?"如果答案让他不满意,他会接着问:"那究竟是怎么回事啊?"[3] 弗朗西丝在给她在爱丁堡的妹妹简(Jane)的信中,描述了3岁时的詹姆斯:

他是一个非常快乐的人……他在门、锁、钥匙等方面都做了很多研究,他从不说"给我看看这是怎么做的"。他还调查了河道和隐藏的钟形电线的走向……他把爸爸拖了过来,给他看电线穿过的洞。

回想起自己在格伦莱尔的访问,简姨妈常常说,被这么小的孩子问了这么多问题,还回答不上来,真是丢人。詹姆斯很快就学会了阅读,发现书本不仅能回答他的一些问题,而且读书是一种乐趣。莎士比亚和弥尔顿(Milton)的书特别受欢迎。还有圣经,宗教很重要,家庭祈祷是日常生活的一部分。他坚持要去做些家务,烘焙面包和做篮子,每天早晨帮助园丁和杂工桑迪(Sandy)乘马车从河里去取水。詹姆斯的大部分时间都是在周围的乡村度过的,那里的岩石、树林、河流和生活在周围的生物是无尽的魅力源泉。他和庄园里的孩子们一起跑来跑去,学习他们的加洛威语，当地的口音一辈子都留在了他身上。

麦克斯韦家族没有正式的服饰，詹姆斯和他的父母的关系比普通贵族要亲密得多。他的母亲是他的家庭教师，他的父亲经常带他去当地做生意，像和弟弟聊天一样。约翰·克拉克·麦克斯韦现在在"欢乐谷"很有名，很受欢迎，因为乌尔谷的居民都知道他。一位观察者给我们留下了一张约翰的照片，好像所有知道他的人都认识他：

虽然……他的举止朴实无华，但是他本质上是慷慨大方的。人们总是能看到他宽阔的脸上洋溢着的亲切笑容，要么就是他认真思考的神情。他总是清醒地思索着，具有一种温暖舒适、安静满足的气氛，感染着他周围的一切人和事（包括那些不能开口说话的动物）。

詹姆斯开始明白他父亲的宏伟计划，那就是继续改善庄园和所有住在那里的人的生活——后来他把它当成自己的工作了。克拉克·麦克斯韦参与了欢乐谷的社交生活，有舞会、集市，在夏天还有野餐和射箭。家里的生活是忙碌而和谐轻松的，充满了欢声笑语和甚至轻微不敬的戏谑——或许没有什么人能够接受这种友好的戏谑。麦克斯韦一生都保持着这个时代的精神——他总是喜欢开玩笑，而那些比较刻板的同事们有时却听不出哪句话是在开玩笑。

詹姆斯8岁时，田园诗般的生活结束了。弗朗西丝被诊断出患有胃癌，在没有麻醉的情况下进行了痛苦的手术后，她在47岁时去世了。这家人失去了中心。父亲和儿子是孤独的，但悲伤使得他们更亲近了。在最牢固的父子亲情纽带的维系下，他们总是最先想到对方，即使他们在晚年时相隔千里。

麦克斯韦的父母原本打算让他在家接受教育直到13岁，那时他就可以上大学了，但他的父亲忙于房地产和其他当地事务，无法担任辅导工作。在家附近范围内没有合适的学校，约翰无法忍

法拉第、麦克斯韦和电磁场：改变物理学的人

受把他的儿子——他最亲近的伙伴——送走的念头。詹姆斯需要一个新的家庭教师，约翰决定雇用附近一个 16 岁的男孩。这是一个灾难性的选择。老师采用了他自己曾经被教导的方法——死记硬背的学习和体罚——这对年轻的詹姆斯来说是痛苦的。为了不让父亲失望，他忍受着扯耳朵、抽打脑袋的痛苦，毫无怨言，但没有什么能迫使他机械地背诵。在经历了一年的折磨之后，他叛逆地躲到一个盆里，划到一个池潭中央，不肯出来。就在这个时候，简姨妈碰巧来看他，她很快就知道发生了什么事。紧接着就迅速有了行动：老师被解聘了，詹姆斯去了爱丁堡学院，这是苏格兰最好的学校之一。简和约翰的妹妹伊莎贝拉（Isabella）都住在离学校很近的地方，所以詹姆斯可以在上学期间和他的姑姑或姨妈住在一起。而他父亲约翰只要有时间，就可以从格伦莱尔乘坐两日的长途汽车去看望他们。

詹姆斯加入了一个由 60 个男孩组成的班级，这些男孩已经在这所学校待了一年多，并形成了自己的群体文化。任何新加入一个群体的男孩都会经历一段艰难的时期，当詹姆斯穿着奇怪的束腰外衣、笨拙的方鞋子来到这里时，别的男生充满敌意的无止境的好奇心被激发出来了。他似乎是一个来自遥远国度的农民，说话的口音很奇怪。他们无情地嘲笑他、拉扯他，甚至于把他的衣服都给扯破了。在第一天结束的时候，詹姆斯穿着被扯破的衣服，走回伊莎贝拉姑姑家。

这些衣服是他在格伦莱尔时穿的，是他父亲专门为了舒适和实用而设计的，他的父亲自己做了一些裁剪和补鞋工作。虽然约翰在许多方面都很精明，但他也容易出现一些判断失误。伊莎贝拉姑姑和简姨妈立刻纠正了这个错误，她们让詹姆斯衣着得体地去上学，但是同班同学的嘲弄还是在继续。詹姆斯以非凡的幽默感忍受着这一切，只有一次当他被激怒到无法忍受时，他才对折磨他的人发动攻击。这样的勇敢和镇定博得了人们的尊敬，他得到了某种程度的认可。但他的思想和行为与其他男孩不同。他经

常独自待在一个僻静的游戏区看甲虫或者在树上练习体操。他画了一些稀奇古怪的图表,有时还带来一些自制的机械装置,但他的伙伴们谁也搞不懂。他的头脑里充斥着印象、疑问和部分形成的想法;他就像一辆蒸汽机车独自飞驰而去,而其他人都在另一条轨道上。他无法让自己参与到以死记硬背为基础的课堂苦差事中去,当被要求做简单的口头作业时,他就会舌头打结说不出话来。他就像一条离开水的鱼,因此他得到了一个绰号"傻大个"(Dafty)。

在学校里,生活也许单调乏味,但伊莎贝拉姑姑的家庭却充满了活力。詹姆斯尤其喜欢和他的表姐杰迈玛(Jemima)在一起,后者是一位崭露头角的艺术家。他们的游戏之一是为客厅娱乐制作"生命之轮":詹姆斯制作旋转装置,杰迈玛画了一组画面,画面上似乎是旋转机器时翻滚的杂技演员或疾驰的骏马。父子俩定期通信,詹姆斯的信里充满了异想天开的玩笑。詹姆斯给约翰·克拉克·麦克斯韦先生、波斯蒂诺斯韦尔(Postyknowswhere)、柯克帕特里克·德拉姆(Kirkpatric Durham)、邓弗里斯(Dumfries),写了一封信,署了奇怪的名字为加斯·亚历克斯·麦克默克韦尔(Jas Alex McMerkwell)。

在课堂上,以死记硬背为基础的苦差事逐渐被更有趣的学习所取代,年轻的麦克斯韦开始感兴趣,在他入学的第二年,他从班上的最后一名上升到第十九名,并获得了圣经传记奖。数学课从三年级开始,"傻大个"毫不费力地掌握了几何知识,这让所有人大吃一惊。他被安排坐到好学生的课桌上,与一些更有同情心的人坐在一起,并成为朋友。其中一个是班上的明星刘易斯·坎贝尔(Lewis Campbell),幸运的是,坎贝尔的家人搬到了伊莎贝拉姑姑家的隔壁。在回家的路上,两个男孩开始分享他们对生活的看法,詹姆斯的世界打开了。现在,他有了一个和他年龄相仿的人,他会倾听他朋友丰富的思想,并用自己的思想去反驳。麦克斯韦去世后,坎贝尔写了一部感人的传记。在学校里,这段友谊

法拉第、麦克斯韦和电磁场：改变物理学的人

让他们结识了其他人，其中包括后来成为苏格兰伟大科学家之一的彼得·格思里·泰特（Peter Guthrie Tait）。

在他 14 岁时，麦克斯韦发表了他人生中的第一篇论文，是关于用一支铅笔、几根针和一根绳子画出曲线的。大多数人知道如何用两根针和一个简单的弦环画出一个椭圆。但是通过更复杂的循环，麦克斯韦画出了一系列的曲线。对他来说，做几何题目并不稀奇——他一直都在做——但他的人脉很广的父亲决定把这篇论文给他的朋友、爱丁堡大学的詹姆斯·福布斯（James Forbes）教授看，看看以前有没有别人做过类似的事情。事实证明，伟大的法国数学家和哲学家勒内·笛卡儿（Rene Descartes）曾经研究过类似的曲线，但麦克斯韦的构造更简单，也更普遍。他的论文在爱丁堡皇家学会被代为宣读，因为他被认为太年轻，不能自己去宣读。他进入了爱丁堡的科学界，遇到了詹姆斯·福布斯，詹姆斯·福布斯将在他的职业生涯中扮演重要的角色。

年轻的麦克斯韦生活的各个方面都闪耀着光辉。他从来没有怨恨过，现在他享受着同学们充满热情的友谊，开始在英语、历史、地理、法语和数学方面出类拔萃。他似乎记得所有他读过的东西，并显示出惊人的能力，他能以完美的韵律和节奏写出任何主题的诗歌。不过他在正式的谈话中不太流利——在长时间的停顿之间，他会断断续续地说几句话，而且在陌生人面前他很害羞。他对问题的回答往往是间接的、高深莫测的，让提问者莫衷一是。然而，当与朋友们相处融洽时，他却乐此不疲地开着玩笑，并以一连串令人惊讶的观察和隐喻来娱乐他们，不管当时的话题是什么。在格伦莱尔度假时，他加入了欢乐谷的社交生活，骑马、爬山、帮忙收割，到了冬天，他还滑冰，参与冰壶运动。

在上学期间，只要有机会，他的父亲就会去爱丁堡，两人会去阿瑟（Arthur）山庄散步，那是一座俯瞰爱丁堡的岩石山，或者去当地的其他景点。每一次新的经历都助长了这个男孩的探索和记忆，其中有一次最终带来了一个改变世界的结果。约翰带詹姆

斯去看"电磁机器"展览。当时还只是早期，这些机器就像磁束发动机一样，是为演示而不是工作而制造的，但它们是伟大的迈克尔·法拉第的新发现的有力证据。年轻的麦克斯韦已经被引入到宇宙中关于力的神奇世界中。

约翰·克拉克·麦克斯韦的计划是让他的儿子成为一名律师——一个比他自己更成功的律师，考虑到他儿子的科学天赋和对技术的痴迷，这似乎有些奇怪，但这次他的判断并不是完全错了。当时被称为自然哲学的科学，通常被认为是绅士的一项极好的业余爱好，但却是一个糟糕的职业选择：它的薪酬很低，机会也很少，因为专业职位很少，而且科学职位拥有者往往会终生留任，就像法拉第在英国皇家科学研究所做的那样。这看起来很奇怪，科学甚至不被认为是特别有用的，因为大多数的工业和交通的引入和发展不是靠自然哲学家，而是通过很少有理论知识的在基层工作的技术工人，像亚伯拉罕·达拜（Abraham Darby），是可口可乐的发明者，乔治·史蒂文森（George Stephenson）被称为"铁路之父"。詹姆斯本人对未来的职业这件事几乎没有考虑。他被科学所吸引，但这远远不是他唯一感兴趣的，文学和哲学也能激发他的兴趣，或许当他了解法律的时候，法律也会同样引他注目。他已经学到了足够的东西，知道还有更多的东西要学，他渴望展开翅膀在知识的天空里翱翔。爱丁堡大学（Edinburgh University）是一个很好的起点，16岁时，他在那里完成了他的通识教育，然后学习法律。作为完成阶段学业的一种庆祝方式，他写了一首讽刺学校老派作风的歌曲，我们可以把它列于罗伯特·伯恩斯（Robert Burns）和汤姆·莱勒（Tom Lehrer）的歌曲之间。他的歌的第一句和最后一句是：

> 如果听说有耳朵，
> 他最好打个电话给我，
> 或者我将开始歌唱，
> 为我们的老学院喝彩。

> 让所有的学者，无论大小，
> 为学习哀悼悲伤；
> 这是他们的想法，但我们会喝酒，
> 祝苏格兰书院好运。[4]

麦克斯韦在爱丁堡大学度过的三年，有时被描述为一段休耕期，其间没有发生多少事情。事实上，这三年为使他成为一个伟大的科学家打下了坚实的基础。

苏格兰的大学，尤其是爱丁堡大学，受到了18世纪和19世纪初早期启蒙运动的启发，提供了广泛的教育，努力培养出自信、全面发展的年轻人，使他们在任何岗位都能够独当一面。哲学在各学院中占有重要地位：伟大的大卫·休谟（David Hume）的故乡爱丁堡，大学的哲学专业有两个教授职位，都由著名人物担任。以笔名克里斯托弗·诺斯（Christopher North）著称的约翰·威尔逊（John Wilson）是道德哲学教授，而威廉·哈密顿爵士（Sir William Hamilton）是精神哲学教授，注意不要与同名的爱尔兰数学家混淆。还有自然哲学（现在我们将自然哲学称作科学）的主席，由詹姆斯·福布斯担任，他帮助14岁的麦克斯韦完成了关于椭圆曲线的论文，并由爱丁堡皇家学会发表。

麦克斯韦选择在威尔逊的指导下学习道德哲学，在哈密顿的指导下学习逻辑和形而上学，在福布斯的指导下学习科学，在菲利普·凯兰德（Philip Kelland）的指导下学习数学，在格雷戈里（Gregory）教授的指导下学习化学。不过学习过程中有一些令人失望之处，其中最令人失望的是威尔逊关于道德哲学的演讲，在麦克斯韦看来，这只是证明了混乱的思维会导致错误的结论。关于凯兰德的数学课程，起初，凯兰德的数学课太基础了，没有意思，不过后来情况有所改善。格雷戈里的讲座是纯理论的，实验则由他的助手单独指导，助手以"动手做实验"的观点而知名，他的实验方法与格雷戈里在课堂上描述的方法不同。但即使是负面的实验经历也让麦克斯韦得到了锻炼：它使得麦克斯韦形成了一个信念,即实践工作必须是任何一个科学课程的不可分割的组成部分,而不是额外的部分。

失望在其他地方得到了补偿:哈密顿和福布斯都很鼓舞人心。威廉·哈密顿的风格是向学生灌输一种永不停歇的质疑和批判的精神。他在把伊曼努尔·康德(Immanuel Kant)的作品介绍到英国的过程中发挥了重要作用,他曾强调康德的观点,即任何事物都只能通过它与其他事物的关系来了解。大卫·休谟的怀疑论观点在哈密顿的教学中也起了很大的作用。除了数学,没有什么是可以证明的,而我们认为是事实的东西,其实大部分只是猜想。但对于麦克斯韦来说,这些观点是全新的、令人兴奋的,尤其是当哈密顿通过提出更深层次的问题来回答他的尴尬问题时。

麦克斯韦的哲学研究对他很有帮助。他为哈密顿所写的一篇论文,让我们看到了他探索科学思想领域的能力,超出了其他科学家的研究范围。

现在唯一能被感官直接感知到的是力,它可以被表现为光、热、电、声音,以及其他所有能被感官感知到的东西。

他看到了康德论点中的真理,即我们探测固体物体的方式是通过阻止试图穿过它的力。二十年后,当他检查威廉·汤姆孙和彼得·格思里·泰特《关于自然哲学的专著》(*Treatise on Natural Philosophy*)的草稿时,他不得不在这一点上纠正他们。他们错误地定义了质量,并被告知"物质永远不会被感官感知"。

麦克斯韦的工作的另一个特点,无疑是他的哲学研究加强了,他可以充分发挥自己的想象力,使用最惊人的类比,但同时对他自己的结果严格怀疑,即使它们已经是辉煌的成功。通过这种方式,他经常能够在很长一段时间后回到一个过去研究过的主题,用一种完全不同的方法把它带到一个新的高度。

詹姆斯·福布斯以一种不同的、更深刻的方式启发了麦克斯

法拉第、麦克斯韦和电磁场：改变物理学的人

韦。他是一位真正的导师，他们的关系可以与迈克尔·法拉第和汉弗莱·戴维的关系相提并论。福布斯特别热衷于地球科学——他是冰川学研究的先驱——但他是一位全面发展的科学家，对物理世界的痴迷使麦克斯韦着迷不已。两人之间形成了一种罕见的融洽关系，福布斯允许他的学生詹姆斯在实验室里待上几个小时，让他做任何他喜欢的研究。在关键时刻，福布斯也可能是一个难对付的工头。当麦克斯韦向爱丁堡皇家学会提交了一份草拟的论文并让一位同行去审阅时，福布斯则选择亲自对论文进行严格批改。这是一种善意的举动，麦克斯韦知道这一点。麦克斯韦后来发展出一种独特而又清晰的写作风格，这种风格受到学者们的赞赏——撰写优美的论文不仅表达了他的科学思想，也表达了他对英语文学传统的热爱。

多年后，麦克斯韦在《自然》（*Nature*）杂志上发表了一篇文章，就是关于对福布斯生平的概述。

如果一个孩子在研究自然科学方面有任何潜在的天赋，去实验室拜访一个真正的科学家可能是他生命中的一个转折点。对于实验室的操作，对于这位科学家说了些什么，他可能一个字也听不懂，但他看到的是操作本身，以及实验过程中的痛苦和耐心；当实验失败的时候，他看到的是科学家如何在实验条件中寻找失败的原因，而不是生气。

当他的导师 1868 年去世时，麦克斯韦告诉一位朋友："我爱詹姆斯·福布斯。"

受到哈密顿和福布斯的启发，是在爱丁堡帮助麦克斯韦形成了科学家性格的三个因素之一。第二个因素则是他在各种主题上的大量阅读——远远超过大多数人一生的阅读量。他不仅仅是阅读，他还分析、评价和记忆。这意味着他总是有大量的知识可以用来进行比较和类比。第三个因素，也是最重要的因素，是他在假期期间在一个临时工作室兼实验室里进行的随心所欲的实验。

他在给刘易斯·坎贝尔的信中描述了这一点。

我把一扇旧门放在两个桶上,有两把椅子,其中一把很安全,上面有一扇天窗,可以上下滑动。

在门(充当桌子)上有许多碗、罐子、果酱罐等,包含水、盐、苏打、硫酸、蓝矾、白铅矿,还有碎玻璃、铁和铜丝、铜和锌板、蜂蜡、封蜡、黏土、松香、木炭、透镜、电疗仪器(一套电器),以及无数各种各样的小甲虫、蜘蛛和木虱,它们落入不同的液体中并中毒。

他在力所能及的范围内尝试了所有可能的化学实验,当庄园里的孩子们来看他时,他让孩子们在两种白色粉末的混合物上吐痰,使其变成绿色。在无数的其他实验中,他制作了镀铜果酱罐和简单的电磁装置,包括模型电报。但是实验室里最重要的设备是碎玻璃。

他听说过,如果把平面偏振光通过处于压力下的玻璃,就会看到彩色的图案,所以他着手进行研究。他把破碎的玻璃碎片切割成几何形状,把它们加热到红色,然后迅速冷却,这样外部的冷却速度会比内部的快,内部的应力"冻结"在玻璃中。为了从普通的阳光中获得偏振光,他用一个大火柴盒、一小片云母和两片玻璃制作了一个偏振光装置,切割成一定的形状,用封蜡以正确的角度插入其中。结果超出了预期的设想。每一个几何形状的标本都显示出自己美丽的彩色线条。它们完美地绘制出了玻璃中应力的状态,因为每条彩色的线条都是"轮廓",连接着相等应力的点。

为了记录自己的发现,他临时做了一个相机,使一个虚拟图像的图案出现在一张纸上,以便他可以复制这些"水彩画"。他把结果寄给了著名的爱丁堡眼镜商威廉·尼科尔(William Nicol)。尼科尔对此印象深刻,他给麦克斯韦送去了一对他珍爱的冰洲石偏光棱镜,正是法拉第在探测磁场对光的影响时所使用的那种。

现在他有了现成的偏振光源,麦克斯韦扩展了他的研究,通过从厨房用明胶制成的各种果冻中透射光线。他把凝胶放在扭转应力下,观察彩色线条显示的应力模式,并用水彩和蜡笔复制它们。这是光弹性技术的早期演示,对结构工程师非常有用。当他们用一种透明的材料制作一个等比例模型,比如说,桥梁,把它放在不同的负载下,用偏振光照射,应力的模式就会以彩色的线条显示出来,显示出结构可能需要加强的任何不牢固的地方。

所有这些DIY(自己动手做)的冒险经历不仅磨炼了麦克斯韦的实验技能,也让他对自然过程有了深刻的洞察,并帮助他发展了自己的神秘直觉——麦克斯韦的猜测似乎总是正确的。随着实验工作的进行,他的数学主题,或他所谓的"道具"也随之出现。其中两篇由爱丁堡皇家学会发表。一个是关于几何的,在一条曲线的点上的轨迹在另一条曲线上滚动。另一项成就对于一个几乎完全靠自己独立工作的19岁孩子来说是一个了不起的成就,这篇论文名为《关于弹性固体的平衡》(On the Equilibrium of Elastic Solids),是他的偏振光实验工作的理论结果,给出了基于应力函数的光弹性的完整数学理论。这两篇论文都由他人代为宣读,因为他太小,还不能自己宣读。

麦克斯韦生活很充实,但他却错过了与好朋友们的相伴时光,他们现在已经离开爱丁堡大学去了牛津或剑桥。在给刘易斯·坎贝尔的长信中充满了关于他在格伦莱尔的想法和研究的轻松叙述,但这并不能代替面对面的交谈,他恳求他的朋友去拜访他。坎贝尔在牛津,但是P. G. 泰特(P. G. Tait)和另一位朋友艾伦·斯特瓦尔特(Allan Stewart)去了剑桥。他开始担心一个无与伦比的机会正在溜走。剑桥是有抱负的科学家的理想之地,福布斯试图说服约翰·克拉克·麦克斯韦,詹姆斯也应该去那里。约翰很不情愿——因为英国大学的学期越来越长,他对儿子的想法却越来越少,而且詹姆斯很有可能会受到不受欢迎的英国富家子弟散漫生活方式的影响。这个决定一再被推迟,詹姆斯正在适应在苏格兰

第八章 那是怎么回事？

酒吧的悠闲生活。他写信给坎贝尔：

> 我有马上就读完《法典集》（*Corpus Juris*）和《潘狄克全书》（*Pandects*）的想法，但是随着去剑桥的计划要流产，去剑桥的日程变得遥遥无期，这些计划也变得越来越模糊。

他父亲最后同意他去剑桥读书。福布斯很高兴，并采取了不同寻常的措施，他给三一学院院长威廉·惠威尔（William Whewell）写信，告诉他麦克斯韦会给他带来什么。（法拉第曾向威廉·惠威尔请教过一些专业术语）在信中，关于麦克斯韦，福布斯写道：

> 他在举止上有点粗鲁，是我见过的最淳朴的年轻人之一……他是个奇特的小伙子，很害羞［但是］很聪明，很有毅力。我知道他有些粗野，以及在数学和其他方面的性格。我认为剑桥大学的社会环境与训练是驯服他的唯一机会，我建议他去……我想他可能是个新规律的发现者。

粗鲁的？福布斯很可能是在对麦克斯韦说些学究式的暗语，他对麦克斯韦很熟悉。当然，麦克斯韦还不够老练。他的举止与伊顿公学（Eton）和哈罗公学（Harrow）出来的精英学生不同，而这两所学校的学生占了剑桥学生总数的很大比例。他的口音在英国人听起来很奇怪。即使是在家里，他也因缺乏社交活动而受到谴责——吃饭时，他的注意力被吸引到镜子里有趣的反光或蜡烛摇曳的火焰上时，简姨妈会用一种尖锐的喊声"詹姆斯，吃饭"来把他召回来。但他长得出奇的好看，总是那么整洁，虽然穿得不时髦——他讨厌古板的领子，甚至在冬天也不戴手套。他对任何奢侈品都不感兴趣，甚至在火车上他坐三等座，还说他自己喜欢硬座。刘易斯·坎贝尔的母亲对他的评价非常好：

> 他的举止非常古怪；但是，有了良好的判断力、出色的价值和良好的幽默感，在大学的与人交往将会消除他的怪癖。我从不

怀疑他是一个杰出的人。

19岁时,麦克斯韦已经是一位经验丰富的科学实验家了,他积累了大量的知识,发表了三篇数学论文。然而,他从来没有在任何哪怕是最轻微的压力下工作过,相反,是在巨大的动力下工作的。在1850年秋天,他把他的尼科尔棱镜打包,尽可能多地把他的实验用具装起来。剑桥的生活和锻炼即将到来。

第九章

社会与训练

1850—1854 年

法拉第、麦克斯韦和电磁场：改变物理学的人

麦克斯韦在圣彼得学院（St. Peter's College）向导师报到后，很高兴能得到了一间光线充足的房间，这正是他进行光学实验所需要的。安顿下来后，他邀请老同学泰特来喝茶，他们聊了很久。第二天，他们参观了一些学院，包括在三一学院礼拜堂的艾萨克·牛顿（Isaac Newton）和弗朗西斯·培根（Francis Bacon）的陵墓。在这里学术的光环似乎无处不在。但课程一开始有点令人大失所望——他发现自己所做的就是"拼写欧几里得""单调地解析希腊戏剧"。他在圣彼得学院的同学们似乎是一群势利小人，自己无法耐着性子与他们和颜悦色地交谈。他的兴奋开始消退，在内心有一股不安和躁动的暗流。但好在最终的结果都是最好的，这在很大程度上要归功于另一个因素。

他的父亲最初帮麦克斯韦选择了圣彼得学院，这是一所小型的精英学院，但约翰现在正在重新考虑。作为一个勤奋的社交达人，约翰发现詹姆斯的一个叫 E. J. 劳思（E. J. Routh）的同学，是一个令人敬畏的数学家，他很可能获得圣彼得学院稀缺的奖学金。而转到其他的学院会得到更好的资助，有更多的奖学金。结果是，麦克斯韦在一个学期后转到了三一学院，这是福布斯一直推荐的一所大型社交学院。

三一学院的生活是一种快乐。在威廉·惠威尔的支持下，这所学院已成为任何创新话题诞生的沃土和辩论的乐园。麦克斯韦很有风度，不久就有了一群新朋友。他参加了所有正在进行的讨论，享受着同伴间的友谊和欢乐。有几个晚上，他四处走动，想

找一个人跟他交流想法,他还遇到其他人也这样做。他给其他学生做一个普通的助手,照顾那些生病的同学,帮助那些抑郁的同学。麦克斯韦的一个朋友有视力问题,不能阅读。麦克斯韦每晚花一小时帮他朗读第二天用的书本作业。与此同时,他自己的阅读能力也在迅速提高。如果时间允许的话,他会修改那些各种古怪的科学仪器,以便以后能够更好地进行研究。他甚至成功地写了两篇科学论文,其中一篇是关于一种具有可变折射率的平面透镜的非凡提议,这种透镜可以提供完美的成像。它被称为鱼眼镜头,据说它的灵感来自于对一种早餐腌鱼的近距离观察。

要把这一切与讲师和导师的授课和工作安排结合起来并不容易,所以他尝试了不同寻常的日程安排——甚至在半夜慢跑,以确保自己得到了足够的锻炼。一位同学说:

从2点到2点半,他在走廊上锻炼,跑步、下楼梯、沿着走廊走,然后再上楼梯,等等,直到走廊旁边房间的住客起床,在他运动的门后铺上布条,当他经过时用靴子、毛刷等向他射击。[1]

并不是麦克斯韦的所有实验都成功了!

他充分释放了他的诗歌方面的潜能,从希腊古典诗词的翻译到他的朋友们为了取乐而帮忙的琐事,他写了很多东西。在其中一篇文章中,他扮演了一个假想的"刚体"角色,这是应用数学讲师们的最爱,模仿了伯恩斯(Burns)的《穿越黑麦》(*Comin' through the Rye*)。

杜松子酒和肉体相遇,
在空中飞行,
杜松子酒,
它会飞吗?飞向哪里?
伊尔卡的冲击有其衡量标准,
没有我,
但他们所有的小伙子都在测量我,

或者，至少他们尝试了。
杜松子酒和肉体相遇，
完全免费的，
它们后来如何旅行？
我们并不总是看到，
伊尔卡问题有它的方法，
通过分析，
对我来说，我知道他们，
但我到底是什么？

他被邀请加入到一个名为"使徒"的精英讨论小组。1820 年，由 12 名学生组成的秘密社团成立，每当有人离开时，该组织则会通过选举新的成员来取代离开的人，使组织得以延续。起初，该社团是一个讨论宗教、政治和教育进步思想的论坛，而这些思想被大学忽视了。在麦克斯韦的时代，在一定程度上要感谢使徒们自己，大学变得更加自由了，但是社会仍然是催生超越传统思维方式的温床。多年来，已经有很多人做出了突出贡献，他们的思想超越于当时的社会：阿尔弗雷德·丁尼生勋爵（Alfred Lord Tennyson）、鲁珀特·布鲁克（Rupert Brooke）、伯特兰·罗素（Bertrand Russell）、路德维希·维特根斯坦（Ludwig Wittgenstein）、利顿·斯特拉奇（Lytton Strachey）、神学家和社会改革家 F. D. 莫里斯（F. D. Maurice）、数学家 G. H. 哈代（G. H. Hardy）、E. M. 福斯特（E. M. Forster）和约翰·梅纳德·凯恩斯（John Maynard Keynes）。

社团会议通常在周六晚上举行，一名成员会阅读一篇文章，文章的主题是预先布置好的，然后大家进行讨论。麦克斯韦的贡献表明，他的思想远远超出了数学——用柏拉图的话来说，他是"对宇宙万物进行研究"。这是一个很好的机会，可以向那些有创新想法的人展示他充满创意的想法，这些人会用自己的想法来回应，他充分利用了这个机会。他的文章中有"自传是真实的吗？""艺术中的一切美都是自然的吗？""道德""语言和推测"和"自然界中有什么真正的类比吗?"等这类的内容。

麦克斯韦的哲学研究在他的"类比"论文中脱颖而出,有人说,这是他在理论物理学中开创性思维的关键。当然,如果你想深入了解麦克斯韦是如何在其他人停滞不前的情况下取得进展的,这是一个不错的地方。这篇文章的核心是康德哲学,即人类所有的知识都是关于关系而不是事物的。正如他所说的:

当人们看到他们熟悉的两件事之间的关系,并且认为不太了解的事情之间一定有相似的关系时,他们就会从一件事推理到另一件事。这一假设是,尽管一对事物可能彼此相差很大,但一对事物之间的关系可能与另一对事物之间的关系相同。现在,从科学的角度来看,关系是最重要的事情。要知道,一个事物的知识引导我们通向了解另一个事物的知识的道路。

当然,并非所有的类比都只是为了帮助理解。麦克斯韦警告说,这样做有混淆身份的危险。一个人需要从各个方面探索问题,正如他在一篇文章中明确指出的那样。这篇文章为我们提供了他的科学哲学的一个总结:

唯象事物的模糊轮廓相互融合在一起,除非我们用理论对它们聚焦,有时把它钉在某一个定义上,有时又钉在另一个定义上,以便透过世界的大磨石往下观看。[2]

一位"使徒"社团的同伴记得,麦克斯韦总是积极地参与谈话,但他喜欢用比喻说话,而且他那奇怪的口音有时让人很难理解他的意思。对于新来者来说,熟悉麦克斯韦的"波长"并不容易——"波长"是一个恰当的比喻——但努力熟悉它是值得做的事情。他的一个同学说:

麦克斯韦和往常一样,对谈话的每一个话题都很熟悉。我从未遇到过像他这样的人。我相信没有一门学科是他不会发表意见的,而且他也会说得很好,这表明他具有丰富的知识。[3]

法拉第、麦克斯韦和电磁场：改变物理学的人

在剑桥大学，学士学位课程耗时 4 年，被称为"三脚凳"（音译为特里波斯，Tripos），得名于考生在参加口试时常坐的那种三脚凳。在麦克斯韦的时代，口头考试已经被书面考试所取代，在这门课程中有几个阶段是这样的，最后一年是可怕的数学考试，每个人都必须通过考试才能获得学位。数学的"特里波斯"考试在 19 世纪的英国已经成为一个重要的考试，并成为全国引入竞争性考试的典范。

考试是在寒冷的一月举行的，地点是参议院大厦（Senate House），这是一座类似于希腊寺庙的建筑，没有生火，也没有炉子。学生们穿着大衣，戴着围巾，有时会发现墨水瓶里的墨汁凝固了。每个人都要参加前 3 天的考试，每天都要争分夺秒地在 5 个半小时内解答问题。那些想要获得荣誉学位的人，甚至是古典文学专业的学生，然后还需要回来参加 4 天更加困难的考试。那些获得一等荣誉的人被授予"牧马人"的称号，这会给他们带来终身的认可，大大促进他们在任何领域的职业发展。牧马人是按顺序排列的，成为高级牧马人就像赢得奥运会金牌一样。事实上，媒体把数学上的特里波斯视为一项全国性的赛事，并对考试结果押下大笔赌注。在参加完特里波斯考试后，最优秀的学生还会为了获得史密斯奖而去做一堆更难的试卷。

从艾萨克·牛顿担任卢卡斯数学讲座讲授开始，数学在剑桥就有着悠久而辉煌的历史。剑桥是一个学习数学的好地方，而牛津的天才更多地汇聚在人文学科。从 18 世纪中期开始，剑桥大学发展了相互之间高度竞争的考试文化，在这种文化中，受过高等教育的学生努力在特里波斯考试中获得尽可能高的排名。这个体系不仅造就了 19 世纪英国最优秀的数学家和科学家，也造就了杰出的教士、医生、律师、公务员和经济学家。在高压力的特里波斯考试中的成功被认为是具有一流思维的标志，能够在艰苦的条件下工作，解决任何领域的问题。相比之下，牛津大学在很大程度上回避竞争，或许牛津认为这不是绅士们的体面活动。在牛津大学，荣誉等级从来没

有单独排列过——也不是所有的学生都会学习数学。

特里波斯考试要求快速、准确地解决各种问题。这些问题通常与现实没有太大关系——它们都是精心设计的谜题，需要掌握大量的技巧和捷径。这不是麦克斯韦的强项，所以他开始学习掌握这些技能。麦克斯韦加入了著名的"牧马人"威廉·霍普金斯（William Hoplens）的班级。霍普金斯是个老手，但他并不迟钝，就像他的一位老学生、人类学家弗朗西斯·高尔顿（Francis Galton）回忆的那样：

> 霍普金斯用坎塔布式（Cantab，剑桥风格的）的表达来构造知识体系，讲的是与不同问题有关的有趣故事，一点也不矫揉造作。而且绝不是唐尼（Donnish，学究式的）风格，他以出色的节奏不停地讲解，使数学不再是一门枯燥的学科。我以前从来没有享受过这么多的东西。

霍普金斯曾经指导过 200 多位牧马人，[4] 但从未遇到过像麦克斯韦这样的人，他说麦克斯韦"毫无疑问是我一生中遇到的最非凡的人"。"麦克斯韦要是思考物理问题"，他说，"这是不可能的。他在物理学科上想错了；在他的分析中，还有很多缺陷"。霍普金斯的工作是让麦克斯韦的自由思想服从福布斯所称的剑桥式的"训练"。P. G. 泰特也曾在霍普金斯那里学习，他描述了导师的训练任务，以及他的朋友对训练的反应。

1850 年秋天，已经具有大量知识的麦克斯韦来到了剑桥大学。对于一个如此年轻的人来说，这些知识实在是太丰富了，以致他的导师都很吃惊。尽管导师是著名的威廉·霍普金斯，麦克斯韦还是走了自己的路。可以有把握地说，近年来，没有哪位高谈阔论的人在进入剑桥大学的行政楼参加考试时，比克拉克·麦克斯韦受过的训练更完善。

然而，麦克斯韦的确从霍普金斯那里学到了很多——他看到了系统地解决问题的优点和标准代数过程的有用性。通过常规训练和

法拉第、麦克斯韦和电磁场：改变物理学的人

检查，他能够减少犯代数错误的可能，尽管这仍然是他的一个弱点——"我很有能力写出一个奇特的公式，"他常常说，意思是一个错误的公式。和法拉第一样，他喜欢把问题画出来，至少有那么一次，霍普金斯在黑板上写满了方程式，而他通过作图只是用了几行就画出了这个问题的解。虽然他从来没有"填鸭式地"学习，而这被认为是要在特里波斯考试中获得荣誉所必须进行的，但他尽职尽责地完成了所有的学习任务。同学 W. N. 劳森（W. N. Lawson）写道：

> 我清楚地记得，头一天我整夜在做霍普金斯布置的作业，一直到整个上午几乎没有任何结果，麦克斯韦却总是进来闲聊，谈个不停，而我却希望他早点远离这里。直到要与霍普金斯见面前的大约半个小时，他才会说："嗯，我必须解决老霍普金斯的问题了"；当我们见面时，麦克斯韦都已经解出这些问题了。

在特里波斯考试之前的几个月，麦克斯韦在争议中成了大学的一名观察员。F. D. 莫里斯曾是三一学院的学生，也是使徒会的一名成员。他在离开剑桥大学后，创办了基督教社会主义运动（Christian Socialist movement）。这项运动的目的是通过建立合作社和工人学院来抵消工业劳动中的奴隶化现象。莫里斯的神学论文在 1853 年引起了轰动，他似乎对英国国教的一些文章提出了质疑，结果被伦敦国王学院的教授立即开除。麦克斯韦和他的一些朋友对莫里斯受到的对待感到震惊，尤其是因为他坚定地支持劳动人民的教育理念。麦克斯韦帮助过格伦莱尔农场的年轻工人，从家庭图书馆借了一些书给他们。后来麦克斯韦在剑桥大学当了研究员，以及阿伯丁大学和伦敦国王学院的教授之后，他放弃了每周一个晚上的休息时间去工人夜校任教。他和法拉第清楚地感到，普通人有能力欣赏科学，有权利了解科学。

除了特里波斯考试以外，他在其他活动中也没有松懈，甚至是做得过头了。在萨福克和一个朋友的家人度假时，他发了高烧，神志不清。这家人照顾了他两个星期，每天都给他的父亲写报告。

麦克斯韦深受感动，对他们的善良深表感激，但他还是忍不住对他们的生活方式进行了批评。每个人都急于知道别人对自己的看法，以至于没有人能够完全有自己的生活。麦克斯韦认为，每个人的兴趣不被别人过多地鼓励或询问，那将会好得多，在他看来，这将大大增加整个家庭的乐趣。

考试时间到了，他和其他人日复一日地坐在参议院里，在父亲的建议下，他用毯子裹住自己的脚取暖。到了晚上，他们都需要放松一下，一群快乐的人聚集在麦克斯韦的房间里，在他的指导下玩起了磁铁实验。结果很快就出来了。E. J. 劳思（E. J. Routh）被宣布为高级牧马人，麦克斯韦名列第二。最优秀的学生随后将争夺史密斯奖，结果劳思和麦克斯韦被宣布为共同获奖者。劳思是一位杰出的数学家，他继续从事他的杰出的研究工作。他为使力学的数学理论系统化做了大量的工作；他的几个开创性的想法在现代控制理论中得到应用；和巨人拉普拉斯、拉格朗日和哈密顿一样，他也获得了罕见的殊荣，因为他有一个以他的名字命名的函数——劳思方程。[5] 劳思后来也担任了特里波斯考试的教练，成为超级"牧马人制造者"，其成绩甚至超过了霍普金斯。麦克斯韦做得也很好，虽然没有他的朋友泰特做得好，泰特是两年前的牧马人，并没有和劳思交手。泰特在数学上取得了自己的成就并在三一学院获得了一份教职。他的父亲对这个结果很高兴，叔叔、婶婶和堂兄弟们纷纷向他表示祝贺。

麦克斯韦的大学生活是愉快的。他以优异的成绩完成了特里波斯考试，这得益于霍普金斯的训练，他的数学还具有福布斯早先为他的实验工作所指导的纪律性和沉稳性。社交活动也对减弱他的怪癖起了作用：他现在给陌生人留下的印象是一个有趣的年轻人，而不是一个古怪的人。最重要的是，他结交了一群后来做了一辈子朋友的人。其中包括后来成为哈罗公学校长、以及三一学院院长的巴特勒；还有 F. W. 法拉尔（F. W. Farrar），是坎特伯雷学院（Canterbury）院长，但他最为人所知的身份是，通俗的道德故事《埃里克》（*Eric*）或《一点点》（*Little by Little*）的作者；还有 R. B. 利奇菲尔德（R. B. Litchfield），他创立了伦敦工人学院。麦克斯韦对友谊的重视，从他后来写给利奇菲尔德的一封信中可以明显地看出来。当时他的另一位朋友，罗伯特·亨利·波梅洛伊（Robert Henry Pomeroy），死于1857年的印度起义。

我希望通过与朋友们的合作，来摆脱那种用人类的眼睛去观察思考事物所带来的绝望。要么做一台机器，只看到"现象"，要么试着做一个人，感觉自己与许多人交织在一起，无论生死，都因朋友而变得更加坚强。

刘易斯·坎贝尔（Lewis Campbell）给了我们一幅麦克斯韦的形象，他的朋友这么描述他：

此时，他具有所有认识他的人都无法形容的魅力，他的出现已经完全获得了众人的心，使他不知不觉地成为亲朋好友组成的大大小小的圈子的中心。

正如福布斯所预测的那样，剑桥给他带来了很多好事，而麦克斯韦回报了更多。一位同学告诉坎贝尔：

关于麦克斯韦的亲切和善良的心，你会举出很多例子。在三一学院认识麦克斯韦的每个人都能回忆起他的一些善举或行为，这些善举给大家留下了不可磨灭的印象——"好人"麦克斯韦是大家心目中最恰当的记忆。[6]

在咨询了他的父亲之后，麦克斯韦决定留在三一学院，并申请教职。这不是一个长期的计划。在那些日子里，三一学院的教员被要求在7年内进入英格兰教会任职，并保持未婚，他没有做出任何承诺——但留在三一学院确实意味着他现在可以进行科学研究。他脑子里一直在酝酿着一些东西，他想进行电学研究，但此时他脑海里最紧迫的问题是，我们如何看待色彩？他的回答让我们洞察到他的大胆、才智和决心。

第十章

假想的流体

1854—1856 年

法拉第、麦克斯韦和电磁场：改变物理学的人

麦克斯韦3岁时，有人说："看那块可爱的蓝色石头，"他回答说："可是你怎么知道它是蓝色的呢？"[1] 这个问题到现在还没有得到回答。19世纪初，托马斯·杨提出了一个有趣的观点：人眼有三种类型的受体，每种受体对一种特定的颜色敏感，而大脑结合这些信号之后形成了一种单一的感知颜色。但是杨不能提供任何证据，因此他的理论在很大程度上被人们忽视了半个世纪。当时詹姆斯·福布斯想用一张带有不同颜色的扇区的圆盘，比如饼状图，快速旋转，这样人们就不能看到单个的颜色，而只能看到一片模糊的色彩。他的想法是，每只眼睛的三种受体可能分别对艺术家使用的一种原色——红色、黄色和蓝色——做出反应，所以他在旋转圆盘上尝试这些颜色的各种组合，看看会出现什么组合颜色。结果令人费解。例如，当他把黄色和蓝色混在一起时，他并没有像画家作画时那样变绿，而是一种暗淡的粉红色。他不能得到白色，无论他如何混合颜色。

这是福布斯所做的实验，麦克斯韦接受了这个实验，很快就发现了他导师困惑的根源。福布斯没能分辨出光线中的混合颜色（当旋转圆盘）和混合颜料（当画家作画）的区别。颜料从光中提取颜色，你看到的是颜料提取后剩下的光。因此，福布斯选择画家混合颜料的原色——红、黄、蓝——可能是错误的。麦克斯韦试着混合红色、绿色和蓝色，结果是惊人的。他不仅通过使用这三种颜色的相同比例得到了白色，而且他发现，只要改变红色、绿色和蓝色的比例，就能产生各种各样的颜色。

第十章 假想的流体

为了做好实验,他从爱丁堡的一个打印机厂订购了许多种颜色的彩色纸,并制作了一个特殊的光盘——他把它称为他的"彩色陀螺"(color top)。"它直径约 6 英寸[⊖],边缘周围有百分比标记,有手柄,还有用来缠绕拉绳的柄。"他把红、绿、蓝三种颜色的纸盘切成小片,然后把它们分开,这样它们就可以在颜色的顶部重叠起来,每一种颜色都可以显示出来。通过这种方法,他能够测量出旋转圆盘上红、绿、蓝的比例与旋转颜色顶部旁边的纸的颜色是否匹配。但后来他想到了一个更好的设计。他没有在旁边单独放一张纸,而是在红、绿、蓝三种颜色的纸盘上放了一个小点的纸盘,这样纸盘就占据了纸盘内侧。有了这样的设计,他就可以在需要的时候添加一块黑色,这样既可以匹配亮度,也可以匹配色调。

使用这个普通的设备,他展示了一个实验:你可以通过正确的比例混合红色、绿色和蓝色来得到任何你想要的颜色——这正是我们今天使用的电视机的原理。麦克斯韦让他所有的朋友和同事尝试混合颜色,他发现正常视力的人对颜色的感知几乎没有区别。他特别找来了色盲的人,发现他们中的大多数人都缺乏功能齐全的红敏感受体,这就解释了他们区分红色和绿色的困难的原因。

所有的这些,都是开创性的工作,但并没有被大肆宣传:麦克斯韦只是向爱丁堡皇家学会(Royal Society of Edinburgh)发送了一篇论文,用他的彩色陀螺向剑桥哲学学会(Cambridge Philosophical Society)展示了一些研究成果。在他看来,迄今为止所做的工作不过是一个初步的草图,因为打印机纸张的颜色是随意的——简单来说就是"不同颜料的样品"。[2] 为了得到更精确的可重复的实验结果,他需要使用从太阳光中得到的颜色更纯的光。因此他设

⊖ 1 英寸 = 0.025 4 米。——编辑注

法拉第、麦克斯韦和电磁场：改变物理学的人

计了一个"彩色盒"，使用三棱镜来分开太阳光谱，调节可调狭缝的大小来选择特定的颜色，并进一步通过光学设计，来对选定的颜色予以组合。多年来，他制作了几个版本的彩色盒，每次都进行改进，这项工作变成了一个他终生的项目。如果麦克斯韦后来什么工作都不做，那么现在他就会被称为伟大的色彩视觉科学的奠基人麦克斯韦。[3]

在担任教师职位时，他一直在履行着他作为学士学者的职责，上课和监督考试。这个角色的任务并不繁重，但他很认真，并自愿承担额外的课程讲授，这对后来担任教授来说是一个很好的实践。他强烈支持由莫里斯领导的工人夜校运动，并开始每周用一个晚上去工人夜校上课，后来在阿伯丁和伦敦时还继续他的这一做法。与他人的友谊与日俱增，他的社交生活也很充实。他继续与使徒们交往，并被选进高级射线俱乐部，一个讨论和推广自然科学的论坛。在身体锻炼方面，他还进行了散步、划船，在体育馆里跳高和跳远，在新游泳池里游泳，他还帮助组织小组活动，让事情变得更完美。好像这还不够似的，他继续着他那令人敬畏的阅读习惯，包括阅读了卡莱尔（Carlyle）、乔叟（Chaucer）、弗朗西斯·培根（Francis Bacon）、柏蒲（Pope）、戈德史密斯（Goldsmith）、伯克利（Berkeley）和考伯（Cowper）的书籍。

与此同时，他越来越转向电和磁的思考。多年的轻松实验——给果酱罐镀铜、玩磁铁、制作模型电报——让他对这个课题着迷，现在是开始认真研究的时候了。然而，他根本不清楚从哪里开始。他需要建议，通过家庭关系，他知道在哪里可以找到建议。

他的表姐杰迈玛（Jemima）嫁给了格拉斯哥大学的数学教授休·布莱克本（Hugh Blackburn）。那里的自然哲学教授威廉·汤姆孙（William Tomson）是布莱克本最亲密的朋友。正如我们所知道的，他是少数几个认真对待法拉第的力线理论的科学家之一。麦克斯韦在几年前和父亲一起访问杰迈玛时遇到了汤姆孙。和所有人一样，汤姆孙也对这位精力充沛的青年科学家印象深刻，这

种感觉是相互的。麦克斯韦在剑桥写信给汤姆孙，轻松地宣布自己打算"偷学你的电学"，并索要一份阅读清单。汤姆孙很乐意担当导师的角色——他有许多其他的兴趣爱好，现在正参与大西洋电报电缆工程。[4] 他对麦克斯韦的回信没有保存下来，但我们可以肯定法拉第在电学方面的实验研究所需要的书目在阅读清单上占有突出的位置。

麦克斯韦浏览了汤姆孙推荐的书籍和论文，很快就发现关于电和磁的知识状况并不令人满意。虽然已经写了很多，但每个主要作者都有自己的方法、术语和观点。除了法拉第的理论外，所有的理论都是数学的，都是基于超距作用的观点。他们的作者在很大程度上摒弃了法拉第的力线概念，因为它不能用数学术语来表达，除了汤姆孙以有限的方式在电力线和通过金属棒的稳定热流之间做的一个类比之外。

尽管如此，麦克斯韦还是被法拉第吸引住了，这既是汤姆孙的鼓励，也是他自己的直觉——事实在于，任何想要解开电和磁的奥秘的人都应该先研究实验发现的东西。他决定先阅读法拉第的所有研究，然后再进行数学处理。他立刻被法拉第的开放和正直所打动，当他阅读得更多的时候，他看到了这部作品的智慧力量。麦克斯韦在格伦莱尔的临时实验室里工作了几个小时，他的经验让他不仅惊叹于这位伟人的实验的精确性，也惊叹于随后推理的力量和精妙。对麦克斯韦来说，法拉第的想法听起来很真实：他找到了志趣相投的人，找到了新的灵感来源。他已经从法拉第那里感受到温暖，这从他后来在关于电和磁的论文中发表的评论中可以明显看出：

> 法拉第的研究中运用的方法包含在实验中，通过大量实验测试他的想法的真实性，通过实验来培养他的思想……法拉第……向我们展示了他的失败和成功的实验，他的原始想法以及他改进后的想法。读者们，即使在归纳能力方面不如他，也会同情他甚至赞赏他，并倾向于相信，如果他有机会，他也会是一个发现者。[5]

读过法拉第和安培的著作之后，他不知疲倦地转向其他作者。他向刘易斯·坎贝尔发送了一份进度报告：

我又在从事电学方面的工作了，而且一直在以自己的方式接触德国科学家的观点。把从这些人那里得到的所有概念都整理好，要花很长时间，但我希望能看透这个问题，并以一种理论的方式得出一些可以理解的东西。

他的确得出了一个理论——尽管这项任务经历了三个阶段，前后历时 9 年——它是基于法拉第的空间力线概念的。他已经看到，数学家把力线看成是一种毫无意义的推测或空想——虽然这个概念是经过多年扎实的实验和艰苦的思考而发展起来的——是完全错误的。眼前的任务变得清晰起来——用数学语言表达法拉第的思想。通过这样做，他希望证明它们与其他理论的对等性，从而挫败法拉第的批评者，幸运的话，可以先打下一个基础，以便未来建立一个更完整的理论。

汤姆孙把力和热流之间的力线所做的类比为力线的理论工作打开了一扇门。麦克斯韦现在要寻找一个更普遍的类比，他发现了一个类比：想象中的流体通过多孔介质的稳定流动。令人惊奇的是，通过这个简单的方法，他能够模拟所有已知的静电和磁场的性质，并能够证明相关的公式可以很好地从远距离作用或法拉第力线的假设中推导出来。

麦克斯韦对类比的喜爱和天赋从他的一篇文章《自然界中有什么真正的类比吗?》（Are There Any Real Analogies in Nature?）中可以看出来。这是他几年前为使徒们写的，源于他在爱丁堡的哲学研究。他特别记得哈密顿如何强调伊曼努尔·康德（Immanuel Kant）的命题：人类所有的知识都是关于关系的，而非事物的。其他一些不太精通哲学的物理学家则认为，他对类比的运用很特殊，很少有人真正理解他的意思。有些人从字面上理解了他，却看不出流体力学与电和磁有什么关系。但他们应该注意到他对读者的明确警告，不要用他的模型来代表任何一种物理现实。他竭力强调的是，它提供的不是电或磁的物理理论。他只是试图"通过严格应用法拉第的思想和方法，说明他所发现的非常不同的现象之间的联系，可以清楚地摆在数学头脑面前"。[6] 流体本身只不过是思维的一种辅助——"一种假想属性的集合"——它的目的是使人能够找到适当的数学关系，而不必拘泥于任何特定的物理理论。[7]

麦克斯韦的假想流体是无重量、无摩擦和不可压缩的。最后一个性质是类比的关键。这意味着流体有它自己的内建的逆平方定律：从点源直接向外流动的流体粒子的速度与它到点源距离的二次方成反比。正如他所解释的，这只是一个几何问题。无论球体的大小，每秒从点源中心流出的液体量都是一样的。所以，球体的表面积（$4\pi r^2$）正比于它的半径的二次方，液体向外移动速度与到源的距离的二次方成反比。如果源被汇取代[⊖]，同样的情况也会反过来发生——这一次速度是向内的。麦克斯韦还证明，对于任何数量、任何配置、任何形状的源或汇，任一点的流体速度和方向，原则上都可以通过数学求和计算出。

遵循类似的规律，两个电荷之间或两个磁极之间的电力和磁力，与距离二次方成反比，这样的类比就确定下来了。流体流动的方向和速度在任何时候所代表的方向和强度类似于电力或磁力的；流得越快，力就越强。这是一种奇怪的模拟运动流体，代表着静态力，但它符合麦克斯韦的目的。它的美妙之处在于流体流动的流线代表了法拉第的电力线或磁力线。

法拉第一直认为这些线是离散的——他总是谈论线的数量——但是麦克斯韦把它们合并成一个连续的实体，叫作通量。电或磁通量是通过任何给定的横截面作用的总作用力。例如，人们可能认为它类似于阳光照射到特定区域的总作用力。在空间中的任何

[⊖] 源：指从该点流出；汇：指汇聚于该点。——译者注

一个小区域，通量都有方向和浓度（或密度）。一个高密度的磁通量对应于一个高密度的法拉第离散线——在那个空间的磁通密度越高，那里的电力或磁力就越强。在麦克斯韦的类比中，他的流体在空间的任何部分的流动方向都与那里的电通量或磁通量方向相对应，流动的速度与通量密度相对应。为了追踪流体的运动，麦克斯韦构造了假想的管道，让它沿着管道流动。这些管子表现得好像有真正的管壁一样，因为水流的线条从来没有交叉过，整个管道系统连在一起，没有缝隙。流体在管道狭窄的地方流动得很快，在管道变宽的地方流动得较慢。管中同样含有电磁场；通过类比，在管道较窄和通量密度大的地方，力较强，而在管道较宽和通量稀疏的地方，力较弱。

每秒钟流过管道任何横截面的流体量在横截面所在的位置是相同的。这个流体流动的速率与通过管道任何截面的流量相对应，这个量无论在什么位置都是一样的。麦克斯韦将单位流量定义为每秒通过单位体积的流体；通过类比，将单位通量定义为每秒通过单位流体体积的流量。单位流量是指每秒通过 1 毫升液体，而相应的单位通量在其长度内的任何横截面上都有 1 单位流量。现在，任何数量的磁通都可以被描述为相关的单位数量——通过使磁通单位数量适当地小，可以尽可能地得到精确值。数学物理学家现在可以把法拉第的"模糊而变化的"力线［用乔治·艾里爵士（Sir George Airy）的话来说］解释为麦克斯韦的数学上无可挑剔的通量。[8] 也许是为了强调这一点，麦克斯韦用"单位力线"作为"单位通量"的替代术语。

使麦克斯韦流体运动的是压力差。沿着每根管子，流体从一个相对高压的源流向一个较低压力的汇，当流体沿着管子流动时，压力会下降。在电的类比中，源是一个带正电的物体，具有相对较高的电势，而汇则是一个带负电的物体，具有相对较低的电势。流体模型中的压差表示电势的差，我们现在称之为电压，流体沿麦克斯韦管流动的速率表示电通量。在任何一个小的区域内，流体流动的速度与那里的压力梯度（单位距离内的压力下降）成正比，同样地，电通量[9]的浓度或密度也与电位梯度（单位距离内的电位下降）成正比。麦克斯韦将这个梯度称为电场的强度，或者简单地称为电场的力。

在麦克斯韦的静电场流体模型中，像金属这样的电子可以自由流动的物质，除了物质表面可以作为源或汇以外，并没有参与其中。电力线发生在绝缘体中，这种物质没有电流流动。正如法拉第所发现的，这些物质传导电力的能力各不相同——每种物质都有其特定的感应能力。例如，玻璃比木头更容易导电。在他的模型中，麦克斯韦只是通过赋予每种物质适当数量的流体阻力来适应这一特性——阻力越低，产生给定流速所需的压力梯度就越小。通过类比，物质的感应能力越大，产生特定通量密度所需的电势梯度就越低。一个简单的方程式总结了它：任何一点的电通量密度等于那里的电势梯度乘以电感性物质的容量。静电场的类比是很完整的。

麦克斯韦做了一件了不起的事。通过将流体压力作为电势的类比，他将法拉第的电力线概念（被大多数数学物理学家认为是"模糊和变化的"）与数学天文学中抽象而精确的电势概念联系起来。皮埃尔·西蒙·拉普拉斯（Pierre Simon Laplace）在他的作品《天籁》（*Mécanique Céleste*）中如此成功地运用了"引力势"的概念，以至于其他人很自然地将同样的技术应用于电。现在麦克斯韦为数学家们提供了一条通向法拉第思想的直接道路，如果他们选择采纳的话。

磁场的相应类比要复杂一些。麦克斯韦开始考虑一个特殊的情况——在一个像我们所熟知的条形磁铁这样的永磁铁周围的场。这可以用与静电场完全相同的方式来类比：磁体两端的南北两极分别是一个源和一个汇。某一点的压力梯度变成了磁场的强度或力；介质的电阻，或者说是它的倒数，变成了磁感应能力；流动的速度和方向变成了磁通密度。流体流动代表法拉第的磁力线，它的图案正好可以由撒在磁铁上面的一张纸上的铁屑来展示。到目前为止，一切都很好，但是这个模型没有达到所需要的效果——它没有解释为什么奥斯特的罗盘指针放在电流附近时会转动。

奥斯特所发现的使得磁针与电流成直角的奇特力量，与自然界中遇到的任何其他力量都不同。为了解决这个问题，麦克斯韦从法拉第的长期通信人安培那里得到了灵感。正如我们所看到的，安培发现一个小的电流回路就像一块磁铁。麦克斯韦进一步指出，大电流回路或电路的磁效应与磁壳的磁效应完全相同。这个壳层是一个假想的表面，被电路包围着，整个东西就像一块奇怪的磁铁；整个表面的一边是北极，另一边是南极，两极的强度与电流成正比。正如麦克斯韦解释的那样，这个外壳之所以能工作，是因为它可以被认为是许多小的电流回路，每一个都起着磁铁的作用，组成一个网状结构。在网格中，所有的内部电流都被抵消了，因为每个内部回路的每个部分都与相邻回路共享，所以它们携带了等量相反的电流，使彼此无效。所以所有的小环路的综合效果和在边缘的单个大环路的效果是完全一样的，如图10.1所示。

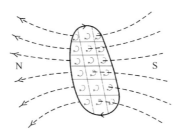

图10.1 磁性外壳和电流回路的等效性（经 Lee Bartrop 允许使用）

因此，载流电路的电磁效应，可以用一个虚构的磁性壳来模拟，这将导致力线从北极指向南极，与将铁屑洒在一块磁铁旁边的纸上得到的效果图是相同的。用麦克斯韦的话说，他们会"拥抱"电路。在电路中，每条力线（或通量）都将自己连接起来，形成一个连续的回路。

在麦克斯韦的流体类比中，磁壳成为一种泵，将流体从"北"极周围的空间驱动到"南"极，每个流线与自身连接。但是磁性

第十章 假想的流体

外壳没有固定的形状。事实上，它可以呈现出任何形状；唯一的限制是它受到载流电路的限制。你可以用一种包括任何流体流线上的任何点的方法来构造壳层。这意味着泵的作用发生在每条流动线的周围；它导致流体压力持续下降，这就是流体运动的原因。

在这里，流体的类比遇到了一个难题：你不可能在一个与自身相连的回路周围连续不断地使得压力下降。麦克斯韦没有尝试任何力学解释，但他解释了流体压力的类似物——磁势——发生了什么。确实，当绕着这个环走的时候，它会不断地下降，当回到起点的时候，它会比开始旅程之前下降得更低。如果沿着另一个方向绕一圈，与类似的流体流动方向相反，当回到起点时，电势比开始时高，如果重复这个过程，电势就会越来越高。所以任意一点的电势都没有一个确定的值，它取决于在当前循环中绕圈的次数。在绕电流环路做环绕时产生的磁势差等于在环路周围移动一个单位磁极所需的机械功。它代表了电磁能量转换为机械能，反之亦然，法拉第通过他的电动机和发电机发现了这一点。

绕过流体压力类比中的限制，麦克斯韦利用流体模型，采用分析电的同样方式，给出了一个简单的公式：磁通密度在任何时候等于磁力乘以介质的磁场感应能力。他从流体模型中得到的任何发现都不是真正的新发现——它们都可以从距离的平方作用中得到。但他以一种全新的视角向人们展示了静电和磁场的已知公式，它可以用法拉第的力线来解释，也可以用超距作用来解释。

麦克斯韦扩展了流体类比，来模拟稳定的电流流过阻力介质时的流动，但这是他所能达到的极限。他曾经研究过静电和磁场以及稳定的电流，但要研究出变化的磁场和电流之间的相互作用，还面临着一项艰巨的任务，这看上去一定像是陡峭的悬崖，还需要他做更多的事情。法拉第曾推测，即使物体是静止的，磁场中的导线也处于一种他称之为电张力（应力）的状态。在麦克斯韦看来，这似乎是一个可靠的假设，他在论文的第一部分"关于法拉第的力线"上签字，表示他打算在第二部分研究这个问题。

法拉第、麦克斯韦和电磁场：改变物理学的人

我建议，在接下来的研究中，可以自由地使用符号，并将普通的数学运算视为理所当然。通过对弹性固体和黏性流体运动规律的仔细研究，我希望能找到一种方法来形成这种电应力状态的力学概念，它适合于一般的推理。

在第一部分中，他坚持自己最初的计划，只用文字描述和简单的方程来表示法拉第的想法。现在他需要一些工具来研究矢量的数学运算，矢量既有大小又有方向。矢量的主要贡献者是伟大的德国数学家卡尔·弗里德里希·高斯（Carl Friedrich Gauss）、英国人乔治·格林（George Green）和苏格兰人威廉·汤姆孙。利用他们的工作，麦克斯韦导出了一组联系电场和磁场的方程。它们代表了当时已知的一切，不过，正如麦克斯韦后来发现的那样，电和磁之间联系的一个重要部分仍然缺失。他还发现了电张力（应力）状态的数学表达式，但还不能确定它的物理作用。所有这些都能够用看起来很复杂的数学形式表达出来。

麦克斯韦的《论法拉第的力线》[10]虽然被他后来的著作所超越，但无疑是科学史上最优秀的创造性思维范例之一。弗朗西斯·埃弗里特（Francis Everitt）在其著作《詹姆斯·克拉克·麦克斯韦：物理学家和自然哲学家》（*James Clerk Maxwell: Physicist and Natural Philosopher*）中，精明地将法拉第描述为累积型思想家，将汤姆孙描述为灵感型思想家，将麦克斯韦描述为建筑型思想家。麦克斯韦不仅找到了用数学语言表达法拉第思想的方法，而且为将来更伟大的工作奠定了基础。

现在，他已经竭尽全力了。麦克斯韦在1855年的圣诞节期间，分两部分向剑桥哲学学会提交了他的论文，并将他关于电和磁力的思想归功于所谓的"独立于意识运作的心灵"[11]。他坚信潜意识思维能产生洞察力，并像他经常做的那样，在诗中表达了这种想法。

我们内心有力量和思想，只有当它们升起时我们才知道，
通过有意识的行动，从自我隐藏的地方。

第十章 假想的流体

但当不断变换的思想使得意志和理智变得沉静时，
我们可以在下面隐藏的深处追踪岩石和漩涡。[12]

事实上，他的下一篇电磁论文直到六年后才出现。他在电磁学和动力学理论两大方向上进行研究，他会在紧张思考几个月之后写出一篇论文，然后将这一话题藏在潜意识里而暂时不予理睬。（而这几年中他会在其他主题上写出精彩的论文。）这成为他的一种工作模式。正如我们将要看到的，在接下来的六年里发生了很多事情，他当时研究的是一组完全不同的类比，它们代表了变化的场以及静态场，通过这样做，揭示了电与磁之间联系的缺失部分。他在剑桥哲学学会的听众们目睹了麦克斯韦在法拉第思想的启发和指导下创立电磁学理论的三个阶段中的第一个阶段，该理论将改变我们的生活并为20世纪的物理学的发展奠定基础。

工作并不是生活的全部。有一年夏天，他在湖区度过了一个难忘的假期，他被邀请去罗伯特舅舅的家里做客。罗伯特·邓达斯·凯（Robert Dundas Cay）是他母亲弗朗西斯（Frances）的弟弟，他有五个孩子。麦克斯韦很喜欢他所有的表弟表妹们，尤其是莉齐（Lizzie），这次他们恋爱了。莉齐只有14岁，但他们计划在她16岁时结婚，这样的婚姻在当时并不少见。假期结束后，麦克斯韦从卡莱尔（Carlisle）火车站出发，走了50英里回到格伦莱尔的家，心里充满了喜悦，但这种喜悦并没有持续多久。由于害怕表兄妹之间血缘关系的影响，家人劝他们放弃结婚的念头。这对他们两人来说都是一个深深的伤害，但好在他们继续着自己的生活，最终都各自和其他人结婚了。

1855年，麦克斯韦被选为三一学院的院士。他现在需要寻求教授职位，因为这所大学要求在选举为院士后7年内被任命为英国国教（Church of England）成员。不过不用着急，机会有时候来得比预期的要早。1856年1月，詹姆斯·福布斯写信告诉他，阿伯丁的玛丽沙尔（Mariscal）学院自然哲学系主任空缺，并建议他申请。麦克斯韦和他的父亲详细讨论了这件事，仔细考虑了一下。

法拉第、麦克斯韦和电磁场：改变物理学的人

在经历了5年的快乐时光后，离开学术界的中心，前往遥远的北方前哨站，这将是一种大的变动。另一方面，他注意到在剑桥大学生活圈有缩小的趋势，所以，他认为，也许走出去是一件好事，能够感受到"世界给予的磨炼"，正如他对坎贝尔所做的那样[13]。无论如何，他在未来几年内需要寻找一份工作。像这样的机会并不会太多地出现。此外，在苏格兰的大学，学期较短，这将使他有更多的时间和他生病的父亲待在格伦莱尔。他决定申请这一职位。一开始，他不知道该怎么做，但很快他就明白了，他需要向"大佬"们索取推荐信。这并没有什么问题，但他很惊讶，有一个不常联系的熟人要他提供一封申请信以申请同样的职位[14]。他提供了。这个熟人就是他的老朋友P. G. 泰特，他现在是贝尔法斯特（Belfast）大学的数学教授，但想回到苏格兰。

约翰·克拉克·麦克斯韦因为以后能够经常看到儿子而倍感欣慰。有一段时间，他的健康状况似乎有所好转，但复活节假期期间情况突然恶化。一天清晨，在麦克斯韦照料他度过了一个难熬的夜晚后，他平静地去世了。麦克斯韦失去了他最亲密的伙伴——他和他父亲一直想着对方，不住在一起时几乎每天都写信——但悲痛和骄傲交织在一起。他看到了很多人对他的父亲的爱和尊重，他知道拥有明智而慈爱的父母是多么的幸运。他写信给亲戚朋友们，组织了葬礼，并把他父亲的衣钵当作纪念，将之永远铭记在内心深处。

对于普通的观察者来说，在他父亲去世后，他几乎没有什么变化。他从事房地产生意，保持与友人的通信，继续从事科学研究。但是在内心深处，他被摧毁了，那些靠近他的人可以看到他表面下的痛苦。刘易斯·坎贝尔后来回忆了当时麦克斯韦沉默寡言的情形。在他欢乐和悲伤的时候，麦克斯韦在一首诗中表达了他的情感。没有什么能更清楚地表明他对已故父母的爱。

我跨越了距离的障碍，离开了我生命的尽头。
我记得岁月和劳动是我读过的故事，

第十章　假想的流体

然而我的心是炽热的，因为我感受到温柔的力量。
那些仍然爱我的灵魂，等待这神圣的时刻。
是的，我知道我遇到的形式，但都是大脑的幻影，
因为他们步入了凡人的身体，而且他们并不能止痛。
哦！那些人类弱点的痕迹，永远留在这里，
对我来说远远胜过一个幻想中的天使的额头。
哦！久远的熟悉的声音！哦！耐心等待的眼睛！
让我和他们一起生活在梦境中，在沉睡的世界里。[15]

回到剑桥，他听说他的申请成功了。暑期结束时，他把论文、彩色陀螺、磁铁、棱镜和其他实验用具收拾好，带着美好的回忆，离开剑桥去了格伦莱尔。这次回家，是第一次没有父亲在那里迎接他。夏天的大部分时间里，他都在处理地产，详细学习如何工作，并计划着在资金允许的情况下，如何实现父亲的愿望，以便进行更多的改进。他不时地招待亲戚和剑桥的朋友，但这是他一生中最孤独的一幕。在七个月里，他只离开格伦莱尔一次；那是为了去贝尔法斯特（Belfast）做一次短途旅行，安排他的表弟威廉·戴斯·凯（William Dyce Cay）在威廉·汤姆孙的弟弟詹姆斯的带领下学习工程学。他设法安排了一些科学工作，建造了一个坚固耐用的彩色盒子，以便能够经受住去阿伯丁的旅途。那次旅行的时间快临近了，他的准备工作之一就是起草他所谓的"向北方自然哲学家庄严的宣言"[16]，也就是他的就职演说，这是当时所有新教授所期待的。1856年11月，他动身前往格拉尼特（Granite）城。

第十一章

这儿没有人能够理解玩笑话

1856—1860 年

法拉第、麦克斯韦和电磁场：改变物理学的人

在短短几个月的时间里，25 岁的麦克斯韦已担负起两项重大的责任，他决心尽其所能，把这两项工作都完成。作为格伦莱尔的地主，他小心翼翼地开了个好头，但毫无疑问，当他往北走的时候，他感到既兴奋又焦虑，不知道在阿伯丁等待着他的将会是什么。年轻人被任命为教授并不罕见——汤姆孙在 22 岁时就在格拉斯哥大学担任了教授，泰特在 23 岁时在贝尔法斯特担任了教授——但在当时，玛丽沙尔学院有一个相当年长的群体：麦克斯韦的同事中最年轻的是 40 岁，他们的平均年龄是 55 岁。这位新来的教授在他们看来一定只是个孩子，但他们却很欢迎他——他常被邀请外出，很少在居住处吃饭。他们似乎很高兴能有个年轻的同事跟他们交谈，但是麦克斯韦所期望的那种轻松的玩笑却一点也没有。他觉得阿伯丁的生活和剑桥的相差太远了。他写信给刘易斯·坎贝尔：

这里没有任何能够互相理解的欢声笑语。我已经有两个月没开玩笑了，如果我觉得有人要跟我说话，我只能一言不发[1]。

教育确实是一项严肃的工作，麦克斯韦和他的那些相当严肃的同事们一起埋头苦干。和其他苏格兰大学一样，玛丽沙尔学院的目标是提供广泛的和无障碍的教育。它的主要课程是四年制的文学硕士课程，内容非常广泛，包括希腊语、拉丁语、数学、自然哲学、自然史、道德哲学和逻辑学。和其他教授一样，麦克斯韦不仅负责授课，还管理教学大纲和考试。回避了玩笑的话语，

他在就职演说中阐明了自己的意图:

> 我的责任是给你们必要的基础,让你们的思想能够自由地驰骋。最好是每个人都在自己的思想中安定下来,而不是以学习科学为借口而被引导到别人的思维方式中去。遵循谨慎和勤奋学习的自然法则,我相信我们至少应当避免模糊和散漫模式的思想方式,而是获得健康和积极思维的习惯,这些会使我们认识到错误,无论这些错误是以旧的还是新的形式出现,会让我们坚持真理[2]。

为了能够独立思考,学生们需要通过做实验来自己观察:

> 我没有理由相信,人类的智慧能够在没有实验劳动的情况下,用自己的资源编织出一个物理学系统。每当有人企图这样做的时候,结果都是产生一堆自相矛盾的不符合自然规律的垃圾。

他仔细规划了自己的课程,并同意每周在机械师夜校上额外的夜校课程。我们很快就会看到他的成功。

1857年2月,他决定给一位伟人寄一份他的论文《论法拉第的力线》。毫无疑问,他这样做时有些害怕。在阅读了《电学实验研究》之后,他就对法拉第产生了极大的共鸣,但他不能确定这种感觉现在是否还会回来。毕竟,他是个电学领域的新手——在那篇论文中,他承认电学是"一门我几乎没有做过任何实验的科学"——但他却勇敢地进军了电学,这个法拉第一生大部分时间都在研究的领域。[3] 其实他本不必担心的,正如我们所看到的,法拉第的回答是感激的、亲切的和迷人的。他们两人立刻建立了一种罕见的联系纽带。

法拉第对这位年轻同事的尊敬和信任的表现之一是,他自己写了一篇论文,征求麦克斯韦的意见。这是一篇关于力线的初步想法的论文,一个普遍认为离谱的想法。法拉第意识到,他要是发表这篇最具思辨性的论文的话,可能会招致来批评,但实际上他不必担心。麦克斯韦虽然忙于其他工作,但是他抽出时间回复了法拉第的来信,并提出了一个连法拉达都感到惊讶的想法——

如果力线不是互相吸引,而是互相排斥的,那么法拉第的观点就能够成立。力线将从宇宙中所有的物质中散发出来,两个相对接近的天体,如地球和太阳,将会在彼此的阴影中,因此会被推到一起。所以它们表现出互相吸引。此外,表观引力将遵循一个平方反比定律,因此将无法与牛顿的直接引力定律区分开来。法拉第很感动,也很感激,他回了一封道歉信,为自己的冒昧向麦克斯韦表示道歉。

把不成熟的观点发给你,这是非常错误的。因为我认为,在人们还没有准备好表达自己的思想之前,不应该要求任何人表达自己的思想,并希望表达出来。我常常拒绝发表意见,因为我的头脑还没有准备好下结论[4]。

撇开职业礼仪的问题不谈,年龄和地位的差异所引起的任何保留显然都被排除在外了。

麦克斯韦再次开始研究色彩,他最初几个月在阿伯丁的大部分业余时间都用来研究土星环了。土星带着看似怪异的扁平光环,是夜空中最神秘的星体。剑桥大学圣约翰学院(St. John's College, Cambridge)将它选为享有盛名的亚当斯奖(Adams Prize)的主题。他们问:在什么条件下(如果有的话),如果环是①固体、②流体,或③由许多独立的物质组成,它们会是稳定的?这是一个极其困难的问题,它打败了许多数学天文学家,包括伟大的皮埃尔·西蒙·拉普拉斯(Pierre Simon Laplace)——不过考官们对得到正确的答案还是抱着希望的。

麦克斯韦和所有人一样,对土星环很感兴趣,在他看来,土星环似乎是他在史密斯奖考试中解决的那种问题的真实写照。凭借坚定的决心和高超的技巧,他成功地证明了固体环不可避免地会破裂,并将随着潮汐波变得越来越大,流体环也会发生同样的事情。他由此证明,尽管这些环看起来是连续的,但它们一定是由许多独立运行的独立天体组成的——这正是我们在旅行者号

第十一章 这儿没有人能够理解玩笑话

(Voyager)和卡西尼号(Cassini)太空探测器的飞越照片上看到的结构。他整理了自己的大量计算,发表了一篇12盎司[1]重的论文,并期望能够获得亚当斯奖。事实证明,他的回答是唯一入围的:这个问题是如此之难,以至于没有人能走得足够远。他被授予了亚当斯奖,詹姆斯·克拉克·麦克斯韦这个名字开始在学术界被提及。皇家天文学家乔治·艾里爵士(Sir George Airy)将麦克斯韦的论文描述为"我所见过的数学对物理学最卓越的应用之一"。这确实是一场胜利。麦克斯韦使用的所有数学方法多年来都为人所知——他的大胆、想象力、独创性和坚持不懈是解决问题的几个要素。

到目前为止,麦克斯韦仅限于在书信中和朋友们开开玩笑,而汤姆孙作为格拉斯哥大学的自然哲学教授,是他的众多通信对象之一。汤姆孙当时还是大西洋电报电缆项目的技术顾问,当电缆铺设遇到困难时,他从麦克斯韦那里得到了一些轻微的嘲笑。在一次乘火车去格拉斯哥的旅行中,麦克斯韦写下了《大西洋电报公司之歌》(The Song of the Atlantic Telegraph Company)——这首歌似乎是由火车车轮在铁轨的接缝间发出的咔嗒咔嗒的节奏所激发的。其中一首诗是这样写的:

> 海底,海底,
> 我收不到什么信息。
> 海底,海底,
> 一定是出了什么问题。
> 它损坏了,损坏了,损坏了;
> 是什么原因使它不再工作,
> 把电报线弄坏了的,肯定是某个东西。
> 一击,一击,一击,

---

[1] 1 盎司 = 28.349 5 克。——编辑注

不然的话，电报会更加强有力。[5]

这里其实没有一丝幸灾乐祸；麦克斯韦是这个项目的忠实粉丝，他认为电缆铺设者的工作是很英勇的。不过他就是忍不住要拿他们开涮。

或许麦克斯韦在阿伯丁是最不可能找到浪漫的，但它还是发生了。他的恋人是凯瑟琳（Katherine），学院校长尊敬的丹尼尔·杜瓦（Daniel Dewar）的女儿。杜瓦一家邀请他到家里去共进晚餐，后来又多次邀请。渐渐地杜瓦一家开始把他当成自家人，甚至邀请他一起去度假。在那里，他向凯瑟琳求婚，凯瑟琳答应了。这是一场不同寻常的结合。凯瑟琳·杜瓦比他大 7 岁，似乎很少参与他和朋友们一起享受的知识生活——我们甚至可以怀疑她是否也参与了他的笑话。她受到了大多数作家的严厉批评，他们说她有时很难相处，有时甚至会嫉妒，但说这些话的一些人并不是很了解她，或者说有自己的偏见。正如我们将看到的，她有时赞成麦克斯韦的观点，也有反对的观点。可以肯定的是，当时他们两人都很孤独，在找到终生伴侣的过程中分享了喜悦，或许也得到了解脱。麦克斯韦用诗歌表达了他的感情：

> 相信我，春天就要来了，
> 所有的花蕾都在膨胀，
> 一年中所有的荣耀都在于，
> 那些花蕾的生长，
> 绽放的花蕾揭示了什么？
> 告诉我们——生命在奔腾流淌，
> 还有一些嫩芽依然紧闭着，
> 我们最终会知道其中还有什么被隐藏。
>
> 我在花蕾中徘徊良久，
> 怀疑这个季节，

> 冬天的严寒使我浑身冰冷，
> 我期待着寒冬快快过去。
>
> 现在我不再怀疑或等待了，
> 我所有的恐惧都消失了，
> 夏天来了，亲爱的，虽然晚了，
> 雾和霜都被吹散了。[6]

这确实是一段快乐的时光，他信中隐喻的词句比平常更加丰富可见。他在刘易斯·坎贝尔的婚礼上担任伴郎。坎贝尔现在是布莱顿的圣公会教区的牧师。在这里，他告诉坎贝尔他自己订婚和婚礼的大概日期，并邀请他带妻子去格伦莱尔：

> 今天我们已经完成了一些事情，接着就要考虑双方的结合了。粗略估计是在六月初……五月初我在家会很忙，接着我计划去剑桥，去伦敦，去布赖顿。之后，我们将一起在阿伯丁，协调商量。然后，我们就躲开众人，把我们自己投身到欢乐之中，我们将毫不畏惧地尽情欢乐，我们期盼着，准备好迎接来自布赖顿的人们。

麦克斯韦在格伦莱尔度过了一个月的"阳光、风和溪流"的蜜月后，回到了工作岗位。如果有人认为他已经放弃了电和磁，这是可以原谅的，但实际上这个话题从来没有远离他的大脑，用他的话来说，思想是"发酵和熬制的"。与此同时，在一个完全不同的话题上，他有了一个真正的天才发现。如果他其他什么都不做，单凭这一点就足以在科学史上留下他的印记。当他拿起一篇论文时，他的思想开始狂奔。这篇论文是德国物理学家鲁道夫·克劳修斯（Rudolf Clausius）发表的一篇关于气体扩散速率的论文——举例来说，打开一瓶香水穿过房间时气体会扩散。克劳修斯是气体动力学理论的追随者，该理论最初由瑞士物理学家和数学家丹尼尔·伯努利（Daniel Bernoulli）提出的。伯努利将温度和压力等性质归因于气体中分子的运动。例如，大气压力可以通过分子运动来解释，但前提是空气分子的运动速度非常快——每秒数百米。那么，为什么香水的气味要花几秒钟才能穿过一个房间呢？克劳修斯的解释既令人信服又令人难以置信。这些分子永远在碰撞和改变方向——当它穿过一个房间时，一个分子实际上已经移动了好几公里。分子运动的惊人速度首次变得明显起来。麦克斯韦是这样描述的：

> 如果你以每分钟 17 英里的速度前进，一秒钟走 17 亿次全新的路线，一小时后你会在哪里？[7]

动力学理论变得越来越可信，并赢得了人们的支持，尽管当时还没有人能确定分子是否存在。但有一个关键点：温度被认为取决于分子的速度——速度越快，温度越高——但在给定的温度下，所有分子的运动速度是否相同？这看起来不太可能，但是，如果不是，那么速度的分布是什么，到底是怎么算出来的？麦克斯韦用几个小段落的证明就解决了这个问题，这看起来就像是一个魔术戏法，显示出分布是一个不平衡的钟形的形状。这就是分子速度的麦克斯韦分布，是物理学中的第一个统计定律[8]。麦克斯韦打开了通往新的科学领域的大门——特别是帮助我们正确理解热力学、统计力学和量子力学中概率分布的使用。

麦克斯韦提出了新的定律，并在同一篇论文中做出了一个重要而惊人的预测：气体的黏度，即它的内摩擦，与压强无关。这是因为，在更高的压强下，被更多分子包围的运动物体的拖曳效应正好被它们所提供的屏蔽效应所抵消。用实验来验证所做出的预测是至关重要的——一个错误的判断会摧毁掉整个动力学理论，但是一个正确的判断则会大大地加强它的可信度。正如我们将要看到的那样，麦克斯韦后来在凯瑟琳的帮助下在家里完成了这个实验。在论文的其他地方麦克斯韦却犯了个错误，他在一次计算中漏掉了一个因子 8000，因为他忘记了单位换算中把公斤换算成英磅,把小时换算成秒!尽管存在这些缺陷,他的论文《气体动力学理论的图解》(Illustrations of the Dynamical Theory of Gases)还是让人赞叹不已,并把麦克斯韦推上了物理学家的第一梯队。然而,第一个认识到麦克斯韦将统计学引入物理学方面所取得的全部成就的人,当时还是一个在维也纳的学生,他直到五年后才看到这篇论文。路德维希·玻尔兹曼(Ludwig Boltzmann)那时深受麦克斯韦动力学理论研究的启发,在职业生涯的大部分时间里,他都在进一步发展着这门学科。在麦克斯韦以后的一生中,两人开始了一场网球比赛:每个人都受到对方工作的启发,并促进了理论的进一步发展。实际上,他们是一种了不起的伙伴关系,虽然他们自己从来没有这样想过。令人高兴的是,他们的名字在麦克斯韦-玻尔兹曼分子能量分布中联系在了一起。

麦克斯韦的课程呢?尽管他在教学上有很强的进步思想,但遗憾的是,他自己并不擅长教课。然而学生们还是很喜欢他。学生一次只能从大学的图书馆里借出两本书,但是麦克斯韦为他们借出了更多书,这是教授们可以为朋友们所做的事情。他认真备课,一开始讲得很好,但随后就被刘易斯·坎贝尔所说的"一种模棱两可、自相矛盾的精神所吸引,对于这种精神,虽然他意识到了它的危险,但是这种精神往往会违背自己的意愿控制他。"他会在课堂上穿插一些插图和隐喻来帮助学生,但这些却反而让大多数学生不知所措。更麻烦的是,他在黑板上板书时写错了不少代数式,然后又花费时间去查找和纠正。然而,许多学生对他仍然记忆犹新。一个学生这样写道:

但是,(比其他教授)更引人注目的是,克拉克·麦克斯韦,是后来世人所知的一位罕见的学者和科学家,一个有高尚心灵的基督徒绅士,他有着优雅体贴的品格,能够用他作为一名教师所具有的品质把他的班级和他自己维系在一起。[9]

对于一些人来说,他真的很能鼓舞人心。大卫·吉尔(David

Gill）是好望角皇家天文台的主任，他回忆道：

> 讲座结束后，克拉克·麦克斯韦曾经留在教室几个小时，因为我们当中有三四个人想要提问或对自己提出的观点进行讨论。他还会给我们展示他当时发明并正在实验的设备模型，比如他的旋进器、彩盒等。这些是我最单纯的快乐时光。[10]

不过吉尔对凯瑟琳却没有那么美好的回忆。他说，有时，当麦克斯韦的"糟糕的妻子"出现并叫他提前回家吃晚饭时，下午愉快的讲座就不得不结束了。也许早早地用晚餐的习惯是在麦克斯韦在机械工人夜校上课的时候养成的习惯。在与工人们交谈时，他似乎能够避免"离经叛道和自相矛盾的精神"。在他离开阿伯丁很久之后，人们还能够记住他的课。一位农民回忆说，他的朋友被逼迫着站到垫子上，而教授则"抽打电力装置"，使他朋友的头发竖起来。[11]

如此优秀的论文写作者，而且对教育的原则有着强烈而健全的见解，却在课堂上遭受如此的痛苦，这似乎是自相矛盾的。正如坎贝尔所观察到的，麦克斯韦发现，他博大精深的学识和学生们朴素的认知之间的鸿沟很难跨越。经过多年与他父亲的自由交谈之后（他父亲总是能够从他的细微之处理解他的意思），他思维敏捷的头脑，养成了总是在联系、暗示、类比和比较的习惯，而且他发现很难抑制这种习惯，而这些是大多数学生都无法做到的。在正式场合不会出现这些问题，因为正式场合下他不得不放慢语速，就像写作时那样一个单词一个单词地呈现出来。我们可以肯定地说，在教学方面，就像在其他方面一样，麦克斯韦尽了最大的努力。

玛丽沙尔学院并不是阿伯丁唯一的大学，此外还有国王学院——当时整个苏格兰只有三所大学。难道他们不应该联合起来以获得规模经济吗？一些重要人物也是这么想的，于是就成立了一个皇家委员会来对此事进行裁决。曾经有关于"联合"的讨

第十一章　这儿没有人能够理解玩笑话

论——共同管理一些职能差别不大的部门——但委员会决定支持"融合",即教授人数减半的完全合并。合并后的阿伯丁大学只需要一位自然哲学教授,而他们选择的人是麦克斯韦在国王学院的同行。做出这个不寻常决定的原因之一是,不聘用麦克斯韦是一个更划算的选择,因为他的任期还不够长,还没有资格领取养老金。另一种说法是,他的对手是一个老练的谈判者,被称为"狡猾的"汤姆孙。至于麦克斯韦的研究,知道其重要性的人很少,而知道其重要性的这些人又没有一个住在阿伯丁。

就在这个时候,麦克斯韦听说他的老导师詹姆斯·福布斯已经接受了圣安德鲁斯大学的校长职位,留下了爱丁堡大学自然哲学教授的空缺。这将是一份很棒的工作,当然,麦克斯韦也申请了。但这个职位对他的老朋友 P. G. 泰特也同样有吸引力,泰特想从贝尔法斯特回到苏格兰,他也申请了这个职位。他们又一次成了竞争对手,这次泰特胜出了。选择泰特的理由并不像我们想象的那么奇怪——实际上泰特是一位一流的数学物理学家,是一位杰出的演讲家,风度翩翩。他也是麦克斯韦在需要数学的时候第一个去寻求帮助的人。麦克斯韦在他自己的国家两次遭到拒绝后,他又去别处寻找工作,发现伦敦的国王学院需要一位自然哲学教授。他申请了这个职位并被选中。

与此同时,麦克斯韦还有很多事情要做。除了准备发表关于动力学理论的伟大论文之外,他还写了另外一篇关于弹性球体的论文,并向伦敦皇家学会提交了一份关于他的色视觉实验的报告,为此,他很快获得了皇家学会的鲁姆福特(Rumford)奖章。在家里有房地产生意需要打理,作为格伦莱尔的地主,当地居民也期待他能够在地方事务中发挥领导作用。麦克斯韦以他的父亲为榜样,尽心尽力地承担起这个角色——例如,帮助附近科索克(Corsock)村的一座新教堂募集捐款。夏天的时候,他去看马展,给凯瑟琳买了一匹漂亮的海湾小马。他回来后不久就发高烧,病得很重。那是因为得了天花,几乎可以肯定是在集市上被传染上的，天花几乎要了他的命。麦克斯韦坚信是凯瑟琳的悉心照料救了他的命。麦克斯韦在床上躺了几个星期，体力和活力才一点一点地慢慢恢复了，他终于能够把那匹新买的小马查理拉进来，在马鞍上面铺了一块绒毯，然后骑上去，就像女士骑马的习惯一样。一年之后，即1860年10月，他和凯瑟琳长途跋涉，南下前往伦敦。

第十二章

光的速度

1860—1863 年

法拉第、麦克斯韦和电磁场：改变物理学的人

国王学院位于斯特兰德（Strand），成立于1829年，是英国圣公会用于替代新的非教派的伦敦大学的，伦敦大学现在被称为大学学院，它本身是代替严格的英国教会大学——牛津大学和剑桥大学而建立的。它的教育任务是让年轻人为适应迅速变化的世界而生活和工作做好准备。与剑桥大学和阿伯丁大学提供的传统课程不同，国王学院的课程与今天的大学很相似。国王学院不仅开设了化学、物理、植物学和经济学等现代学科的课程，还开设了专门设立的法律、医学和工程学课程。

29岁时，麦克斯韦发表了他的第二次就职演说。过去的经验证实了他在阿伯丁所介绍的主题的正确性——他的工作是帮助人们独立思考——他进一步发展了这个观点：

在这门课上，我希望你们不仅能学到结果，或者是我们以后实践中可能出现的公式，还能学到那些公式所依赖的原则，没有这些原则，这些公式就只是垃圾。

我知道人类的思维倾向是做任何事情而不是去思考。但是，脑力劳动不仅仅是思考，那些有劳动习惯的人往往发现，制定一个公式要比掌握一个原理容易得多。[1]

演讲结束时，他给自己和学生们传达了这样一个信息：

最后，我们还有电和磁科学，它们是根据物质的条件来处理某些吸引、热光和化学作用的现象，而我们对这些现象只有部分的和暂时的了解。人们已经收集了大量的事实，这些事实已被整

理成有序的，并以若干实验法则的形式表达出来。但是这些法则最终从一般原则中推演出来，以何种形式出现，仍然是不确定的。这一代人没有权利抱怨已经取得的伟大发现，好像他们没有留下任何改进的余地。它们只给科学提供了更广阔的疆界，我们不仅要恢复已知科学领域的秩序，而且要持续不断地在科学的世界中开疆辟土。

在四年之内，他就通过开拓科学知识的新的广阔领域，把上述演讲变成了现实。

麦克斯韦夫妇在新开发的肯辛顿区租了一套房子，靠近海德公园（Hyde Park）和肯辛顿花园的大空地，那里是散步和骑马的好地方。除了乘坐马车上下班以外，在天气晴朗的日子里，詹姆斯还会精力充沛地走4英里路去上班。他先是穿过公园，然后沿着皮卡迪利（Piccadilly）大街，经过阿尔伯马尔（Albemarle）街英国皇家科学研究所几码远的地方。法拉第现在已经退休了，住在汉普顿宫，但他仍然定期来英国皇家科学研究所，尽管没有文字记录，但是我们可以相当肯定地说，他和麦克斯韦偶尔会在那里见面聊天。可能就是在这样一个场合，法拉第要求麦克斯韦去著名的周五晚上的演讲会去发表演讲。麦克斯韦自然地接受了，并选择了色觉作为演讲的主题。

这是证明三色原理的绝佳时机——眼睛的三组受体将它们各自的信号传递给大脑，然后大脑将它们结合起来，制造出你"看到"的颜色。但麦克斯韦的彩色实验装置实在是太小了，后排的人看不清楚，他的彩盒一次只能供一个人使用。还需要做些事情来予以改进，比如制作一个彩色照片。黑白摄影的技术现在已经很出名了，他的新同事托马斯·萨顿（Thomas Sutton）就是这方面的一位专家。他们设计了一个简单的计划。拍摄同一物体的三张普通照片，一张通过绿色滤镜，一张通过红色滤镜，一张通过蓝色滤镜；然后将它们通过同样的滤镜投射到屏幕上，将三束光叠加起来形成一个图像。实验进行得很好；当一块格子呢缎带的图像以绚丽的色彩出现在屏幕上时,英国皇家科学研究所的观众们都被迷住了。麦克斯韦制作出了世界上第一张彩色照片。[2]

现在是时候让我们谈谈在"独立于意识引导的心灵"中所形成的关于电和磁的思想了。在他六年前的第一篇论文中,他采取了一个假想的轻质流体的流动作为类比,证明了静电场和磁场的已知公式不依赖于正统的假设,即力由相距一定距离的物体的相互作用引起的;它们同样可以从法拉第的空间力线理论中得到。正如我们已提到的,麦克斯韦很早就被法拉第作品的完整性和力量所震撼,多年来潜意识里的思考让他越来越相信法拉第是正确的,空间中确实"存在"着力场。

实际上,在麦克斯韦的就职演说中,他为自己制定了一个宣言:提出一个理论,通过从一般原理中推导出所有已知的电磁场实验定律。简单地说,这些定律是:

1. 同种电荷相互排斥,异种电荷相互吸引,两者的作用力与相互之间距离的二次方成反比。

2. 同性磁极相互排斥,异性磁极相互吸引,两者之间的作用力与相互之间距离的二次方成反比。但磁极只能成对地存在,所有的磁性,甚至是永久铁磁体,都可能是由电流产生的。(下面的第三个定律表明,任何电流回路都像磁铁一样,在回路的一侧是北极,另一侧是南极。)

3. 导线中的电流在导线周围形成一个圆形磁场,其方向取决于电流的方向。

4. 穿过导电电路的变化磁场或磁通量在电路中产生电流,其方向取决于磁通量是增加还是减少。[3]

尽管早前威廉·韦伯曾经做出了勇敢而巧妙的尝试,但并没有建立起令人满意的完整理论。他的高度数学化的理论基于超距作用,要求电荷之间的力不仅取决于它们之间的距离,还取决于它们的相对速度和加速度。尽管麦克斯韦很尊重韦伯的工作,但他的直觉却对这些假设和整个概念感到迷惑不解。麦克斯韦确信,真正的理论是在法拉第指出的道路上,而他是通过一个恰当的类比而最终找到它的。

他寻求一种机械式的类比,既可以表示变化的场,也可以表示静态的场。这是一个艰巨的任务,但他的想法最终形成了一个有希望的结果。有理由假设磁场中有转动的东西。一方面,这有助于解释为什么磁力作用于电流周围的圆周上。另一方面,法拉第已经证明了当偏振光通过强磁场时,它的光偏振面会发生旋转。旋转就相当于是流体中的涡旋,流体中的涡旋沿着它的自旋轴自然收缩并向外延伸。我们可以想象,所有的空间都充满了流体,其中可以存在涡旋,在空间的某个区域,有一个相邻的涡旋系统,它们以同样的方式旋转,它们的轴互相平行。沿着它们的长度方向会有一种张力,每一个都会对旁边的涡旋施加侧面的压力。这一性质与法拉第的磁力线完全类似,磁力线在长度方向上施加张力,在彼此之间施加排斥力。

随着他的思想的发展,麦克斯韦将模型中的流体涡旋替换为可以旋转的固态的、微小的、致密的球形微元。当它旋转时,每个微元在赤道上会膨大而在两极会扁平化,所以许多的微元绕平行轴旋转的综合效应就产生了涡旋——纵向有张力,侧向有压力。这正好对应于法拉第的磁力线的属性。为了简单起见,我们现在就从涡旋转换到微元,而实际上当时麦克斯韦还没有这么做。

还需要另外两样东西:一种是让微元旋转,另一种是防止相邻微元的边缘相互摩擦。麦克斯韦在一次假设中同时解决了这两个问题。为了防止相邻的微元互相摩擦,他将更小的粒子放在它们之间,使它们像滚珠轴承或工程师放置在两个需要朝同一个方向转动的齿轮之间的"空闲轮"。然后灵感来了:假设这些微小的粒子是电粒子。在电动势存在的情况下,它们会沿着微元间的通道移动,形成电流,正是这种运动使得微元旋转。

微元的旋转使其沿旋转轴的收缩表征了磁力线;微元旋转得越快,收缩越大,力也就越大。根据麦克斯韦所给出的法则,力从北向南的方向，就像右旋的螺丝一样，如果它像微元一样旋转的话。围绕着它们的"赤道"旋转的微元的膨胀代表了磁力线之间的横向排斥。麦克斯韦正在向着胜利前进，不过他仍然需要考虑法拉第的另一个发现：不同的物质具有不同的磁性。有些，如铁和镍，具有很高的磁感应能力（它们能很好地传导磁力线）；而另一些，如木材，甚至比真空（它们是抗磁性材料）的感应能力更低。麦克斯韦用他惯有的灵敏解决了这个问题。到处都是他虚构的微元，这些微元与任何普通物质共存，占据同一个空间，他简单地使每个微元的密度与存在于同一空间中的任何普通物质的诱导能力成正比——微元密度越大，则物质越容易产生磁力线。同样地，微元密度越高，在给定的旋转速率下，纵向收缩和横向膨胀的力就越大。在麦克斯韦的类比中，这些力表示磁通量的浓度或密度。但如果微元无处不在，为什么它们不明显呢，它们如何能与普通物质共存？麦克斯韦并没有被这样尴尬的问题吓倒。微元的质量密度可能非常低，低到对普通物质没有明显的阻碍，因此任何已知的仪器都无法探测到。只要它们有质量并且旋转得足够快，它们就会沿着它们的自旋轴收缩，从而产生必要的力。无论如何，它只是一种概念模型，一种思维的辅助而已。

密度不是微元以这种方式变化的唯一属性。在绝缘体中，微元或者局部的微元群，会附着在它们的带电粒子上；但是在良导体中，比如铜线，粒子可以自由运动。这种"附着"代表了材料的电阻——理想导体没有电阻，理想绝缘体是完全"附着"的。现实世界的材料则介于两者之间。微小的电粒子与微元有滚动接触但是没有滑动。在均匀不变的线性磁场中，粒子不会移动，它们会随着微元一起旋转。但是，如果一排粒子没有旋转就会移动，从而形成了电流，那么它们就会使它们接触到的微元旋转——这正是在载流导线周围形成环形磁场所需要的条件，也就是上面的第 3 条定律。如果粒子旋转和移动，由于它们运动而产生的圆形场会由于它们的旋转而叠加在线性场上。在定律 2 中，磁场力已经被解释了，而平方反比定律仍具固有特性——尽管这个机制比麦克斯韦在剑桥时的流体模型要复杂得多，但本质上仍然是一个几何问题。[4]

接下来，被麦克斯韦模型所成功解释的是定律 4：通过导电电路的变化磁场在电路中产生电流——法拉第电磁感应定律。麦克斯韦选择证明等效情形——当电路中有电流时，如磁场变化，那么该电路附近的另外一个独立电路中就会感应出脉冲电流。这正是法拉第在 1831 年铁圈实验中发现的效应，麦克斯韦详细地解释了他的模型是如何模拟铁圈的。他画了一张图，给这些微元画成六边形截面，"纯粹出于艺术原因"，我们可以看到，图 12.1a~d 稍微做了点小变动。

这些图显示了一小块空间区域的横截面。沿着 AB 的微元粒子在一根电线中，这条电线是一个带有电池和开关的电路的一部分，最初是开路状态。那些沿着 PQ 的微元粒子是在另一根电线中，是另外一个独立电路的一部分，没有电池或开关。AB 和 PQ 上的微元可以自由移动，因为它们是导体，但附近的其他微元是非导体，只能在固定位置旋转。AB 和 PQ，当然，是不可思议的细线，而且不可思议的紧密，但这只是为了让图紧凑些；麦克斯韦提出的设想同样适用于包含许多行微元的正常大小和正常间距的电线。论证是这样的：

假设一开始磁场为零，然后开关断开，使所有微元都静止不动（图 12.1a）。合上开关将电池引入电路时，AB 线上的微元不旋转地从左向右运动，形成电流。这导致 AB 两端的微元行向相反的方向旋转，从而在导线周围产生一个圆形磁场。PQ 中的微元现在被夹在 AB 侧旋转的微元和另一侧静止的单元之间，因此它们开始（顺时针）旋转，也就开始从右向左移动，与 AB 运动的方向相反（图 12.1b）。

但是在包含 PQ 导线的电路中有一些电阻（所有的电路都有），

| 法拉第、麦克斯韦和电磁场：改变物理学的人

所以在那里的微元，在最初的快速旋转之后，会减慢速度，导致 PQ 上方的微元开始逆时针旋转。很快地，侧向移动将停止，尽管它们还将继续旋转。此时，PQ 上一行的微元将以与 PQ 下一行中的微元相同的速度旋转（图 12.1c）。

当开关再次断开时，断开电池，AB 上的微元停止运动，AB 两侧的微元也停止旋转。PQ 中的空微元现在被夹在 AB 侧的静止微元和另一侧的旋转微元之间，因此它们开始从左向右移动，与原来 AB 电流的方向相同（图 12.1d）。含有 PQ 的电路中的电阻又一次使那里的微元的转速减慢。这一次，当它们的侧向运动停止时，它们就不会再旋转了。我们就又回到图 12.1a 所示的状态了。

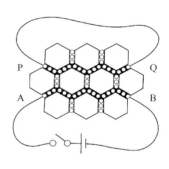

图 12.1a 开关断开时的电路
所有微元都是静止的
没有电流
没有磁场
（经约翰·比尔斯兰德同意使用）

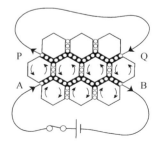

图 12.1b 开关合上：
AB 电流从左向右
PQ 电流从右向左
AB 下方的微元顺时针旋转，导致磁场方向指向纸内
AB 和 PQ 之间的微元逆时针旋转，导致磁场指向纸外（三维情况下，圆形磁场将环绕着 AB）
PQ 上方的微元静止不动
（经约翰·比尔斯兰德同意使用）

第十二章 光的速度

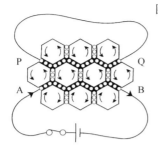

图 12.1c 合上开关后的很短时间
PQ 电流流动缓慢并最终停下来
AB 上方的微元开始逆时针旋转，电流停下来，储存起来，AB 上方的微元开始逆时针旋转，到电流停止时，微元以与 PQ 下方的行以相同的速度旋转。
（经约翰·比尔斯兰德同意使用）

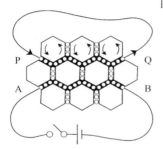

图 12.1d 开关再次断开：
AB 电流停止
在 AB 上方和下方的行中的微元停止旋转。
PQ 电流从左向右流动。
电流将变慢，然后停止；情况将如图 12.1a 所示。
（经约翰·比尔斯兰德同意使用）

因此，在 AB 中打开一个稳定的电流会在 PQ 中产生一个相反方向的电流脉冲，而关闭电流会在 PQ 中产生一个与初始电流方向相同的电流脉冲。更一般地说，AB 电路中电流的任何变化都会通过与之关联的变化磁场，在另外一个独立的 PQ 电路中产生电流。同样，通过线圈的磁通量的任何变化都会在线圈中产生电流。这样，上面的第 4 个定律就被成功地解释了。如果用交流发电机来取代 AB 电路中的电池，交流电也会在 PQ 中产生交流电。这正是我们电力供应系统中的变压器的工作方式。

最后，来对法拉第所谓的电张力状态来给予物理解释。法拉第曾认为这种状态是一种应变，它存在于导线中，当导线置于磁场中，只有当磁场改变时才会显现出来。例如，在他的铁环实验中，在次级电路中都出现了短暂的电流，因为周围的磁场已经被切断了。麦克斯韦的解释是不同的，但效果是一样的。麦克斯韦模型中的微元是有惯性的，所以，当它们旋转时，就像一个旋转动量的存储库。任何动量的改变都伴随着力，就好像一辆汽车突然停下来时把你从座位抛向前方的力一样，在这种情况下就是驱动电流沿着导线方向的电动势。在麦克斯韦的模型中，电动势驱动着代表电粒子的细小的微元。法拉第的电张力状态就是麦克斯韦所谓的"电磁动量"的标志，在电场中的每一点都有一个确定的值。[5]

最难以捉摸的定律是上述第 1 条关于电荷之间的力的定律，通常被称为"静电力"。对于目前的麦克斯韦来说，却没有办法将它们引入模型。没有得到一个完整的理论是令人失望的，但是麦克斯韦在 1862 年的春天，用严谨的数学写下了他的研究结果，并在一篇名为《论力的物理线》（On Physical Lines of Force）的论文中分两部分发表出来。[6] 正如他在早期发表的论文《论法拉第的力线》时所做的那样，麦克斯韦小心翼翼地提醒读者不要照字面意思去理解这个模型：

> 我并没有把它作为一种存在于自然界的联系方式提出，甚至也没有把它作为一种我愿意同意的电假设提出。然而，它是一种联系方式，在原理上是可以想象的，而且很容易研究，它有助于揭示已知的电磁现象之间的实际的机制上的联系；因此，我冒昧地说，任何一个理解这一假设的暂时性和临时性的人，都会发现自己在寻求对这一现象的真正解释时，与其说是受到了它的阻碍，不如说得到了它的帮助。[7]

事情似乎会继续下去。暑假在格伦莱尔时，一个想法开始具体化。为了在不损失能量的情况下将内力传递到它们自己身上，他的微元需要有一定的弹性。这能解释电荷间的作用力吗？在绝缘体中，代表电粒子的小"微元"不能自由移动，而在导体中则能自由移动——它们被邻近的微元所影响。但是，当电动势试图移动绝缘体中的粒子时，相邻的弹性微元就会扭曲，使粒子能够移动的距离很短。扭曲的微元会试图弹回到原来的形状，施加一种恢复力——扭曲越大，力就越大——粒子就会移动，直到这个力足以平衡电动势。小的电粒子的短暂运动代表了绝缘材料内部的一般电位移。如果所有的物质都是由分子组成的，（这似乎是可能的。）每个分子内都会发生电荷的位移；换句话说，就像法拉第推测的那样，分子会产生电极化。（虽然法拉第不相信原子的存在，但他确实相信物质中的小粒子会以这种方式极化。）麦克斯韦即将进入一个全新的领域。不管空间是否被普通物质所占据，他的运动微元和空闲微元的组合遍布了所有的空间。因此，根据这个模型，甚至在没有分子被极化的真空中也会发生电位移！

法拉第发现，物质传导电力线的能力，正式地说是物质的感应能力，是不同的。麦克斯韦在他的模型中，通过赋予每个微元一定程度的弹性来考虑这种不同，这种弹性与任何种类的感应能力相对应。如果这种材料是受到电动势影响的绝缘体，那么模型中的小电粒子移动的距离将不仅仅取决于力的强度，而且还取决于材料的感应能力。如果材料具有较高的感应能力，那么微元就具有柔软的弹性，使得粒子能够相对长距离地移动；但是如果材料的感应能力很低，那么微元就会变得僵硬，几乎不会让粒子移动。粒子移动的距离代表了材料中的电位移，位移构成了电磁感应或电磁通量。这与法拉第的发现是完全吻合的：对于给定的电动势，材料中的电通量与其感应能力成正比。

因此，第 1 条定律中的静电力与平方反比定律就能够一起得到解释了。对于磁力，平方反比定律是模型所固有的，其本质上是一个几何问题。[8] 麦克斯韦模型对这些力的解释与法拉第的观点一致，法拉第认为这些力是绝缘材料中某种张力（应力）的体现。在麦克斯韦的模型中，张力（应力）存在于扭曲的微元中，每个微元都试图恢复到原先的形状。对麦克斯韦来说，就像法拉第一样，这种解释在物理上比大多数人喜欢的超距神秘行为更加令人满意。例如，两个相对带电的物体之间的静电力并不是两物

法拉第、麦克斯韦和电磁场：改变物理学的人

体之间沿直线以某种方式相互吸引的结果。它产生的原因是周围的绝缘材料（可能只是空间）作用于两个物体，把它们联系到一起。

麦克斯韦向我们展示了，不仅在像磁铁和电线这样的物体上，而且在它们周围的空间中，电和磁力是如何以能量的形式存在的。磁能类似于动能，即运动中的物体的能量，就像运动中的火车或运动自行车上的飞轮；电能类似于势能，就像卷曲弹簧中的势能。这两种形式的能量是不可分割地联系在一起的——一种能量的变化总是伴随着另一种能量的变化。他已经证明了它们是如何按照所有已知的电磁现象的规律一起行动的。这是一项巨大的成就，但事情并没有就此止步：该模型还预测了两种新的现象，这两种新现象都是如此的显著，以至于当时还没有任何人能够预见到。

麦克斯韦提出了一个惊人的论断，即在一种完美的绝缘体材料中可能存在短暂的电流。这是他的电位移概念的一个简单结果：在移动过程中，微元间微小粒子的微小运动实际上是短暂的电流。麦克斯韦称之为"位移电流"。此外，他的微元和粒子遍布空间的每一个区域，无论这个区域是否有普通物质。因此，根据这个模型，电动势对真空的作用方式与它们对其他绝缘材料的作用方式完全相同：当它们的邻近微元扭曲时，粒子会移动很短的距离。换句话说，位移电流甚至会在真空中发生！他发现了把电和磁结合起来的难以捉摸的最后一环。已知的电和磁定律缺乏对称性和完整性，但随着位移电流的存在，一切都符合一个简洁而美丽的理论。然而，即使对麦克斯韦来说，这也不是显而易见的。他还看到了别的东西。

任何既具有弹性又具有惯性的介质都应该能够传播"波"，而麦克斯韦提出的模型中的介质两者都有。他考虑了电场和磁场的波动如何在微元的集合体中传播。正如我们所看到的，当电动势第一次作用于绝缘介质时，即使是真空，也会有短暂的电流，因为这些小粒子在被其临近微元的回弹力阻止之前会移动很短的距

离。这种运动将通过每一边的微元传递到相邻的粒子，然后通过下一层微元传递到更远的粒子。这个过程不会是瞬时的，因为内部弹性力必须通过每个微元传递，它们需要时间来克服微元质量的惯性。因此，每一次粒子的抽动，伴随着微元的振动，都会以波动的形式展开。粒子的扭曲运动表示电场的波动，而微元的扭曲运动则表示磁场的波动。这两种物质是不可分离的，它们结合在一起，在所有的空间中发出能量波。麦克斯韦预测过电磁波。法拉第在他 1845 年的"光线振动"讲座中提出的"推测的阴影"——电和磁线的振动会以波的形式传播——现在这一观点能够站在更坚实的理论基础上了，尽管还有争议。

数学家已经研究了波动，并确定了两种已知的类型。那些局部运动与波的传播方向平行的波动，如声波，叫作纵波；而那些像海或绳中的波，运动方向与波的传播方向垂直的波动，叫作横波。值得注意的是，麦克斯韦的电磁波是双横波：电场和磁场的波动彼此垂直，而波的传播方向与两者垂直。

众所周知，光波是横波，这就提出了一个引人注目的问题：光波可能是电磁能量的一种形式吗？光速已经通过实验被测量出来了。而麦克斯韦则计算出了他的波在真空或空气中的速度，等于电荷的电磁单位和静电单位的比值。[9] 这是一个基本量，只能通过一个极其困难的实验来确定，而这个实验只由威廉·韦伯和他的同事鲁道夫·克拉奇（Rudolf Kohlrausch）进行过一次。麦克斯韦需要把他们的实验结果转换成不同的单位系统，但这是一个简单的问题。然而，他并没有把参考书带回到格伦莱尔的家里，整个暑假他都在期待中度过。10 月份麦克斯韦回到了国王学院，他查阅了韦伯和克拉奇的实验结果，并进行了计算和认真比较。在真空（或空气中）他预测的波的速度是 310 740km/s。阿曼多-希波莱特-刘易斯·菲佐（Armand-Hippolyte-Louis Fizeau）测量了光速为 314 850km/s。麦克斯韦计算结果和费佐的实验结果太接近了，当然结果不可能完全相同——但是只有略大于 1% 的差异，完全是在两个实验中可能出现的误差范围之内。光一定是电磁波。

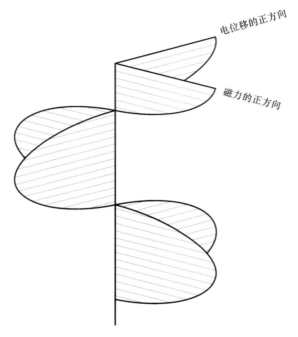

图 12.2　麦克斯韦电磁波的图解（经 Lee Bartrop 同意使用）

他原先并没有打算将他的论文《论力的物理线》的第一部分和第二部分再予以扩展，但是现在他着手写第三部分了——关于静电力、位移电流和电磁波，以及第四部分——关于磁场中偏振光的偏振面旋转，这是法拉第在 1845 年发现的。在 1862 年初出版的第三部分中，麦克斯韦宣布：

> 我们几乎不能回避这样的推论：光是由同一种介质的横向波动构成的，而横向波动是引起电和磁现象的原因。[10]

他把电、磁、光集成于一身，成就非凡。然而，他的声明在当时几乎没有引起什么反响。当时的物理学家们普遍认为，某种以太对于光的传播是必要的，我们可能期望他们能够接受麦克斯韦对电和磁的解释，但麦克斯韦的模型看起来是如此的怪异和笨拙，以至于当时没有人认为它正确地反映了客观实在。他的朋友塞西尔·蒙罗（Cecil Monro）的反应很典型：

> 观察到的光的速度和你计算出的在介质中横向振动的速度之间的重合似乎是一个很好的结果。但是，我必须说，在让人们认为每次产生电流时，两排轮子（微元）之间就会挤出一小撮粒子之前，我们还需要一些结果。[11]

在当时的科学思想中，有一个根深蒂固的障碍。沉浸在牛顿宇宙中的人们，认为所有的物理现象都是由某种机械作用（在适当的情况下，与重力等力相结合，在一定距离内瞬间发生作用）引起的，只要我们发现了真正的机制，所有的一切都是清楚的。麦克斯韦的模型，其实并不代表自然的实际机制，而仅仅是对思维的一种暂时的辅助，一种通过类比得出的与数学相关的方法。尽管麦克斯韦对此提出了种种警告，但人们还是无法理解这一点。他的类比用的是旋转的微元，顺便说一下：重要的是数学关系。麦克斯韦承认，这种模式"有些笨拙"，而对他的许多同时代的人来说，这只不过是一种别出心裁的但是有缺陷的尝试，试图描绘出真正的机制，以便继续寻找真理。

很可能麦克斯韦都没有意识到他的成就。他只用牛顿力学中熟悉的工具和材料，就成功地建立了一座通往不可想象的科学知识新领域的桥梁。这座桥是一座奇形怪状、笨拙不堪的建筑，但它达到了目的，令人惊奇的是，它居然建成了！除了麦克斯韦以外，没有人认为有这种需要。是什么使得麦克斯韦有别于他同时代的人呢？有两个特点很突出。

第一个特点似乎有点矛盾：在某种意义上，麦克斯韦是牛顿的忠实追随者，比他的大多数前辈和同时代的人都要忠实。正如我们所看到的，电和磁的第一个数学定律是以重力定律为模型的。根据牛顿的理论，两个质量之间的引力正比于它们的乘积除以它

法拉第、麦克斯韦和电磁场：改变物理学的人

们之间距离的二次方。简单地用电荷或磁极强度来代替质量，就有了电和磁的基本定律。但是，随着库仑、安培、泊松等人的工作，人们得出了这样一个假设：这些力是在质量、两极或电荷之间的一定距离内瞬时作用的结果。牛顿本人很谨慎，没有做出任何这样的假设——事实上，正如我们所见，他曾把超距作用的行为描述为"太荒谬了！我相信任何一个在哲学方面有能力思考的人都不会陷入其中"。[12]但是这个警告已经被遗忘了，在19世纪早期和中期，仅有的两个公开挑战超距作用的著名物理学家是法拉第和麦克斯韦。

使麦克斯韦有别于他的同行的第二个特点是，他预测了真空中的位移电流，从而预测了电磁波。从实验结果来看，两者都没有任何实验上的蛛丝马迹，它们也不是由逻辑推理得到的。不管花多长时间去寻找解释，我们都会被逼回到一个词——天才——用之来形容麦克斯韦。

法拉第这时已经老了，无法阅读麦克斯韦的论文，但如果他能够发表意见的话，很有可能也不会赞同。他喜欢麦克斯韦的第一篇论文，其中将力线类比地表示为流体的平滑流动，但这篇论文也有一些他不喜欢的地方。对于法拉第来说，电磁力线是基本的、独立的、自洽的，但在麦克斯韦的模型中，从某种意义上说，它们已经被降级了——它们仅仅是他微小的微元甚至更小的粒子运动的结果。尽管麦克斯韦警告说，他的模型并非用来描述自然界的真实机制，但似乎根据他提出的假说，自然界在某种程度上就像是奇妙的原子——物体的集合一样运作——而法拉第则认为原子是不可思议的；法拉第曾经说过："为什么要假定我们不知道、不能设想并且没有哲学必要性的事物的存在呢？"[13]虽然法拉第是麦克斯韦模型的灵感来源，但有人怀疑他不会在其中认识到自己对物理现实的看法。尤其是，他会反对它依赖于一种媒介——在他看来，力线无须任何媒介就能传递自己的振动。然而，麦克斯韦的研究在一个方面超出了法拉第的范围——物理量之间的数

学关系——麦克斯韦构造模型的全部目的就是发现这些。目标已经实现,麦克斯韦现在寻求的是不依靠任何物理假设的一种普遍的理论。

现在,他把关于电磁学的研究再次放到"独立于意识的心灵"中暂时束之高阁,转而把注意力放在了另一个急需进行的实验上。他在关于气体动力学理论的第一篇论文中指出,气体的黏度应该与压力无关,但这一预测还有待验证。这是对动力学理论成败的检验。如果这个预测被证明是错误的,这个理论就会被推翻;但是如果实验结果证明它是正确的,这个理论将会得到极大的推动。以前从来没有人做过类似的实验,所以国王学院的实验室并没有相关的设备。因此,他决定在家里做这个实验。麦克斯韦被普遍认为是一个聪明的天才,事实上他也是。但他也喜欢实际的工作,在格伦莱尔的临时实验室兼工作室里,他花费了很多时间磨炼了他的技能。气体黏度问题对任何一个实验者来说都是一个巨大的挑战,但这个问题需要被解决,麦克斯韦卷起了袖子准备开始干。

在他位于肯辛顿的阁楼里,凯瑟琳是他的助手,他进行了科学史上最为壮观的家庭实验之一。一个比人还高的三脚架支撑着一个扭摆,这个扭摆装在一个巨大的玻璃箱里,由一根管子连接到一个泵上,这个泵用来提高或降低空气的压力,由于空气的黏性,它可以减弱扭摆的摆动。开始,压力密封失败了,然后玻璃壳爆炸了,但麦克斯韦坚持了下来,最终得到了一组可靠的数据,有力地验证了他的预测,即黏度与压力无关——这是气体动力学理论发展的一个里程碑。

在他那个时代,还有许多其他的呼唤,其中一些导致了技术的进步。就像法拉第响应全国重要项目的号召,进行光学玻璃和灯塔研究和制造一样,麦克斯韦也帮助了电报行业。有一个问题特别需要注意,因为它困扰着当时最伟大的技术事业——在大西洋海底铺设一条正常工作的电报电缆。1858 年铺设的第一条大西洋电缆在几周后就失败了,随后对能够恢复工作的部分进行的检查表明,它的质量很差。威廉·汤姆孙领导了一项计划,在电缆的制造和供应中引入了适当的质量控制,当时最迫切的需要是建立电阻的物理标准,以便制造商提供的电缆可以根据规格进行适当的测试。

威廉·汤姆孙为此提出了一个巧妙的实验,麦克斯韦带领英国科学促进联合会(British Association for the Advancement of Science)的一个小组在国王学院进行了这项实验。他的同事是苏格兰人福利明·詹金(Scots-Fleeming Jenkin)和巴尔佛·斯特瓦特(Balfour Stewart),詹金也曾就读于爱丁堡大学。这个想法是在地球磁场中快速旋转一个铜丝线圈,从而在线圈中产生电流,该电流具有自身的磁场,这个磁场会随着线圈的旋转而变化,但其作用是向东或向西,则取决于线圈旋转的方向。磁针巧妙地悬挂在线圈的中心,会前后摆动,但最终会与地球磁场形成固定的角度。汤姆孙设计的奇妙之处在于,磁针的偏转角度只取决于线圈的电阻,以及线圈的尺寸和旋转速度等已知因素。利用适当的公式,角度给出了线圈电阻的绝对测量值,然后可以用来校准一个方便运输的"标准"模型电阻,这个模型电阻很容易复制。这些复制品可以被带到任何地方,用来测量电缆长度或其他任何东西的电阻。

把优美的设计付诸实践并不容易。每次读数时,线圈都要用手摇动大约九分钟,以保持速度不变,詹金为此制作了一个特殊的控制装置。当机械故障或铁船通过附近的泰晤士河时,地球的磁场发生了扭曲,实验工作就不得不中止,但几个月的耐心工作终于得到了回报:世界上有了第一个电阻标准。不久,它就促成了大西洋彼岸的电报通信。1866年,威廉·汤姆孙作为董事会成员的大西洋电报公司铺设了一根电缆,不久之后又铺设了更多的电缆。

麦克斯韦工作的一个特点实际上也是他的生活的特点,是他似乎总在大步流星地走路，但是又从不匆忙。不管如何，他和凯瑟琳在大多数下午都设法去公园骑马，当然，他们继续积累关于色视觉的数据，他要求所有新来的客人都去玩色视觉方面的游戏。他们在楼上一间屋子的窗户附近安装了最新的大彩盒，过路的人一开始看到他们盯着一个看起来像棺材的东西看，都会吓一大跳。麦克斯韦还抽出时间及时阅读科学期刊，并将任何有用的信息传递给他的学生。威廉·兰金（William Rankine）对钢梁桥等结构受力的分析就是一个很好的例子，麦克斯韦在这方面做了巨大的改进。他介绍了所谓的力线图。在新图表中，聚合到实际结构中某一点的线变成了多边形，这使得不用费力的算术计算就能很容易地以图形方式计算出力——这对工程师来说是一个福音。我们可以看到，作为麦克斯韦在国王学院的继任者之一，查尔斯·库尔森（Charles Coulson）教授在谈到麦克斯韦时说："他接触到的每一个课题，几乎没有一个他不会做一些改进的。"[14]

第十三章

一门巨炮

1863—1865 年

法拉第、麦克斯韦和电磁场：改变物理学的人

经过一段时间的内在反省，麦克斯韦再一次把他的兴趣转向了电磁学，结果，诞生了一项伟大的成果，该成果将永远是世界上最伟大的科学成就之一。麦克斯韦把他的这篇论文称为《电磁场的动力学理论》（A Dynamical Theory of the Electromagnetic Field）。这一次，麦克斯韦，这个最谦虚的人，竟然开始自吹自擂起来了。在一封写给表哥查尔斯·霍普·凯（Charles Hope Cay）的长信的结尾，麦克斯韦写道：

我还写了一篇伟大的论文，其中包含了一种关于光的电磁理论。我自信，这是一门巨大的大炮。[1]

在这篇论文的第一部分中，麦克斯韦向世界介绍了一个概念，这个概念曾经是法拉第单独提出的，但现在也是麦克斯韦的研究领域：

我提出的理论可以被称为电磁场理论，因为它考虑电场或磁场附近的空间性质。也可以将它称为动力学理论，因为它假设在空间有运动的物质，而这些运动物质产生了电磁波。[2]

即使是最具创造力的理论科学家，通常也会在一个主题上完成一项伟大的工作之后，然后再继续前进。而麦克斯韦的方式则是独特的，他可以放下一个主题，而后又重新回来再研究它，并通过采取一种全新的方法，将它的研究提高到一个崭新的高度。在麦克斯韦的第一篇关于电和磁的论文中，他用不可压缩流体的类比给出了法拉第力线概念的数学表达式。在麦克斯韦的第二个

实验中，他建立了与第一次概念完全不同的旋转微元的想象模型——他承认这个模型"有点笨拙"——但却产生了显著的效果。有了这个模型，麦克斯韦不仅解释了所有已知的电磁效应，而且还预言了两个惊人的新效应：①位移电流和②以光速传播的电磁波。即使是他同时代最开明的人也认为下一步要做的应该是完善这个相当奇怪的模型。但是相反，麦克斯韦决定把这个模型放在一边，只用动力学原理从头构建理论。

这是方法上的根本改变。他不再是建立假想的模型，而是试图直接从被称为动力学定律的数学关系中发现新的科学真理。这些是对牛顿发现的运动定律，加上一个补充——能量在任何封闭系统中都是守恒的。在这篇论文中，空间能量的概念是麦克斯韦新方法的核心，他通过在论文标题中加入动力学和场的术语强调了这一点，并将其与他之前的论文《论力的物理线》区别开来。

麦克斯韦在论文的开头再次概述了他自己的方法与那些认为力可以在没有介质的情况下作用于远处的理论家之间的区别。他承认，乍一看，超距作用似乎是解释电和磁现象的最自然的方式。他对韦伯等人的工作表示了由衷的敬意，但是他明确表示，他正在超越这个乍一看似乎很自然的工作范畴，在向更深的领域挺进。他说，韦伯的理论提出了"机理上的困难"，这个困难"阻止我把这个理论看作是终极理论。"[3] 通俗地讲，这句话似乎意味着，麦克斯韦比较谦虚地暗示着他提出的理论是"终极理论"。

每个人都认为，动力学的数学定律属于实际的物体，特别是那些有杠杆、滑轮、齿轮和弹簧的机器。麦克斯韦的目标不是将同样的定律应用于物质实体，而是应用于在电或磁条件下既包含着物质又包围着物质的空间——电磁场。他已经在他的旋转微元模型中尝试过这种方法，并取得了一些成功。当时他只是通过构建一个充满了所有空间的假想机制，但这个模型已经完成了它的工作，它提供了一种架构，使人们能够获得令人惊讶的新的预测——位移电流和电磁波——但是麦克斯韦现在想要摆脱这个架构，建立一个独立于任何特定物理假设的理论。

在他看来，太空中一定有某种东西储存着电磁能量并传递力，我们有充分的理由认为，无论其形式如何，这种介质都应该遵守动力学定律，就像机械系统一样。但是，如何在数学上描述这种介质呢？他采用的方法来自于他的朋友汤姆孙和泰特，他们正处于合作完成伟大的《关于自然哲学的专著》一书的早期阶段，这是有史以来第一本关于物理学的教科书。[4] 作为准备工作的一部分，他们研究了法国和其他国家伟大数学家们的著作，这些著作在英国基本上被忽视了。其中最引人注目的是出生于意大利的约瑟夫·路易斯·拉格朗日，他开发了一种形式化的方法来分析整个机械系统的运动。每个系统，不管有多大或多复杂，都有一定数量的独立运动模式，拉格朗日推导出了微分方程，证明了这些模式与整个系统的动能和势能之间的关系。这些方程可以整齐地排列起来，就像阅兵式上的士兵一样，并在已知任何初始条件下能够通过求解来确定系统的运动。[5]

拉格朗日方法的一个显著特点是，它将系统视为一个"黑盒子"。只要知道了输入和系统的一般特性，就足以计算出输出，而不需要知道内部机制的具体细节。麦克斯韦抓住了特征，找到了一个引人注目的类比来说明这一点：

> 在一个普通的钟楼里，每个钟都有一根绳子，它从地板上的一个洞里伸下来，到达敲钟人的房间。但假设每根绳，不是仅仅作用在一个钟上，而是作用于好几个钟，每一个钟的运动不是取决于一根绳子，而是取决于几根绳子的运动。进一步假设，所有的钟都是静默的，而且敲钟人并不知道，他只能看到他们头顶上的洞。[6]

大自然的具体机制可以像钟楼里的机械一样被隐藏起来。只要它遵守动力学定律，他就能推导出电磁场定律而不需要任何模型。

第十三章 一门巨炮

自然界的隐藏机制体现在磁场中——空间中的能量中心——在麦克斯韦的拉格朗日公式中,磁场变成了一个连贯的、相互连接的系统。然而,这是一种以前从未见到过或想到过的系统。这个磁场不是幻象:它拥有可以用来做机械功的真实能量,它施加了电和磁的引力和斥力。然而,在很大程度上,它的组成部分具有抽象性。这些物理量用数学符号来表达时,它们服从于某些方程式,但它们的物理存在是我们无法用感官察觉到的。

麦克斯韦将电场所持有的两种能量区分开来:电能是势能,就像压缩弹簧一样;磁能是动能,或者说是"实际的"能量,就像飞轮中的能量一样。为了容纳这种能量,他假定所有的空间,无论是空的还是被物体所占据的,都被一种介质所包裹着,这种介质能够被启动,并能将这种运动从场的一个部分传送到另一个部分。为了保持势能,介质具有一种电弹性;为了保持动能,它具有惯性,因此每当它移动时就获得了他所说的"电磁动量"。

当受到电场作用时,弹性介质就会发生畸变——麦克斯韦称之为位移——从而储存势能并产生回弹力。产生扭曲或位移的直线是力的电力线。(当麦克斯韦在这篇论文中描述电力线或磁力线的数量时,他指的是单位力线的数量,每条线都是电或磁通量的一个单位。)空间中哪一部分的扭曲程度越高,那里的电力线密度就越大,而在普通物质世界中,恢复力表现为带电物体间的有形吸引力或排斥力。位移的任何变化都构成了一个电流——位移电流,这在他的早期论文中曾经描述过。介质的动量表示磁力线;空间中任何部分的动量越大,那里的力线密度就越大。还需要两个属性。当介质占据着与普通物质相同的空间时,即除了在真空中,其他任何地方,根据该物质分别传导电力线和磁力线的能力,其弹性和惯性都会跟着改变。

以介质的弹性和动量为代表的两种力系,与麦克斯韦位移电流密切相关。电力的任何变化都伴随着介质的弹性形变。在扭曲的过程中,介质中会有一些运动,这意味着动量,同时代表磁力。

法拉第、麦克斯韦和电磁场：改变物理学的人

所以电力的任何变化都会产生磁力。此外，同样的事情也会反过来发生：磁力的任何变化都会产生电力。这种双向的相互作用是电和磁之间连接的最后一环，也是产生电磁波的原因。

麦克斯韦也考虑了两个基本实验的结果：安培发现任何回路的电流可以相当于一个磁铁，而法拉第发现只要有变化的磁场力线穿过就会产生电动势。

在麦克斯韦所说的"驱动点"上，与普通物质世界相连的介质，在那里施加了真正的机械力，完成了真正的机械工作，就像在电动机或发电机里一样。例如，任何导电电路都可以是一个驱动点，或另一个驱动点，或两个驱动点同时存在。实际上，每一个电路都是由穿过它的磁力线与介质相连接的。这些是电场的电磁动量，它们通过电路的数量，或者与电路相连的数量，决定了电路如何与电场的其他部分相匹配。就好似齿轮传动比取决于电路的大小、形状和位置。

麦克斯韦利用他的介质和拉格朗日的动力学定律公式，能够计算出场的每个部分如何与其他部分相互作用。

我们可以从他的敲钟人类比中得到一个粗略的概念。想象一下，一长排的人骑着自行车锻炼。没有一辆自行车有普通的飞轮，但它们都是通过墙上的小孔驱动链条，并连接到同一种看不见的机械（因此，通过机械，连接到所有其他的链条）。每个骑手通过他的踏板都感受到了不同的感觉：对一些人来说，他们感到沉重；对其他人来说，他们感到很轻松。每个人都经历着不同部分的机械惯性，通过脚踏板的重量感，每个人都感觉到一些影响，虽然可能是很小的，对于每个人的脚踏板，部分由他自己的努力驱动，部分由其他人的努力驱动。如果一名骑手突然加大油门，其他骑手都会在一定程度上感受到这种影响，尽管只有在经过一段时间的延迟后，这种变化才能通过介质传播，但是这种延迟是如此之短，以至于骑手无法察觉到。

将这些类比转换回麦克斯韦的理论推理，每个骑手的脚踏板

在空间的某个地方变成了一个电路；踏板的旋转速度表示电路中流动的电流量和通过电路的磁力线的数量；看不见的机械是麦克斯韦的无所不在的动量传递介质；链环是电路与介质的磁力联轴器。我们刚才所说的运动自行车的类比是片面的——它没有说明电效应是如何通过介质的弹性来传播的——但是麦克斯韦把所有的东西结合在一起，展示了电效应和磁效应是如何结合在一起的。令人惊讶的是，介质的惯性和弹性结合的特性足以使他能够写出方程来，以决定在空间中任何时刻场的状态以及施加在任何导电电路或带电体上的物理力。

麦克斯韦的介质具有电弹性，也具有与磁力线相对应的电磁动量。这些属性都足以让他计算扰动在介质中传播的速度。麦克斯韦的计算表明，这个速度可以等价表示为电荷的电磁单位和静电单位的比例值；他已经用他的旋转微元模型，确定了这个速度为光速。现在，麦克斯韦又证明了，在没有任何模型的帮助下，光的速度只取决于电和磁的基本属性。而且，任何电磁波，包括光，都由同相的电波和磁波组成，两个波的振动方向互相垂直，且振动方向与传播方向成直角，如第十二章图 12.2 所示。

通过使用拉格朗日公式得到相关的方程，麦克斯韦不仅不需要机械模型，而且他还走得更远。在他的"动力学理论"论文中，有一种真正革命性的想法的种子：自然在物理世界中的某些活动不仅不需要机械模型，而且不能用机械的方式来解释。例如，载流电路"保持"能量。这种能量是真实的，它可以用在电动机上做机械工作，但是能量在哪里呢？不是在电线里，而是在周围空间分布的场中。这是动能，但没有运动的迹象。穿过电路的磁力线构成了电磁动量，这与我们熟悉的机械动量类似，机械动量是物体的质量乘以速度。但在电磁学中，动量是无实体的，它分布在整个空间。人们可以理解为什么 19 世纪的科学家们很难接受这些激进的想法：他们都被训练过，要根据实物去思考更多的东西，比如可以触摸和测量的碰撞台球。

法拉第、麦克斯韦和电磁场:改变物理学的人

麦克斯韦只是在改变我们关于现实的概念。他是第一个认识到物质世界的基础是我们的感官所无法察觉的。我们对它们的了解——可能是我们所能知道的一切——是它们与我们能感觉到和触摸的事物之间的数学关系。我们可能永远不会明白它们是什么,我们必须满足于以一种抽象的方式来描述它们,给它们一些符号,并把它们写成方程。正如弗里曼·戴森(Freeman Dyson)恰当地观察到的那样,麦克斯韦就是用这种方式为 20 世纪物理学的伟大胜利建立了一个原型。就像没有人能真正描绘出麦克斯韦的电磁动量一样,当时也没有人能想象出一个电子,即使它可以严格地用数学术语来定义。

麦克斯韦实现了看似不可能的目标——他直接从动力学定律中导出了电磁场理论。但是,一些人可能会说,他只是假设存在一种无处不在的介质,或者说是以太,法拉第驳斥了这个概念,后来这个概念也被人们所质疑。在我们今天看来,以太的概念是荒谬的——一种物质怎么可能如此稀薄,以至于感官难以察觉,而弹性固体或者某些类型的弹性流体,却能以光速传播横向振动呢?尽管这种批评在一定程度上是正确的,但在很大程度上却是没有意义的。

麦克斯韦的理论是建立在事实的基础之上的,是在法拉第等人在实验中建立的电和磁定律、在同样得到证明的动力学定律基础之上的。从这些数据中,麦克斯韦做出了预测——位移电流和电磁波——这些预测后来在实验中被发现是正确的。19 世纪的其他物理学家,如威廉·汤姆孙、奥利弗·洛奇(Oliver Lodge)和乔治·弗朗西斯·菲茨杰拉德(George Francis Fitzgerald)都坚信存在以太这样一种物质,并各自定义了它的工作机制,而麦克斯韦则只提供了介质的性质。虽然麦克斯韦不知道,但这些性质是爱因斯坦在狭义相对论中揭示空间和时间基本性质的前奏。麦克斯韦把他的旋转微元模型远远地抛在了后面,并把研究推向了一个崭新的高度——场,有着错综复杂的联系,在空间和时间中变

化的量之间有着内在关联，可以用抽象的符号来表征，场是 20 世纪伟大发现的基础，包括现在的粒子物理学理论，即标准模型。

麦克斯韦写下了他的发现，并以 7 部分的篇幅发表了这篇论文，其中有 12 页的内容是关于光的电磁理论的。[7]当麦克斯韦于 1864 年 10 月在英国皇家学会的一次演讲中介绍这部分内容时，听众们感到困惑不解，他们根本不知道是怎么一回事。一个基于奇异模型的理论已经够糟糕的了，而一个完全没有模型的理论则更加难以理解。我们可以对麦克斯韦和他的听众双方都表示同情。这是一篇又长又复杂的论文，很难在一次演讲中完全阐释清楚，而且几乎不可能很快被听众所吸收。此外，用到的数学还很难。它描述了不同的物理量之间如何相互作用，以及它们在时间和空间上是如何变化的。大多数物理量，例如电场和磁场强度以及通量密度，都是用在三维空间中既有大小又有方向的矢量表示的。当时很少有人懂得矢量数学，而让新手感到特别困难的是，每个矢量方程都是三维的，每个维度都有 1 个方程。麦克斯韦的理论包含 8 个方程，但其中 6 个是矢量三元组，所以总共是 20 个方程。我们可以想见，这些方程一定是很难看透的。这个理论通常以四个著名的"麦克斯韦方程组"的形式呈现，但麦克斯韦本人从未以这 4 个方程式的形式总结他的电磁理论。他倾向于保持一种更广泛的形式，指出他的 8 个方程可能很容易被压缩，但"在我们研究的这个阶段，消除一个物理量将是一种损失，而不是收获，因为这个量表达了一种有用的信息。"[8]和往常一样，麦克斯韦是对的：他在一个完全陌生的领域里建立了一个桥头堡，谨慎的做法是为未来的进一步发展保留所有的选项。在后面的章节中，我们会看到奥利弗·海维赛德（Oliver Heaviside）是如何推导出现在几乎所有人都在使用的四个方程式的。

然而，还有一个更大的障碍，比数学上的障碍要严重得多。威廉·汤姆孙是一位优秀的数学家，他毫不费力地就掌握了数学知识。当他说麦克斯韦"陷入神秘主义"时，他的观点得到了许

法拉第、麦克斯韦和电磁场：改变物理学的人

多人的支持。[9] 他和英国皇家学会的其他成员根植于他们的牛顿世界，在那里每一种自然现象都有一个机械的解释，他们完全没有看到麦克斯韦开辟了一条通往一个崭新的与过去完全不同的世界的道路。这是一个历史性的时刻。在麦克斯韦的"动力学理论"中，预示了一个非常罕见的事件。科学史学家托马斯·库恩（Thomas Kuhn）称之为范例式转变——指导科学家思维和工作的一套共同信念和方法的根本变化——但是，像很多这样的改变一样，它是不可能被轻易接受的。直到几十年之后，当新一代年轻、思想开放的科学家取代了老一辈保守派之后才被接受。正如我们将看到的，这个过程有它的冲突和意想不到的曲折。

该理论的构建是一项巨大的创造性工作，前前后后持续了十多年，并从始至终受到了迈克尔·法拉第的工作的启发。由于法拉第在他的《电学实验研究》一书中细致地记录了他的发现和想法，麦克斯韦才能够像法拉第那样去看待世界，并且通过将法拉第的愿景与牛顿学说中数学的力量结合起来，利用数学工具给我们描述了一个物理现实的新理念。但是，没有麦克斯韦自己近乎奇迹的直觉，仅仅靠数学工具是不够的；位移电流，赋予了理论奇妙的完整性。这一理论既属于麦克斯韦，也属于法拉第。

麦克斯韦在科学的队伍中展示了一门"巨大的大炮"，但是大炮要过一段时间才能够发出声音。当时没有人，甚至可能包括麦克斯韦本人，能够意识到他的成就的全部意义。但他现在在科学的世界里是一位响当当的人物了。在色视觉上和气体分子运动论的工作，以及他为英国科学促进联合会所做的电气标准方面的工作，使得他得到承认并受到尊重。他的声誉为国王学院带来了备受赞赏的荣誉，国王学院任命了一位讲师来协助麦克斯韦的工作，以减轻他的负担。至于他自己在课堂上的表现，几乎没有可靠的证据来表明他的表现究竟如何，但有可能的是，他在阿伯丁学院被困扰的一些问题仍然存在。也许他进步了一点点，也许还是像在阿伯丁一样。也有一些像大卫·吉尔这样的学生，他们

"能捕捉到他自言自语时闪现的火花",并发现他"是一种至高的灵感"。[10]

即使有了额外的帮助,麦克斯韦还是发现很难把所有东西都做完。关于动力学理论和热理论的新观点在他脑子里不断涌现,他需要时间来解决它们。关于电磁学的工作也远未完成。他想写一本内容丰富的书,能给这个主题带来急需的新的秩序,以帮助新加盟这一研究领域的人,并为自己的进一步思考奠定坚实的基础。另一个愿望是把更多的时间花在庄园和家里的其他地方事务上,并把他父亲设计和计划的格伦莱尔住宅的扩建工程付诸实施。麦克斯韦在伦敦的五年时间里,在各种各样的工作中茁壮成长,包括大学事务、做家庭实验、电磁学研究以及为英国的一些协会工作。他也很享受与其他科学家们的轻松愉快的交往,能够步行去参加英国皇家学会和英国皇家科学研究所的会议是一种乐趣。但他内心还是个乡下孩子,于是他决定辞去他的职务,以便和凯瑟琳能在加洛威过上安定的生活。直到他可以放心地把教授职位交给他的得力助手 W. 格里尔斯·亚当斯(W. Grylls Adams),这个决定就可以容易地实现了。亚当斯是约翰·库奇·亚当斯(John Couch Adams)的弟弟,约翰·库奇·亚当斯因发现海王星而获得了亚当斯奖,1857 年麦克斯韦曾经获得过此奖项。弟弟后来自己也有了辉煌的事业,成了悉尼皇家天文学家。麦克斯韦答应会给予帮助。他冬天回到伦敦,给工人们上他通常上的夜校课。

1865 年春天,詹姆斯和凯瑟琳再次小心翼翼地收拾好大彩盒准备出发,离开他们在肯辛顿的住所前往格伦莱尔。

第十四章

乡村生活

1865—1871 年

当麦克斯韦向凯瑟琳求婚时,他写了一首情诗。诗中写道:

你愿意和我一起吗?
在清新的春潮中,
我的安慰者,
穿越如此广阔的世界,
你会来跟我一起,
作为初学者度过每一天。
在美丽的峡谷上,
我们的船在燃烧。[1]

这也许不是他最好的诗句,但它不是为了让公众去看的。这是对凯瑟琳的求婚信,让她和他一起分享对他意义重大的这个家:他的父母辛辛苦苦地把自己的庄园从满是碎石头和灌木丛的荒地变成了适宜耕作的富饶的农田。当他还是个孩子的时候,他带着父亲给他的一根手杖在山上和树林里漫游,他对住在那里的每一个生物的每一个动作都很警觉。"我们乡村地区的漂亮的岩石"是乌尔河的岩石,它在格伦莱尔的庄园中发着闪亮的光。

麦克斯韦继承了父亲的传统,稳步改善了庄园。从一开始,他的父亲约翰·克拉克·麦克斯韦就打算扩建这座不起眼的房子,使得其更高更大,可惜没有足够的资金,因而他难以实现扩建房屋的雄心。麦克斯韦花了很多时间和他的父亲讨论各种可能性,画出建筑图纸。现在有机会实现这个计划了。他检查了所有的计划,在能够负担得起的范围内,在必要的地方进行了修改和调整。他还安排建筑商在第二年春天开工。生活过得很好,但有一天,麦克斯韦骑马外出时,脑袋被一棵树刮伤了。伤口看起来微不足道,但是却感染了,他病得很重。凯瑟琳的悉心护理又一次救了他的命。他躺了一个月,然后开始恢复体力,没过多久他们又能够开始骑马了。

麦克斯韦在陌生人面前仍然害羞,但他给所有他遇到的人留下了深刻的印象。我们来看看1866年遇到他的人的回忆:

> 一个中等身材的人,体格结实,步态有一定的弹性;穿着舒适而不是优雅;那张脸上既流露出睿智和幽默,又流露出深沉的思考;有着醒目而又赏心悦目的特征;眼睛又黑又亮;全黑的头发和胡子,与之形成强烈对比的是他白皙的肤色……他可能被一个粗心的观察者误以为是一个乡下绅士,或者更确切地说,是北方乡村的一个地主。然而,敏锐的眼睛会发现,这个人一定是某种类型的知识分子,而且有一种超乎寻常的智力。[2]

在叙述了对麦克斯韦的第一印象后,同一位观察者进一步描述道:

> 他有很强的幽默感,喜欢诙谐的妙语,但很少以开怀大笑来表示他的快乐。他快乐的外表和引人注目的表现可以从他特别明亮的眼睛里体现出来。的确,他的心里没有什么爆炸性的东西,而且他的笑声从来都不喧闹,他不烦躁,也不暴躁。他有一种宁静平和的性情,在享乐中和蔼而有节制,在别人烦恼或暴躁的时候,他有无限的耐心,他总是很安静。

有人怀疑,如果麦克斯韦听到对他个人品质的这样的评价,他会非常尴尬的。宁静的外表下面可能隐藏着内心的挣扎——他说他和任何人一样能做坏事——但他很少让内心的想法不受控制。他坚信,自省永远不应该在公共场合进行。在一篇使徒会名为《自传可能吗?》(Is Autobiography Possible?)的文章中,他写道:

法拉第、麦克斯韦和电磁场:改变物理学的人

当一个人开始建立自己的理论时,他通常会成功地把自己变到理论里面去。

忏悔室的胃泵只能在明显中毒的情况下使用。在一般情况下,更温和的补救措施更有利。[3]

他的宗教信仰也是一个非常私人的问题。虽然他现在是当地教区的受托人和苏格兰教会的长老,但他不受任何特定教义的约束。多年来,他数次拒绝了加入维多利亚研究所(Victoria Institute)的邀请。维多利亚研究所旨在科学和宗教之间建立起一个共同的基础。在1875年的最后一次拒绝时,他给出了自己的理由:

我认为,每个人在努力使自己的科学与基督教和谐相处的过程中所得到的结果,除了对自己只有短暂的意义外,不应该被看作是社会的标志。因为科学的本质,尤其是那些正在扩展到未知领域的科学分支,是在不断变化着的。[4]

凯瑟琳已经40多岁了,很明显她和詹姆斯不会有孩子了。我们不知道是什么原因,但是可以肯定的是,这并不是他自己选择的:麦克斯韦非常喜欢和庄园里的孩子们一起玩,而且,想起自己童年的快乐,他喜欢用戏法和游戏来让孩子们开心。还有继承问题。如果没有继承人,格伦莱尔就会传给家族中的一位堂兄,对这位堂兄而言,这只不过是一处令人愉快的乡村庄园。但是,麦克斯韦的格言之一是,对可能发生的事情闷闷不乐是没有用的。至少从表面上看,他把失望放在了一边,充分享受了现在的生活。

麦克斯韦在格伦莱尔度过的6年时光根本不是退休的时光。他参加了全国各地的英国协会(British Association)的会议,有时担任数学和物理会议的主席。他每年都去剑桥,在那里,作为数学特里波斯考试的考官,他做了很多工作,让考试问题变得更有趣,更贴近日常生活。与此同时,他自己的研究也进展得很快。最大的进展是关于电和磁方面的论文。在论文中,他不仅提出了他自己的电磁学理论,而且把所有已知的东西都集成起来,使这个仍

然被广泛认为晦涩难懂的学科为所有科学家所理解。它是一项不朽的功绩，长达近 1000 页，最终于 1873 年出版。

这部巨著是一个计划好的任务，但除此之外，麦克斯韦还有很多事情要去做。他在英国协会电气标准委员会的工作并没有因为关于电磁学单位和世界上第一个电阻标准的报告而停止。另一个困难的实验是迫切需要完成的——测量电荷的电磁单位和静电单位的比率。这个比率是很重要的，因为根据麦克斯韦的电磁学理论，光速恰好等于这个比率。正如我们所看到的，这个比值已经由克拉奇和韦伯通过实验测量过了，他们的结果，根据麦克斯韦的解释，表明光速非常接近于直接实验测量的实际速度。因为这个比率决定了麦克斯韦理论的正确与否，因此有必要通过另一项实验来证实克拉奇和韦伯的实验结果，最好是采用另外一种方法，以确定这个比率。1868 年的春天，麦克斯韦与剑桥大学圣约翰学院的查尔斯·霍金（Charles Hockin）合作，在伦敦进行了这项实验。通过平衡两个电荷相反的金属圆盘之间的互相吸引的静电力与两个载流导线线圈之间的互相排斥的电磁力，他们测量到的电荷的单位比值（同时也是麦克斯韦给出的电磁波的速度）在 288000km/s，比克拉奇和韦伯的实验数值低 7%，也比菲佐直接测量到的光速值低 8%。起初，这似乎是一个令人失望的结果，但仔细想想，实验是成功的。麦克斯韦的电磁学理论得到了巩固，因为两个独立的实验结果给出了预测的波速，这些波速在允许的实验误差的情况下，与测量到的光速相一致。我们现在知道菲佐、克拉奇和韦伯的测量值都偏高了，而麦克斯韦的结果则偏低了，真实的值在两者之间。

麦克斯韦在格伦莱尔撰写了他的大部分的伟大论文，他还写了另一本书《热论》（*The Theory of Heat*），共 17 篇论文，涉及各种各样的话题，每一篇都有新的突破。大部分的工作在我们这本书中都不提及，但有一个例子可以从另一个角度来证明麦克斯韦的想象力几乎是不可思议的，这种不可思议的想象力使麦克斯韦

法拉第、麦克斯韦和电磁场：改变物理学的人

能够在真空中预测位移电流和电磁波。在高温理论中，麦克斯韦引入了他最著名的创造：麦克斯韦妖。这个妖怪是一个虚构的小生物，守卫着两个充满气体的容器之间的隔板上的一个洞。首先，两个容器内的气体温度相同。温度取决于气体分子的平均速度（严格地说，取决于它们速度的二次方的平均值）。但是，根据麦克斯韦自己提出的理论，在任何给定的温度下，一些分子的速度会比平均速度快，一些则会比平均速度慢。在这个洞里，妖怪操作着一个快门，只允许速度快的分子从左室通过到右室，而只有速度慢的分子才允许从右室通过进入左室。这样，右边的气体会逐渐变热，而左边的气体则会逐渐变冷——妖怪正在使热量从冷的物质传递到热的物质，这违反了热力学第二定律。麦克斯韦证明了这个定律不是物理定律，而是统计定律。说热不能从冷源流到热源，就像他说的，当你把一杯水扔进海里，你就不能再把同样的一杯水倒出来。与此同时，他提出了一个深奥的谜题，这个谜题中的妖怪不负其名，令一代又一代的物理学家困惑不解。除此之外，它还导致了信息论的产生，而信息论是我们数字通信的基础。奇怪的是，麦克斯韦的同事，平时不那么爱闹着玩的威廉·汤姆孙，把这个妖怪命名为麦克斯韦妖，而麦克斯韦本来是想叫它为阀门的！

无论麦克斯韦当时的工作是什么，他都很容易"感觉到电子状态的到来"——关于电和磁的想法从未远离他。他的思想和法拉第的思想一样，往往是视觉化的，毫无疑问，他的思想中包含了电流和磁力的图像，以及环环相扣、相互拥抱的通量。这些力和通量用矢量表示，这些物理量具有大小和方向。它们有一种三维的几何结构，但这是一个非常不同于当时教科书上描述的几何结构。它可以用方程来表示，但这些形式对大多数物理学家来说似乎是晦涩难懂的，麦克斯韦试图找到一种方法来揭开这个问题的神秘面纱。是否有可能用一种方法来描述矢量几何，以帮助人们弄清物理量之间的关系呢？确实有。麦克斯韦在他的脑海中创造

了三个表达方式：旋度、散度和梯度，最终成为科学中通用的表达法。散度和梯度通常缩写为 div 和 grad。麦克斯韦最早创造性地提出了"收敛"和"斜率"这两个名词。后来在他的论文中，用更正式的"旋度"取代了旋转，但从本质上说，所有的术语都经受住了时间的考验。一旦掌握了这些图像，一切都变得生动起来，人们就会感受到这些概念，而这些概念是法拉第用他敏锐的想象力，在他脑海中形成的。它们是电磁场的基本概念。

旋度是电与磁之间关系的本质；它解释了两种力之间的相互作用。在空间中的任意一点，任何矢量，比如空气中的风速，都有一个旋度，它本身就是一个矢量，尽管它的值可能为零。旋度不容易形象化，但它是可以实现的。想想河流中的水。这里的矢量是水流的速度和方向，一般来说，它在河流中的每一点都不同。现在想象一下，一个小小的桨轮不知何故固定在河中的一个点上，但它的轴可以自由地取任何角度。当（且仅当）水在桨轮的一边比另一边流得快时，轮就会旋转，它的轴就会占据使它旋转最快的位置。水流在出水点处的旋度是一个矢量，其大小与旋转速率成正比，方向沿着旋转轴，按照惯例，如果右旋螺杆以与桨轮相同的方向转动，它就会移动。如果桨轮不旋转，水流的旋度为零。在奥利弗·海维赛德后来总结麦克斯韦理论的四个方程式中，旋度是其中两个的核心。在真空中的一点，电场力在一点的旋度与磁场力变化的速率成正比，反之亦然。

河流的类比也给了我们散度的概念。与旋度不同，散度不是一个矢量，而是一个标量——数学家们用标量这个术语来描述一个具有大小（可以是正的、负的或零）但没有方向的量。与流入点周围的小区域相比，不动点处水流的散度是流出的多余的水的一个度量。假设水是不可压缩的（非常接近真实情况），这两个量将相等，散度为零。除非，当然，我们在这个点注入水，在这种情况下散度会有一个正值，或者如果我们把它吸出来，这种情况下散度会是负的。海维赛德在总结麦克斯韦理论的另外两个方程式时都使用了散度。在真空中的一点上,电场力的散度和磁场力的散度都是零。

梯度是标量的矢量属性。想象一下不同地方的情况,比如海平面以上的陆地的高度。高度是一个标量,它在任何给定的点上的梯度,则是沿着这块陆地的最大倾斜方向的斜率(按照惯例是指向下坡方向)。电势或磁势的梯度以类似的方式定义,并表现为电场或磁场强度或力。

随着旋度、散度和梯度概念的出现,另一种使基础物理学更加清晰的方法也出现了。麦克斯韦从他的朋友 P. G. 泰特那里听说了一种奇怪的数学,叫作四元数,代表三维空间中的旋转。它们是爱尔兰数学天才威廉·罗恩·哈密顿爵士(Sir William Rowan Hamilton)的创意,他与曾在爱丁堡大学教授麦克斯韦哲学的另外一个同名的威廉·哈密顿爵士没有任何关系。虽然他实际上有更大的名气,哈密顿相信四元数是他最伟大的创造,它是人们理解物理宇宙中所有旋转现象的关键。他于 1865 年去世,但在此之前,他招募了一个坚定的信徒。泰特就是这个信徒,并成为四元数的有力拥护者。跟随他学四元数的人并不多,四元数复杂得可怕,大多数人都不想和它们有任何关系。然而,对麦克斯韦来说,四元数提供了一个机会。到目前为止,他已经把他的各种矢量关系写成了三重等式——三个空间维度中的一个——但现在他发现,通过使用四元数表示的形式,他可以在单个方程中表达相同的关系。此外,哈密顿已经将旋度、散度和梯度的数学知识构建到四元数系统中,因此一切都完美地结合在一起了。但是很少有人能理解四元数,而一些真正理解四元数的人却又讨厌四元数,所以麦克斯韦决定在他的论文中既包括标准形式也包括四元形式的方程。结果,他的字母用完了,几乎把罗马和希腊的字母都用完了!然后他选择了在他的四元数方程中采用沉重的哥特式罗马字母,因此麦克斯韦写出的方程式有一种奇怪的日耳曼风格。

由于有了四元数,麦克斯韦现在可以用八个方程而不是二十个方程来表述他的电磁学理论了,但对当时的大多数物理学家来说,它仍然是不可理解的。原因是显而易见的。麦克斯韦认为这一理论仍在研究中,并希望保留能够促进它得到进一步发展的所有可能性,即使这让他同时代的人感到困惑。在论文中,他仍然以三个方程的形式展示了他几乎所有的工作,每个方向的 x、y 和 z 都有单独的方程。然而,很难从一棵树的角度去看整个森林的全貌。(要理解这个困难,只需要看看图 14.1,在这个图中,麦克斯韦用右手螺旋的概念来解释磁场中载流导体上的力的 x、y 和 z 分量。)

图 14.1 麦克斯韦使用右手螺旋的概念来帮助解释磁场中导体上的力的分量(经 Lee Bartrop 允许使用)

现在,只有最后的方程是以四元数的形式出现的,以作为一种可选的额外形式,不过大多数人还是不喜欢使用它。所以,事情一直持续到麦克斯韦去世后的 6 年,奥利弗·海维赛德将方程的数量减少到四个,用一种更简单的矢量取代了四元数表示。海维赛德的做法引起了泰特的愤怒,泰特指责他残忍地破坏了哈密顿的美丽的四元数。但是,在本书后面的一章中,我们会看到海维赛德给出了与哈密顿一样棒的东西,他们两个都是伟大作品的大师，共同创作了一个很好的作品。

早在1869年，麦克斯韦就听闻他敬爱的导师詹姆斯·福布斯已经辞世了，福布斯激发了麦克斯韦对颜色视觉和其他领域的兴趣。麦克斯韦深感损失，但福布斯的去世意味着圣安德鲁斯大学校长这一职位的空缺，麦克斯韦的一些朋友和同事敦促他去参选，其中包括刘易斯·坎贝尔，他现在是该校的希腊语教授。麦克斯韦起初并不愿意，他说："我的正确路线是工作，而不是管理，更不用说管理别人以及同时让别人管理了。"[5] 然而，他确实坚信良好的教育的重要性，他的支持者们也非常热情，他开始觉得也许他能在这个职位上做些有益的事情。最后，他被说服去竞选这个职位。

这其实是一个充满着政治意味的任命，但麦克斯韦对政治一无所知，他给伦敦的一位熟人写了一封相当令人遗憾的信：

我很少注意科学家的政治，所以我不知道我所认识的科学家中有哪一个能听到政府的声音。如果你能告诉我，对我将会是有帮助的。[6]

考虑到麦克斯韦是如此的坦率和天真，所以他没有得到这份工作也就不足为奇了。也许这就像——人们会想到一条金鱼正要进入一箱水虎鱼体内——但对于麦克斯韦，人们却无法确定。据我们所知，他可能已经超越了政治争论的层面。这一职位被哈佛大学的人文教授约翰·坎贝尔·谢普（John Campbell Shairp）获得，他是一位杰出的诗歌学者，也是刚刚上台的新成立的自由党（Liberal Party）的支持者。

麦克斯韦在阿伯丁失去工作后，曾被爱丁堡大学自然哲学系主任拒之门外，但不久之后，他又被伦敦国王学院的一个类似职位录取。十年后的今天，事情又重演了一遍，苏格兰的损失又一次被证明是英格兰的收获。圣安德鲁斯大学拒绝麦克斯韦后不久，剑桥大学要求他接受一个重要的实验物理学新教授的职位。这所大学的校长德文郡公爵（Duke of Devonshire）提供了一笔巨款，用于设立一个新的系和建造一个新的大型实验室。实验室设计和建造的任务将落在一位教授的肩上。在理想情况下，大学当局想要的是一名拥有领导研究和教育机构经验的一流科学家。威廉·汤姆孙是显而易见的人选，但是他不想离开格拉斯哥。他在那里从一个改建过的酒窖开始，煞费苦心地建立起一个出色的研究中心，排名第二的候选人是赫尔曼·亥姆霍兹，但是他刚刚在柏林接受了一个高级职位，并希望留在那里。麦克斯韦虽然只是第三个选择，但他在年轻人中很受欢迎。剑桥大学当时的发言人是约翰·威廉·斯特拉特（John William Strutt），他后来被授予了瑞利勋爵（Lord Rayleigh）的称号，并接任了麦克斯韦的职位。斯特拉特热切地向麦克斯韦发出邀请，恳求他能够前来。

跟以往一样，麦克斯韦最初也是不情愿的。他热爱自己的家，并在格伦莱尔定居下来，过上了一种愉快而富有成果的生活，既履行着庄园主的职责，又从事着科学工作。但他也热爱剑桥，并看到这个新项目为剑桥乃至整个国家提供了多么难得的机会。不过，他真的适合这份工作吗？他不确定。最后他还是接受了，条件是如果他愿意的话，一年后可以离开。这并不意味着缺乏承诺。在所有事情上，他都下定决心要尽自己最大的努力，但他敏锐地意识到自己在指挥一个庞大而复杂的行动方面缺乏经验，因此，如果发现自己无法很好地履职，他希望可以自由退出。1871年3月，在进入剑桥大学学习21年后，他被任命为剑桥大学第一任实验物理学教授。他和凯瑟琳再次南下。

第十五章

卡文迪什

1871—1879 年

法拉第、麦克斯韦和电磁场：改变物理学的人

麦克斯韦来到剑桥大学之后的第一项任务是，为新实验室大楼及其设备制定详细的规划。一切都必须处于科学进步的最前沿，同时要避免昂贵的支出或以后不能升级。所以麦克斯韦去当时国内最好的大学实验室参观，包括牛津大学的新建的克拉伦登（Clarendon）实验室和格拉斯哥的威廉·汤姆孙实验室，去学习他们的经验。实验室需要充足的光线、有足够大的空间来容纳庞大的设备、电源室和足够高的水压来驱动强大的真空泵。为了能够进行精细的磁学实验，需要有一个房间，其中有与建筑物中一般的振动相隔绝的桌子，所以麦克斯韦制作了四英尺见方的石桌面的桌子，直接从建筑物的地基向上砌一个砖墩作为支撑。人们从地板上走过，对它不会有丝毫影响。为了满足这些要求以及其他一些要求，他将设计工作分配给了当地的年轻建筑师威廉·福塞特（William Fawcet），他曾在耶稣学院学习过。

与福塞特的会谈无疑让麦克斯韦尔回想起他与父亲花几个小时考虑扩建格伦莱尔的计划。目前的项目规模要大得多，但设计过程——概述草图、讨论、更完整的草图，以及最终的详细绘图——可能大同小异。这些会谈的结果是，他们决定设计一幢很好的建筑，朴素而实用，同时与大学其他的老建筑风格保持一致。他们似乎对在未来发展中自己这幢建筑所处的位置充满信心，该建筑此后持续为剑桥大学服务了一百多年，成为许多重大发现的所在地，比如电子和 DNA 结构的发现。

计划已经商定，工作正在进行。与此同时，麦克斯韦还需要

去做演讲，他感觉非常忙碌。写信给刘易斯·坎贝尔：

我没有地方去安放我的椅子，而是像布谷鸟一样四处走动，在第一学期要在化学、植物学，以及在复活节的比较解剖学等课程中传递我的观点。

当然，还有作为惯例的就职演讲，这是麦克斯韦的第三次就职演讲。由于一番误会，一群资深教授来到麦克斯韦的第一堂普通本科生课上，他们以为是正式的就职演讲。麦克斯韦眼睛一亮，严肃地向他们解释了华氏温标和摄氏温标的区别。在真正的就职演讲中，他提出了他在阿伯丁和伦敦已经阐述过的主题：他的工作是教学生独立思考，寻找真理，认识和揭露各种形式的虚假东西。他还再次强调了实践工作在科学领域的重要作用。有一段话显然让人想起法拉第：

当我们能够从事科学教育时，不仅要培养学生的注意力，还要培养学生对符号的熟悉，培养学生使他们眼睛敏锐、耳朵敏捷、触觉灵敏、手指灵巧。有些人不喜欢冷冰冰的抽象，但通过打开所有知识的大门，我们将确保科学学说与那些基本感觉之间的联系，这些基本感觉形成了我们所有有意识思想的模糊的背景，使我们的思想生动而轻松，而当它作为抽象的术语出现时，很容易完全从记忆中消失。

对于另一段可能是法拉第自己撰写的文字，麦克斯韦说：

我们可以在游戏和体操中，在陆地和水上旅行中，在空气和海洋的风暴中，在任何有物质运动的地方，找到科学的最高理论的例证。

建筑的进度是适当的，但对于所有等待进行实验的人来说，速度似乎慢得令人沮丧。即使是麦克斯韦的耐心也受到了考验，他形容这些人是"天底下最懒、最永恒的神"。终于一切准备就绪了，实验室在1874年春天开放了。它本应以其创始人的名字命名

法拉第、麦克斯韦和电磁场：改变物理学的人

为德文郡实验室，但是在就职典礼前不久，人们决定将其命名为卡文迪什实验室（Cavendish Laboratory）。这样，这个名字不仅可以纪念德文郡公爵（他的姓是卡文迪什），还可以纪念他的叔祖父亨利·卡文迪什（Henry Cavendish），他是英国最伟大的科学家之一。亨利·卡文迪什是一个非常奇怪的人物。他非常害羞，一直过着隐居的生活，只偶尔出去参加科学会议，并通过书面笔记与家庭成员交流。女仆人如果进入他的视线就会被解雇。他很少说话。一位熟人说："他一生中说的话可能比任何活到 40 岁的人——包括拉特拉普（La Trappe）的修道士们——都要少。他的天才在于用他自己设计的简单而有效的仪器进行非常精确的实验。在忠实的仆人理查德（Richard）的协助下，他取得了令人瞩目的实验结果。例如，他证明了水不是一种元素，而是一种化合物；并测量了地球密度，其误差不超过 2%。在迈克尔·法拉第的职业生涯中，卡文迪什也起了重要的作用，尽管是间接的，他和伦福德伯爵（Count Rumford）一起，是英国皇家科学研究所的创始人之一。

亨利·卡文迪什甚至羞于出版他的研究结果。他的一些作品出版了，但是大部分研究成果却没有出版。在实验室落成典礼的时候，德文郡公爵给了麦克斯韦一大堆论文——他的伯祖父在 1781 年到 1791 年的电学实验记录——要求麦克斯韦编辑这些论文并出版，虽然是迟来的出版。毫无疑问，麦克斯韦的心脏往下沉了——因为他的工作已经够多的了——但他还是开始仔细查看那些文件。他几乎无法拒绝剑桥大学的这个大恩人，但这并不完全是一个被迫的决定。他对公爵十分尊敬，公爵和他一样，也曾是二等牧马人和一等史密斯奖获得者，他们有着更深厚的友谊——他们都热切地感到在科学教育中从事实际工作的重要性。公爵慷慨地赠送了一座新的实验室，这在乡下，甚至在剑桥，都没有受到人们的热烈欢迎。怀疑者和愤世嫉俗者比比皆是。甚至进步的科学杂志《自然》也轻蔑地评论说，如果运气好的话，这个实验

室可能在十年内达到德国一所省级大学的标准。许多人认为,虽然科学研究是必要的活动,但示范实验是毫无意义的。其中包括著名的剑桥教师艾萨克·托德汉特(Isaac Todhunter)。有一天,麦克斯韦在实验室外面的街上碰到了托德汉特,麦克斯韦让他进来看一个锥形折射的实验现象,这个现象在当时经常被谈论,但是很少被看到,因为它在实验上很难实现。托德汉特回答说:"不用了,谢谢。我已经教了一辈子了,我不想因为现在看到它而让我的想法被打乱"。

麦克斯韦不是政治家,但他清楚地看到,实验室在早期通过一些成功来建立声誉是多么重要。从我们现在的角度来看,他没有立即着手通过检测位移电流或电磁波来验证自己的电磁学理论,这似乎有些令人惊讶,但是这样的实验难度实在太大,风险也太大。相反,他建立了一个研究项目,主要关注于基本物理量的高精度测量。这是一项不起眼但很重要的工作,它带来了可靠的结果。其中一个实验是验证欧姆定律。欧姆定律说,无论导体中流过多少电流,电流与电压的比值都保持不变。麦克斯韦的学生,来自阿伯丁的乔治·克里斯达尔(George Chrystal),证明了这一定律适用于大电流范围内且精度达到亿万分之一,他们通过实验战胜了该定律的怀疑者。

撇开政治因素不谈,麦克斯韦把他的工作看作是帮助科学在一个广阔的领域上进步。除了电磁学,他还有许多兴趣爱好,无论如何,他从未想过要建立一个"麦克斯韦学派"。不管未来如何,他毫不费力地吸引了一批才华横溢的年轻研究人员,其中一些人离开了好的工作岗位,来到他身边工作。他的风格完全不是独裁的——每个人都被鼓励提出自己的想法,解决自己的问题——麦克斯韦对他们的进步给了慈父般的赞许眼光,年轻人从有史以来最伟大的科学头脑之一那里得到的建议都带着一贯的慷慨和幽默。麦克斯韦的学生们都很喜欢他,许多人后来在别处都取得了杰出的成就。例如,理查德·格拉泽布鲁克(Richard Glazebrook)是英国国家物理实验室的首任主任;唐纳德·麦卡利斯特(Donald MacAlister)成为普通医学委员会主席和格拉斯哥大学的校长;威廉·纳皮尔·肖(William Napier Shaw)被称为现代气象学之父;安布罗斯·弗雷明成为谷格里尔墨·马可尼(Guglielmo Marconi)的得力助手,发明了热离子阀门。还有约翰·亨利·坡印廷(John Henry Poynting),他对电磁学理论做出了重要的贡献。由于实验室的资金紧张,麦克斯韦把他自己的设备捐赠给了实验室,并在任职期间从自己的口袋里拿出钱来买了好几百英镑的新设备。

麦克斯韦关于电和磁的专著于1873年出版。专著还在印刷中,人们就认为它很可能是继牛顿的《数学原理》之后最著名的物理学书籍。在该专著发表之前,学生和学者们没有太多的书籍来帮助他们学习,只有一些零散的论文。现在,他们有了一本包罗万象的书。麦克斯韦用1000页的文字,清晰地陈述了他所知道的一切。乍一看,它像一个课本,事实上,大多数现代教科书来源于它,但它是在大学教科书成为标准之前许多年撰写的,它更像是一个探索者的报告,写给那些既想跟随又想进一步冒险的人。这些人当中自然包括他自己:麦克斯韦仍在探索,在他去世的时候,他还在对这本书进行广泛的修订。专著的主题是复杂的、困难的,而且是全新的,所以早期的读者发现它很难读懂也就不足为奇了。像麦克斯韦的所有工作一样,它是完整的:不仅包括理论,还包括实际应用,例如,阐述如何制作检流计以及在铁船上校正罗盘读数时应遵循的程序。这显然不是麦克斯韦自己的电磁学理论的展示。理论是存在的,但你必须自己在书中去寻找它。电磁学的话题直到第2卷第475条才被提及,而他的整个理论所依赖的最大的创造——位移电流,在第610条中出现,也没有大张旗鼓地提到。这可以解释为麦克斯韦过度谦虚的一个例子。但它也提醒我们,即使现在这篇关于电学和磁学的非常权威的专著,也是在麦克斯韦的理论与其他理论竞争的时候写的,当时麦克斯韦的理论并不像韦伯的超距作用理论那样受到关注。虽然麦克斯韦的理论完全用方程描述，但它当时就像一个没有车身的汽车底盘——例如，它预测了电磁波，但却没有给出它们如何在实验室中产生或检测。在下一章中，我们将会看到，几位来自下一代的人是如何看到这一理论的潜在力量和美妙之处，将其进一步发展，并以一种令人信服的形式呈现出来，最终使之得到了普遍赞同的。

几十年后，麦克斯韦的专著才开始获得像今天这样的盛誉。关于麦克斯韦自己的电磁场理论，与现在的读者相比，早期读者面临的障碍更多。对许多人来说，电和磁的整个过程是已知科学边缘的一个神秘的话题，他们不得不努力应对今天看来是一个怪异的选择和安排的话题。例如，在第 7 页的第 8 条中，读者就面临着"不止一个变量的函数的不连续性"的标题，并给出了一个艰涩的方程。书的前三分之一的大部分内容都是关于静电的详细而高度数学化的描述。真正使这部专著引人注目的是在 19 世纪末和 20 世纪初电气通信、电力和机械方面迅速发展的时期。当时技术突飞猛进：它需要训练有素的科学家和工程师，而负责训练的人在麦克斯韦的著作中发现了极好的内容，他们不需要长篇讨论像球面谐波这类问题，麦克斯韦已经非常清楚地列出了他们所需要的东西。这篇论文在当时处于领先地位。

亨利·卡文迪什也走在了时代的前列。当麦克斯韦查阅卡文迪什在一百年前进行的电子实验的描述时，他大吃了一惊。这就像找到了一打莎士比亚的未出版的戏剧一样。在一系列惊人的结果中，卡文迪什比库仑采用的方法更有效地证明了电荷间作用力的平方反比定律。他还发现了欧姆定律，比欧姆早了 50 年，比伏特早了 20 年。他的方法简单而"痛苦"。他将两根电线连接到莱顿瓶中相对带相反电荷的部分，并用一只手握住两根电线。然后，他用不同的电路排列重复这个过程，每次通过测量手臂上他能感受到的电击来判断电流的强度。一天，一位著名的美国人萨穆尔·皮尔坡因特·朗列（Samuel Pierpoint Langley）参观了

法拉第、麦克斯韦和电磁场：改变物理学的人

卡文迪什实验室，他震惊地发现麦克斯韦和一些学生正卷起袖子重复这个实验。郎列被邀请加入，但是他拒绝了，他说："当一个英国科学家来到美国时，我们是不会那样对待他的。"

麦克斯韦本来可以把编辑卡文迪什论文的艰巨任务委派给别人，但他决定自己承担这项工作，用威廉·汤姆孙的话来说，就是"走跳板"。现在回想起来，麦克斯韦在他本可以把时间花在自己的研究上的时候却选择了把时间花在这项工作上，这似乎让人意想不到。当然，他不这么认为。他自己关于电磁学和其他课题的想法仍在发展——潜意识里是"混合交融"的——他当时不知道自己只能再活 5 年。卡文迪什的工作是科学史的重要组成部分，需要以一种恰当的方式来呈现。麦克斯韦不辞劳苦地写了一篇有趣的、内容丰富的叙述，甚至还查阅了一些细节，比如 18 世纪 70 年代英国皇家学会所在地是否有一座花园。

像往常一样，麦克斯韦从容处理每件事情。除了编辑卡文迪什的论文和重复许多实验之外，他还与赫胥黎（T. H. Huxley）共同担任《大英百科全书》（*Encyclopaedia Britannica*）第 9 版的科学编辑。他还写了一些精彩的原创文章，被其他作者引用；他给一些书籍写评论；自己又撰写了另一篇论文《运动中的物体》（Matter in Motion），这在教学方面是一块瑰宝。在仅仅 122 页的篇幅里，他用简单易懂的语言解释了动力学原理，只用了几个方程式。然而，任何东西都不能被简化：读者在阅读时需要思考。相比之下，他的论文《关于若干物质点的平均分布的玻尔兹曼定理》（On Boltzmann's Theorem On the Average Distribution of a Number of Materiol Points）包含了一些最复杂的数学知识。它为路德维希·玻尔兹曼和乔赛亚·威拉德·吉布斯（Josiah Willard Gibbs）的统计力学研究奠定了基础。

麦克斯韦虽然在陌生人面前仍然很害羞，但他给每个遇到的人都留下了深刻的印象。刘易斯·坎贝尔描述了这种现象：

麦克斯韦的一大魅力是，他愿意与他所熟悉的人就几乎任何

第十五章 卡文迪什

话题进行交谈……五分钟之内，没有一个人不带着一些全新的想法与他交谈；有的想法是那么令人吃惊，以致把听者都搞糊涂了。但结果总是这样，麦克斯韦会把一番深思熟虑的想法讲给交谈者听。

关于麦克斯韦的讲话，我们所获得的唯一的直接记录来自于他正式演讲的文本，而这些演讲内容，就其本质而言，只能给我们最微弱的暗示，告诉我们他的同伴们每天都在享受着什么。也许下面的摘录可以让我们更了解麦克斯韦的讲话风格。在做关于亚历山大·格雷厄姆·贝尔的最新发明——电话——的公开演讲时，他谈到了贝尔的父亲，贝尔的父亲居住在爱丁堡，是一个演说家。麦克斯韦用他的浓重的加洛威地方口音，讲述贝尔父亲：

他的一生都用来教人们说话。他把艺术带到如此完美的地步，尽管他是苏格兰人，但他在六个月内自学了英语。我很遗憾，当我有机会在爱丁堡工作时，我没有从他那里聆听教诲。[1]

麦克斯韦在剑桥很少见到没有狗的人，他的小狗托比在实验室里很悠闲自在。刘易斯·坎贝尔报告说，当听到电气火花的声音时，托比总是变得焦躁不安；但当麦克斯韦叫它时，它会坐在主人的两脚之间，听着后面火花的噼里啪啦的声音，以奇怪的方式呜咽着，但是没有显示出任何不适的迹象。这里没有丝毫的残忍——坎贝尔在他的书中写到他的朋友（麦克斯韦）对待动物的方式以及对所有生物的爱。[2]

麦克斯韦喜欢剑桥的生活，就像他当年当学生时一样。在时间允许的情况下，他参加了一个相当于"使徒会"高级版的散文俱乐部。在一篇文章中，他挑战了人们普遍持有的观点，即科学定律意味着一个机械宇宙，在充分了解其当前状态的前提下，其整个未来是可以预测的。在此过程中，他给出了混沌理论的一个引人注目的轮廓——在数学家开始发展这一学科的一百年前：

当事物状态的无限小的变化只会以无限小的数量改变状态时，

法拉第、麦克斯韦和电磁场：改变物理学的人

系统的状态，无论是静止的还是运动的，都被认为是稳定的；但是，如果当前状态的无限小的变化可能在有限时间内引起系统状态的有限差别时，系统的状态就称为不稳定状态。

很明显，如果我们对目前状态的了解只是近似的，而不是精确的，那么，不稳定条件的存在使得我们不可能预测到未来的事件。[3]

麦克斯韦在大学的高级职位上相对是一个新人，但他的影响力很快就远远超出了他所在的系。最初对新实验室怀有敌意或漠不关心的人们开始认可它在研究方面的成就，并被麦克斯韦的热情和质朴的魅力所折服。仅仅几年时间，卡文迪什实验室就建立起来了，剑桥大学的科学也进入了一个新时代，为其他大学在实验物理学方面树立了一个榜样。

麦克斯韦一家住在离实验室不远的斯科鲁普·特瑞斯（Scroope Terrace）的一栋舒适的房子里。凯瑟琳的健康状况开始恶化，有一段时间她病得很重，尽管她的病情一直没有得到正确的诊断。轮到詹姆斯当护士了。他在她床边的一张椅子上睡了三个星期，但在实验室里，他的精力显然没有减少。也许是因为她生病了，凯瑟琳并不总是欢迎麦克斯韦的同事和学生，所以他有时会在实验室里做一些本可以在家喝茶时更容易做的事情。人们可以看到凯瑟琳是如何获得"难相处"女人的名声的。我们永远不可能了解事情的全貌，但很明显，无论情况如何，詹姆斯和凯瑟琳始终不渝地相爱着。

每年有四个月是在格伦莱尔度过的。麦克斯韦在那里写了许多文章和评论，并在假期期间与实验室的工作人员保持联系。在一些短暂的夏季课程中，他允许女学生参加——这是首次在剑桥大学这么做，是剑桥大学的一个显著的改变。麦克斯韦夫妇在格伦莱尔时，柯克帕特里克·德拉姆（Kirkpatrick Durham）邮局的邮递员照常忙碌着，许多包裹里都有需要检查和更正的校样稿。出版商成为第二大职业群体，仅次于瓦斯工人，这引起了麦克斯

第十五章 卡文迪什

韦的愤怒。他们似乎下定决心要在每一个角落节省,麦克斯韦认为他们的格言一定是"小洞不补,大洞吃苦"。

1877 年,麦克斯韦开始遭受烧心的折磨。在一年半的时间里,这个问题只不过是一种滋扰——他管理实验室,做讲座,写文章,一切都像往常一样光彩照人。但随后同事们开始注意到麦克斯韦的脚步失去了弹性,他做了一件以前从未做过的事。他拒绝了为 T. H. 赫胥黎(T. H. Huxley)的《英国科学人》(*English Men of Science*)写一篇文章的请求,请求对方多担待。1879 年,他和凯瑟琳像往常一样去了格伦莱尔过夏天,希望能够好好地休息一下。到了 9 月,麦克斯韦开始感觉到剧烈的疼痛,但他坚持让他的助手威廉·加内特(William Garnett)和他妻子按计划来访。麦克斯韦的外貌变化让加内特感到震惊,但麦克斯韦对客人的关心和他每天晚上为全家祈祷的方式让加内特感到敬佩。麦克斯韦向加内特展示了他童年时研究的椭圆曲线和其他纪念品,并和他一起走到河边,指出他过去常在哪里游泳和在洗衣盆里漂游。这是几周来他走的最长的一段路。当凯瑟琳带客人们去兜风时,他却不能和他们一起去,因为马车摇晃得太厉害了,疼痛难忍。

麦克斯韦怀疑他患的是和他母亲一样的腹部癌症。他们从爱丁堡请来了一位专家桑德斯(Sanders)医生。桑德斯于 10 月 2 日抵达,并证实了最坏的情况:麦克斯韦可能活不过一个月了。桑德斯建议他去剑桥旅行,佩吉特(Paget)医生是一名保守疗法的治疗专家,他可以让凯瑟琳和麦克斯韦在那里度过最后的几个星期。幸运的是,凯瑟琳从自己的病中得到了喘息的机会,能够整理好行装和旅行。到达剑桥后,麦克斯韦几乎走不动从火车到马车的那几码⊖路了,但在佩吉特医生的照顾下,他的疼痛减轻了很多,有几天他感觉好多了。消息在朋友和同事之间传开,人们希

⊖ 1 码 = 0.914 4 米。——编辑注

望他能康复。这样的希望很快就破灭了。他剩下的体力开始衰退，大家都知道他快死了。佩吉特博士后来描述道：

> 他曾经健康，而现在他疾病缠身，面临死亡。他内心的平静从未被打扰过。在回到剑桥以后的几天里，他连续几天极其痛苦，即使在痛苦减轻以后，他仍旧需要用毅力经受痛苦的煎熬。但是他从来没有以抱怨的口吻说过什么。在他们中间，他总是为别人而不是为他自己考虑。死亡也没有打扰他习惯性的镇静……在他去世前几天，他问我他还能活多久。这一询问是极其平静的。他希望能活到他的朋友、亲戚科林·麦肯锡（Colin Mackenzie）先生预计从爱丁堡来之前。他唯一的焦虑似乎是关于他妻子的健康，这几年疾病一直折磨着她并且最近变得更糟……
>
> 他的头脑也保持着清晰，显然到最后也没有受损。即使当他的体力逐渐衰退到死亡的时候，他也从来没有神志恍惚或动摇过，直到生命的尽头。没有人比他更有意识或更冷静地面对死亡。

麦克斯韦在格伦莱尔当地的医生洛林（Lorraine）给佩吉特写了一封信，附上了一些关于病人病情的记录。当然，这是标准做法，但还有更多的东西。洛林医生对他的病人非常钦佩，因此他发自内心地向病人致意。

> 我必须说，他是我见过的最好的人之一，就人类的判断来说，他的存在是比他的科学成就更伟大的功绩，是一个最完美的基督教绅士的典范。

事实上，他是任何人都能遇到的最好的人之一，一个没有虚荣心的天才，一个让人们对自己和整个世界感觉良好的人。他对自己生活的反思是谦虚品德的典型例证。他告诉他的朋友、剑桥大学的同事霍特（Hort）教授：

> 我觉得，我说的比我自己做的事更伟大。我一直在想别人对我是多么的温柔。我一生中从未发生过激烈的争吵。我唯一的愿

第十五章 卡文迪什

望就是像戴维那样，靠上帝的意志为自己的这一代人服务，然后就睡着了。

詹姆斯·克拉克·麦克斯韦于1879年11月5日与世长辞。凯瑟琳和他的朋友、表哥科林·麦肯锡在他的床边。下一个星期天，在剑桥的圣玛丽（St. Mary）教堂举行了追悼会。表达巨大损失的任务落到了麦克斯韦学生时代的一位朋友，现为哈罗公学校长的巴特勒（H. M. Butler）牧师身上。他用一个比喻很好地做了描述：

很少有像现在这么多著名的人士在这里，以及在其他地方，进行哀悼，因为在思想和知识的伟大家园里，一盏明亮的灯熄灭了。

麦克斯韦的老同学 P. G. 泰特也赞同这一观点，他在《自然》杂志上写的文章加入了他自己典型的好斗风格：

我无法用语言来充分表达，他的早逝带来了损失，不仅给他的私人朋友、剑桥大学、整个科学世界，而且尤其是对常识、真正的科学、宗教本身、甚至是最近的反空谈、反伪科学和物质主义。但人们的记忆中他从不曾虚度光阴；至少在某种意义上说，他是不朽的。克拉克·麦克斯韦的精神仍然与我们同在，通过他的不朽著作，并将通过那些从他的教导和榜样中得到灵感的人传承下去。

麦克斯韦的遗体被送往格伦莱尔，葬在帕顿（Parton）教堂墓地他父母的墓旁边。七年后，凯瑟琳被葬在那里，四个人共用一块墓碑。教堂前的路边有一块简单的牌匾，上面写着他的生平和成就：

他是一个善良的人，充满了幽默和智慧，他住在这个地区，埋在这个教堂墓地的老柯克（Kirk）的废墟里。

几英里之外，格伦莱尔住宅的废墟耸立着空荡荡的窗户和没有屋顶的山墙，这幢住宅在1929年4月被大火烧毁。[4]

法拉第、麦克斯韦和电磁场：改变物理学的人

巴特勒和泰特并没有夸大麦克斯韦的早逝所造成的损失。麦克斯韦一直在滔滔不绝地讲着，谁知道他要是活着还会接着讲些什么。但从那以后，他一直是物理学家和工程师的灵感来源。也许比起其他任何一位科学家，他的个性更能体现在他的工作中：他似乎能激发出一种独特的奇迹与情感的融合。1925 年《泰晤士报教育增刊》(Times Educational Supplement) 的一篇社论很好地总结了这一点。社论说：

> 对科学家来说，麦克斯韦无疑是 19 世纪最具魔力的人物。

在电磁场的故事中，麦克斯韦在他那个时代是一个孤独的演员，就像法拉第在他的时代一样。直到后来的一代，才有人真正明白法拉第和麦克斯韦想要告诉我们什么。这条路是由一小群有着完全不同但又才能互补的人领导着走下去的，他们后来被称为"麦克斯韦学派"("Maxwellians")。奥利弗·海维赛德就是其中之一。正如我们将看到的，海维赛德是一个易怒的人，容不得别人对他的批评，但当他写到麦克斯韦时，他的内心似乎充满了喜悦：

> 我们的一部分人在我们之后生活，或多或少地通过整个人类社会，以及通过自然界来传播繁衍。这就是灵魂的不朽。有大的灵魂和小的灵魂。莎士比亚或牛顿的灵魂则大得惊人。这样的人在死后仍然像活着一样。麦克斯韦就是其中之一。他的灵魂将在未来很长一段时间里成长，数百年后，他的灵魂将像过去的一颗明亮的星星一样闪耀，它的光芒需要很长时间才能到达我们。[5]

第十六章

麦克斯韦学派

1850—1890 年

法拉第、麦克斯韦和电磁场：改变物理学的人

"一个科学时代结束了，另一个科学时代始于詹姆斯·克拉克·麦克斯韦。"

——阿尔伯特·爱因斯坦

"从人类历史的长远角度来看——从一万年以后来看——毫无疑问，19世纪最重要的事件是麦克斯韦发现了电动力学定律。"

——理查德·P. 费曼

爱因斯坦和费曼的话恰如其分地表达了詹姆斯·克拉克·麦克斯韦的电磁场理论对科学和技术，甚至对人类历史产生的重大影响。但是，科学理论很少是完全从其创始者的头脑中形成的。经常发生的情况是，在理论被吸收进科学知识的公共体系之前，下一代科学家们必须对其进行精炼和编纂——这一过程可能需要几十年的时间。麦克斯韦的理论也是如此。

尽管麦克斯韦在他的论文《电磁场的动力学理论》（A Dynamical Theory of the Electromagnetic Field）和后来的《关于电和磁的论文》中尽可能清晰地阐述了这个理论，但是，在他的一生中几乎没有人能够理解它。这个理论不仅在数学上很晦涩难懂，而且整个方法都是基于迈克尔·法拉第的理论观点，而法拉第的观点在当时的大多数物理学家看来仍然是很奇怪的。麦克斯韦在另一个领域的开创性工作——物质的统计特性——是由两位天才人物路德维希·玻尔兹曼和乔赛亚·威拉德·吉布斯推动向前的。不过，当麦克斯韦去世时，他的电磁学理论曾一度就像是玻璃盒子里的展品一样，虽然受到了一些人的赞赏，但是却无法触及。

第十六章 麦克斯韦学派

麦克斯韦本人在卡文迪什实验室时并没有试图通过实验来验证这个理论。这通常被认为是他谦逊的表现,但正如我们所看到的,还有一个更深层的原因:新实验室需要在早期的一些成功中建立起声誉,而寻找位移电流或电磁波的实验对于这个目的来说风险太大了。到了19世纪70年代末,有了实验室的良好声誉作担保,一个被预定是麦克斯韦的继任者——瑞利勋爵(Lord Rayleigh)接受了这个挑战。瑞利勋爵是麦克斯韦的一个伟大崇拜者。十年前,当瑞利勋爵还是约翰·威廉·斯特拉特时,他曾恳求麦克斯韦接受现在的这个职位。然而,瑞利作为实验室主任有他自己优先要做的事情。第一件就是使实验室建立在良好的财务基础上。麦克斯韦不愿意向公爵要更多的钱,但是瑞利,他是一个精明的商人和一个科学家,却没有这样的内疚。最后,公爵同意多给钱了,瑞利自己也投了一些钱,实验室在早期的成功基础上获得了所需要的一些新的设备。瑞利还引入了实验室技术方面的系统训练,从麦克斯韦的自由放任的方法转向系统的方法。除了这些工作以外,剩下的时间他用来进行自己的研究——在他的杰出的成就中,他发现了氩,并解释了光的散射如何使天空看起来是蓝色的。无论是出于个人的兴趣还是因为缺乏想法,瑞利和他在卡文迪什实验室的研究人员们都没有认真而持续地尝试证实或发展麦克斯韦的理论。在这一方面的进步,并不是来自于剑桥。

奥利弗·海维赛德出生于1850年,他是四个儿子中最小的一个,住在伦敦一个体面但贫穷的家庭。在他8岁的时候,猩红热使他部分失聪,他发现自己被排除在街头游戏之外,因为他听不到其他男孩在说什么。不过,海维赛德自食其力,并开始建立起抵御世界上各种侵害的防御体系。一种倔强的独立性控制着他,甚至于是违背他本人的意志,直到他死去的那一天。他在学校的表现很好,尽管他无视死记硬背的教学方法,但家庭条件承担不了大学的费用,于是,他花了两年时间在家里自学,阅读所有他能找到的关于科学话题的书籍。这一在家学习的特权并没有延伸到

法拉第、麦克斯韦和电磁场：改变物理学的人

他的兄弟们身上，他的兄弟们正在工作，并为家庭的收入做出贡献：奥利弗的姨夫查尔斯·惠斯通是他家的姻亲，他替奥利弗说情。这个惠斯通就是20年前，临阵脱逃放弃了英国皇家科学研究所的演讲的惠斯通，他的放弃使得法拉第只好临时顶替，做了关于"光线振动"的即兴演讲。惠斯通还与他的合作伙伴威廉·福瑟吉尔·库克（William Fothergill Cooke）一起，在英国建造了第一台商业电报，并以惊人的速度扩大了业务。由于惠斯通的推荐，奥利弗得到了第一份工作。在他18岁那年作为一个电报员在丹麦-挪威-英国（Danish-Norwegian-English）电报公司工作，拿到每年150英磅的优渥薪水。

该公司刚刚铺设了第一条北海电缆，而海维赛德被安排在位于腓德里西亚（Fredericia）的丹麦主要操作站上。他很快就被电报和它的神秘工作原理迷住了。设备使用的是视觉提示而不是声音，所以他的部分耳聋并不是障碍。他很快就掌握了莫尔斯电码，但他真正喜欢的工作是改正错误。海底电报员是当时的技术精英，操作人员可以自由地试验诸如变阻器、电桥、分流器和冷凝器等先进设备。事实上，他们不得不这样做，其目的仅仅是为了保持通信线路畅通。海维赛德成了一名排解疑难问题的能手，尽管对他来说，每一个问题都不仅仅是需要解决的问题，而是一种探索电的奇怪特性的方法，即使是最有经验的同事也常常对此感到困惑。20岁时，他被调往公司英国总部的纽卡斯尔，获得了加薪，并被提升为首席运营官。

海维赛德在岗位上依然是光芒四射，有一次，为了节省公司的开支，他在缆索修复船离开海岸之前，通过一些熟练的测量和计算，准确定位了大洋中的断层。在业余时间，他继续学习电学和数学，并开始撰写科学论文。有一天，他在纽卡斯尔的公共图书馆打开了一本书，立刻就被迷住了。从那一刻起，他的人生就开始了新的旅程。许多年后，他回忆起那次经历：

我记得当我还是个年轻人的时候，我第一次看到麦克斯韦的

伟大论文。直到那时,还没有一个完整的理论,只有一些零碎的东西。我在黑暗中摸索着去理解电。当我在图书馆的桌子上看到刚刚出版的作品(1873 年)时,我浏览了一遍,大吃一惊!我阅读了前言和最后一章,还有其他一些地方。我看到它是伟大的,更伟大的和最伟大的,它的力量有巨大的可能性。我下定决心要掌握这本书的内容并开始工作。[1]

海维赛德的任务是尽可能地找到关于电的所有信息,然后传播出去。这将是一份需要耗费时间的工作。现在,他在电报公司的工作变得常规,令人厌烦,因为他需要花很长的时间收发电报,所以在他 24 岁的时候,就辞去了工作,回到伦敦他父母的家里,做一名全职的无薪研究员。他依靠写文章和写书来过日子,不可能指望有太多的收入,但是,这并没有难倒他。海维赛德认为自己所做的是应尽的责任:如果社会愿意为他的工作而给予他慷慨的奖赏,那当然是最好的了;但是,即使没有任何奖赏,那么他的父母和兄弟们也会尽他们所能来支持他。全身心地投入到研究中,是一种近乎孤独的生活,但是他却并没有感受到。正如他后来解释的那样:

在我的一生中,确实有一段时间,我有点像是住在阁楼里的"怪物"(Teufelsdröckh),在某种程度上满足于勉强吃饱肚子。但那是我发现真理的时候。别人怎么看它的重要性并不重要。这些研究是我的食粮,我的伙伴。[2]

他特别感兴趣的一个问题是:电信号是如何沿着电线传播的呢?这条传输线成了他终生的研究课题,他把它变成了自己的研究课题——今天的传输线理论或多或少都是由海维赛德提出的。这条传输线可以是任何东西,从一根吊在木杆上的铁丝,到复杂的海底电缆。今天,它则是一条光缆。早期的电报员认为,电池把一种称为电的流体注入一个惰性的管道中,但是令他们十分困惑的是,沿着洋底发送电报时,要求放缓每个脉冲信号的发送速度，这样才能够把每个脉冲信号区分开来。法拉第解释说，之所以会出现这种情况，是因为电缆充当了一个巨大的电器库，也就是电容器。汤姆孙原本打算只将他的公式用于低速工作的长海底电缆，但是不懂数学的电报员将这个公式错误地应用于高速的固定线路，有时得到很奇怪的结果。在海维赛德的论文中，从来不会出现一些委婉的机智的说法——他在论文中无情地嘲笑了邮局高级工程师的无知，因此海维赛德很快就成了他们最讨厌的人。幸运的是，他找到在《电工》（*Electrician*）周刊的编辑 C. H. 比格斯（C. H. Biggs）做朋友。比格斯知道，他和这个可怕的年轻人较量是在冒险；他也知道，几乎没有读者能够读懂海维赛德越来越深奥的数学论文，但是，尽管比格斯自己并不是数学家，他却感觉到这是一种新的、重要的东西。比格斯对这位特立独行的论文作者的支持最终让比格斯丢掉了工作，但与此同时，海维赛德依然继续前进。在他的手中，传输线变成了一种具有某些特性的复杂设备——电容和电感——这与机械系统中的弹性和惯性相对应，而阻力则类似于摩擦。利用这些物理量，海维赛德将汤姆孙的结果推广为一种新的形式，到现在该公式仍然被称为"电报方程"。

《电工》杂志上的文章也是奥利弗恶作剧式的幽默感的一种宣泄。他的讽刺俏皮话肯定在编辑部引起了阵阵的笑声。比格斯刊发了奥利弗的许多文章，而较谨慎的编辑则可能不会录用这些文章。在海维赛德第一篇论文的第一段，一定给比格斯正在思考的问题提供了一些想法。

众所周知，报纸通常在秋季的周刊上刊登关于一些绝妙话题和领导人的文章，而在其他时候，这些话题会为更紧迫的话题让路。海蛇就是其中之一。[3]

海弗赛德接着做了一个关于一个拿着棍子的男孩的新闻报道，这个男孩可以用棍子探测到地下深处的水，然后才开始写自己的论文，这是一个奇怪的被忽视的话题——即在电报中使用地球作为返回导体。海维德赛喜欢戳破别人的尊严，他最喜欢嘲笑的目标之一是教会：他嘲笑大主教浮夸的庄严。在一篇文章中，海维赛德淘气地声称：欧姆定律是神圣的上帝造物的证据，上帝安排它是为了给电工们省去那些繁重的额外计算的麻烦。

在这种消遣的鼓舞下，海维赛德一点一点地攻读着麦克斯韦的论文。起初，他和其他人一样对这位伟人的电磁学理论感到困惑不解。但是最终，他不仅掌握了这个理论，而且还以一种更容易理解的形式重新对它进行了表述——事实上，这个理论在今天通常就是用海维赛德给出的这种形式来表达的。后来，另一位著名作家乔治·弗朗西斯·菲茨杰拉德描述了海维赛德的这一成就：

> 麦克斯韦和其他所有生活在本人所开辟的领域的先驱者一样，没有时间研究最直接的进入新领域的途径，也没有时间研究最系统的探索方法。这是要留给奥利弗·海维赛德做的。麦克斯韦的论文充斥着他的光辉的进攻路线，他根深蒂固的阵营，以及他的战斗文字。奥利弗·海维赛德已经清除了这些，开辟了一条直接的路线，开辟了一条宽阔的道路，还探索了相当多的乡村足迹。电势和磁势、矢量势、电力、电流、位移、磁力和感应，这些迷宫般的符号，实际上已经被减少到了两个：电力和磁力。[4]

如果问他是怎么做到的，海维赛德可能会说："通过努力工作"，事实上确实如此。但海维赛德的工作有两个关键的组成部分。其一是他创造了一种"语言"，用来描述在空间中具有大小和方向的矢量是如何变化的。它被公认为该领域的自然语言，被简单地称为"矢量分析"，在麦克斯韦方程组中使用矢量分析是非常合适的，以至于今天的学生很难想象它在过去其实并不存在。三维空间中的每个矢量可以用一个字母来表示。（从图画上讲，它可以用给定长度和方向的箭头来表示。）有了单个字母，就产生了一个代数，它使得数学关系能够以独立于任何坐标系的简单或至少看起来简单的方程式来表达。这个想法来自于麦克斯韦，麦克斯韦在他的论文中使用的是四元数表示形式。正如我们所知道的，四元数是爱尔兰数学家威廉·罗恩·哈密顿爵士的优雅而复杂的创造。实际上，它们有一个矢量部分和另一个普通数或标量的部分。海维赛德先是用四元数做推算，但是发现它们基本上没用，所以他把矢量和标量部分分开，并且给出了如何进行矢量计算。他后来发现，在美国，乔赛亚·威拉德·吉布斯同样对四元数感到失望，并独立设计了完全相同的矢量代数。海维赛德很高兴能分享这份荣誉——他总是慷慨地赞美自己认为应该得到的荣誉——无论如何，与吉布斯这样的人分享荣誉是一种荣耀。

海维赛德对麦克斯韦理论的简化中，第二个组成部分集中于场力，而将称为势的量推到后台。对他来说，这些力是"真实的"，但是势则是"形而上学的"[5]，他决定"把全部都去掉"。[6] 这样，通过稍微重新排列，他能够将麦克斯韦理论中的 20 个方程式，或者以"四元数"格式的 8 个方程式减少到 4 个。在没有电流或电荷的真空中的一个点，这 4 个方程式是：

$$\text{div } \boldsymbol{E} = 0$$

$$\text{div } \boldsymbol{H} = 0$$

$$\text{curl } \boldsymbol{E} = -\mu \partial \boldsymbol{H}/\partial t$$

$$\text{curl } \boldsymbol{H} = \varepsilon \partial \boldsymbol{E}/\partial t$$

式中，$\boldsymbol{E}$ 和 $\boldsymbol{H}$ 是电场和磁场——施加在单位电荷或位于该点的单位磁极上的机械力；$\partial \boldsymbol{E}/\partial t$ 和 $\partial \boldsymbol{H}/\partial t$ 是它们随时间的变化率；μ 和 ε 是磁和电的基本常数[7]；div 即散度；curl 是描述矢量在点周围的小区域内如何变化的方法，正如我们前面所看到的，已经由麦克斯韦给出和命名。当电荷或电流存在时，方程会用额外的符号来表示电荷密度和电流密度，但它们仍然出奇的简单。[8] 这些方程式被称为科学的蒙娜丽莎；即使对专业物理学家来说，它们也能产生所有看似复杂的电和磁现象，这似乎也是一个奇迹。前两个方程意味着电场力和磁场力服从一个平方反比定律，第三和第四个方程则暗示着场的扰动将作为电磁波以速度 $1/\sqrt{\mu\varepsilon}$ 传播，这个速度也是光的速度。[9]

海维赛德给了我们4个方程式,这4个方程式在未来将会非常著名。它们被称为麦克斯韦方程组是对的,但它们在一定程度上也是海维赛德创造出来的。[10]

由于有电报工作的背景,海维赛德对电磁能量的移动方式很感兴趣。根据麦克斯韦的理论,能量存在于空间中,在任何时刻,空间的每一部分都含有一定的能量。场发生改变时,部分空间将获得能量,而其他空间将失去能量,但能量无法在空间的一点失去,同时在另一点产生。因为这将涉及超距作用,这正是法拉第和麦克斯韦不认可的概念。能量必须流动,海维赛德研究出了它是如何流动的。能流的速率等于电场力和磁场力的乘积,它的方向与两者都是互相垂直的,当电场和磁场成直角时能流的速率最大。他以矢量形式简洁地表示了能量流动的规律:

$$W = E \times H$$

式中,W 是能流矢量;$E \times H$ 是电场和磁场的矢量叉乘。[11-12]

这是一个伟大的成果,之后不久就发表在《电工》杂志上。不过海维赛德发现他已经被约翰·亨利·坡印廷抢先了一步。坡印廷曾经是在卡文迪什实验室工作的一个学生,在麦克斯韦去世后不久就离开了剑桥,现在已经是伯明翰大学的物理学教授了。坡印廷几个月前在英国皇家学会的期刊上发表了同样的结果。海维赛德对失望的反应显示了他性格的两面性:他总是大方地承认坡印廷优先发表了论文,但从不忘记自己在这件事中的角色。坡印廷矢量,现在所有的学过电磁学的学生都知道,它指向能量流动的方向。

坡印廷获得了荣誉,但是在探索新发现方面,海维赛德做得更多。即使在今天,他的发现也几乎令人难以置信。在电路中,没有能量通过电线本身——它们只是作为周围空间能量流动的向导。电线内部唯一的能量流是向内的,而那只是作为热量散去的能量的一部分!电流呢?不是在电线里流动着的吗?是的,但是

法拉第、麦克斯韦和电磁场：改变物理学的人

它的能量是由伴随的磁场来承受的——磁力线环绕着载流导线，而电力线则像辐条一样呈放射状地从导线中伸展出来。根据新公式，能量流的方向与这两个场成直角，因此与导线平行。无论如何，几乎是这样的：电线附近的能量流会聚得如此之小，当它们碰到电线时，就会急剧地向内转化为热量。

到1888年，海维赛德已经差不多过了14年这样的生活，他撰写的论文似乎没有人读过，而且很少有人走得比他更远。过去那种自给自足的感觉——他的发现只是他所需要的食粮——正在逐渐消失。他想让别人听到他的声音。接着，他碰巧读到利物浦大学物理学教授奥利弗·洛奇的演讲报告，他看到有人提到了他的名字。洛奇在提到电磁波时说：

> 我必须借此机会指出，对这一错综复杂课题的独特见解，从奥利弗·海维赛德先生古怪的、有时是令人厌烦的著作中可以找到，从中可以了解对一项最困难的理论的娴熟掌握。[13]

很可能，令人讨厌的人是对海维赛德的一种警告，一些读者可能会发现海维赛德对诸如主教等杂七杂八的话题的无理评论，缺乏品味。不管怎么说，技艺高超的人怎么会是令人讨厌的呢？这是海维赛德一生中第一次得到公众的认可，他欣喜若狂。他立即写信给洛奇，要求他提供演讲的全文，很快海维赛德就发现了自己的另一位仰慕者，洛奇的朋友乔治·弗朗西斯·菲茨杰拉德，菲茨杰拉德是都柏林三一学院的自然与实验哲学教授。和海维赛德一样，洛奇和菲茨杰拉德也被麦克斯韦的作品迷住了，两人先是孤立地努力，然后在相互支持下继续前行。现在，独立的隐士海维赛德以自己的方式获得了真正的友谊，他们三人为了共同的事业团结在一起，成了坚定的朋友，并组成了后来被称为麦克斯韦学派的团队核心。很快，来自于一个意想不到的地方的第四个人加入了他们的队伍。

洛奇是一个陶瓷商人的儿子，来自于斯塔福德郡（Staffordshire），他讨厌商业贸易，但他一直忍受着，直到他在到了法定年龄后有机会逃离了贸易环境。十几岁的时候，他听过约翰·丁达尔的演讲，从那一刻起，他就知道自己要做什么。洛奇通过自己的努力考入了伦敦大学学院，并获得了博士学位，此后被任命为利物浦大学的教授。洛奇性格坚强外向，坚持不懈，热爱科学，对机械模型情有独钟。从一个与他同时代的人对他的书《现代电学观》（*Modern Views on Electricity*）的看法中，我们可以了解到他的风格：

> 这是一本阐述现代电学理论的书。里面除了在皮带轮上移动的绳子——皮带轮在滚筒上滚动，滚筒穿过珠子，珠子承载着重量；还有泵送水的管子，而其他管子则膨胀和收缩；齿轮互相啮合，与钩子啮合。我们以为进入了平静而整洁的理性的科研场所，但是却发现自己似乎是在一个工厂里。[14]

虽然洛奇看到了数学的必要性，并且通过努力，他能够跟上其他人的工作，但他仍然更擅长于做实验。另一方面，菲茨杰拉德是一位天才的数学家。他出生于爱尔兰的一个新教贵族家庭，在都柏林三一学院顺利完成了学位课程，并获得了一份宝贵的奖学金。对他来说，一切似乎都来得很容易，也许正是因为这个原因，他缺乏持久的劳动所需要的严格纪律。海维赛德这样评论他："毫无疑问，他的头脑是任何人当中最快、最具独创性的。"[15] 菲茨杰拉德常常没能跟上自己的思路，他以一种朴实无华的方式声称自己太懒了，但他总是随意发表自己的观点，并对19世纪末的物理学产生了影响，影响远远超出了他自己发表的作品"。他赢得了极大的尊敬，正是由于他的影响，其他英国物理学家才开始认真关注麦克斯韦的理论和海维赛德的工作。菲茨杰拉德和洛奇于1878年在都柏林的一次会议上相遇，并迅速建立了友谊。两人都对麦克斯韦的著作着迷，两人都在以自己的方式努力推进这项工作。

法拉第、麦克斯韦和电磁场：改变物理学的人

现在他们可以分享想法，洛奇为自己设定了制造和探测电磁波的目标。根据麦克斯韦的理论，只要电流改变，就会产生电子。问题在于如何检测到它们。但洛奇认为，光波很容易被探测到，所以他为什么不从另一端着手解决这个问题，用电磁手段产生光呢？他尝试了各种方法——例如，将电流通过快速旋转的碳盘和另一块碳板之间的接触点——但实验完全失败了，他没有获得所需要的频率。与此同时，菲茨杰拉德从理论上计算出，脉冲电路辐射的能量与频率的四次方成正比。这意味着在低频率下，比如每秒几百个周期，辐射能量会很弱，但在每秒几百万个周期的频率下，辐射能量应该足够强，可以被探测到。波长，即波峰到波峰的距离，会是几米，短到可以在实验室里测量。此外，菲茨杰拉德认为，要达到如此高的频率已经拥有了技术手段——人们所要做的就是通过合适的电路来释放莱顿瓶。要探测到电磁波，菲茨杰拉德有两个好主意。一种方法是让波反射回到波源，形成驻波（一种不移动但在一个地方上下振动的波），这样就更容易被探测到。另一种方法是使用一种探测器电路，它被调谐到波的频率。这两个点子确实证明是至关重要的，但还缺少一个。正如菲茨杰拉德所说，"巨大的困难是没有仪器能够感受到这些快速交替变化的电流"。[16]似乎没有一种已知的仪器能胜任这项工作，但是，正如我们将要看到的，确实有人找到了一种简单有效的方法来"感受"电流。这种方法一直到现在都还是可用的。

人们可能以为想法实际的洛奇会接受这个挑战，但是有一段时间他忙于讲课和其他工作，无法进行严谨的实验室工作。后来，他接受了艺术学会的邀请，做了一系列关于雷电保护的演讲，在准备过程中，他尝试了一些快速的实验，让莱顿电瓶放电——他认为放电产生的火花可以用来模拟闪电。当洛奇给他的瓶子放电时，连接在瓶子上的电线两端出现了火花。这是意料之中的，但他发现，通过改变电线的长度，火花可以变得更弱或更强。这很有趣。在一位资历较浅的同事的提示下，洛奇才意识到他偶然发

现了麦克斯韦电磁波的证据。在放电中沿电线流动的波从电线末端被反射出来,他所检测到的是产生的驻波——静止的波在一个地方振动,每当移动的波与自身的反射波结合时就会发生。他在电线上发现了电磁波。1888年2月,洛奇在给艺术学会做的第二次报告中,简要地介绍了支持麦克斯韦理论的新证据。他知道,要让结果得到充分的认可,还需要进行更严格的实验,在英国科学促进协会(British Association for the Advancement of Science)9月份在巴斯(Bath)召开大型会议之前,他有足够的时间来做这件事。

准备工作完成后,洛奇愉快地出发去阿尔卑斯山度假了。为了这次旅行,他带了一些他平时没有时间看的杂志。火车驶出利物浦,他先阅读了7月出版的德国《物理学和化学》(*Annalen der Physik und Chemie*)杂志,惊讶地发现卡尔斯鲁厄(Karlsruhe)技术大学(Technische Hochschule)的海因里希·赫兹博士已经产生和检测出电磁波。不仅可以沿着电线,也可以"在自由空间"传播。此外,赫兹还测量了电磁波的速度,并证明了电磁波可以像光一样被反射、折射和偏振。洛奇被击垮了——与之相比,他自己的努力显得微不足道——但他的失望很快就被对赫兹工作的钦佩和对结果的由衷喜悦代替。现在看来,他自己的发现只会在英国科学促进协会九月在巴斯的会议上起到很小的作用了。但是后面还有更大的故事。赫兹的结果为麦克斯韦的电磁场理论提供了清晰的证据,并最终使得超距作用观点被摈弃。然而,在巴斯的许多代表问道:海因里希·赫兹是谁?

赫兹在汉堡的一个舒适的家庭里长大。他的父亲是一名律师,出身于犹太商人世家,但后来皈依了基督教。他的母亲是德国南部几代路德派传教士的后裔。在这种兼收并蓄的背景下,这个男孩从小就培养了广泛的兴趣,在语言、古典文学、数学和体育等各个方面都表现出色。面对"传统"课程或"技术"课程的选择,他成功地将两者结合起来,他先后换了几次学校,并有一个阶段

法拉第、麦克斯韦和电磁场：改变物理学的人

在家里学习。毕业后，他在德累斯顿（Dresden）和慕尼黑学习工程学，后来才意识到自己真正的专业应该是数学和实验物理学。那时他只有一个地方可去，21岁的时候，他搬到了柏林大学，在那里他成了学校的明星学生，后来又成了赫尔曼·冯·亥姆霍兹——德国最著名的科学家的助手。[17]

亥姆霍兹兴趣广泛，但当时他最关注的话题是电磁学，他是少数几个认真对待麦克斯韦理论的顶级物理学家之一。在亥姆霍兹看来，当时有三种电磁理论或多或少是势均力敌的竞争者：威廉·韦伯（Wilhelm Weber）的理论、弗兰兹·诺伊曼（Franz Ernst Neumann）的理论，以及麦克斯韦（Maxwell）的理论。他认为，重要的是通过实验来确定哪一个是正确的。在亥姆霍兹的启发下，赫兹做了一个实验来探测位移电流，但他什么也没发现。如果有位移电流的话，电流也太弱，无法在最灵敏的仪器上显示出来。尽管如此，这项工作还是磨炼了他的实验技能，所以当幸运之神在几年后给了他最微小的机会时，他就利用上了它。与此同时，他需要积累教学经验，因此在基尔（Kiel）大学无偿地做了两年的讲师。在空闲时间，他研究麦克斯韦的理论。令人惊讶的是，他得到了与海维赛德相同的方程，尽管采用的是老式的"三方程"形式。当他们后来互相认识时，赫兹亲切地承认了海维赛德的优先权，并告诉海维赛德，他相信：

你比麦克斯韦走得更远，如果他还活着，他就会承认你的方法的优越性。[18]

1885年，赫兹获得了卡尔斯鲁厄大学实验物理学教授的职位。不到一年，他就娶了另一位讲师的女儿为妻。他在设备齐全的实验室里努力工作，试图再次找到绝缘体中最微弱的位移电流迹象。一次又一次的尝试都没有任何结果，但是最后他终于成功了。在这些失败的尝试过程中，他发现了一种更有效的方法来验证麦克斯韦的理论。

在这些仪器中,有一对所谓的克诺钦豪尔(Knochenhauer)螺旋线圈,是一种用密封蜡绝缘的扁平线圈,目的是给法拉第的感应原理做一个图解演示。产生火花的电路在另一个电路的端子上产生了火花,两个电路是分离的,二者之间有一个小的气隙。有一天,可能是在为一堂课做示范的时候,赫兹惊讶地发现旁边的电线也有火花。发生了什么事?在这个阶段,他并不知道自己在寻找什么,但是他跟着自己的直觉,摸索着走向一个伟大的发现。在洛奇的前一年,赫兹在电线上发现了电磁波。两人都利用了偶然的观察,但赫兹发现洛奇漏掉了什么东西——一种"感受"波的东西——只不过是一圈电线,两端之间有一个小缝隙,火花可以在上面跳跃。如果探测器环路的大小和形状正确,它将被调谐到波的频率;它们会让它共振并在导线中产生足够的电动势使火花跃过缝隙。这听起来很简单,但即使是对赫兹这个最有天赋的实验者来说,也是经过几个小时的反复试验才得出结果的,最终的结果是决心和技巧的结晶。

沿着电线传播的波是令人兴奋的,但是麦克斯韦理论的最终测试是在空间探测到电磁波。赫兹用主火花电路作为发射器,用带火花隙的线圈作为探测器,如图 16.1 所示。

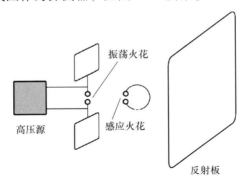

图 16.1　赫兹产生和探测电磁波的仪器的示意图
(经 Lee Bartrop 允许使用)

法拉第、麦克斯韦和电磁场：改变物理学的人

他尝试了这两种方法的许多变化情形，并将探测器中的火花终端设置得尽可能靠近，他把它带到房间各处寻找火花。果然，微弱的火花出现了。现在我们来还原一下当时的历史场景。用一块大锌板作为反射器，赫兹移动着探测器，发现了一些没有火花的地方和一些火花最强烈的地方。这正是驻波的证据，它只能由行波和它在锌板上的反射波形成。赫兹在空间产生并探测到了电磁波。

对于一些人来说，这可能已经足够了，但是对于赫兹来说，这仅仅是个开始。在一系列精彩的实验中，他考察了电磁波的各个方面。他发现，尽管电磁波可以被任何金属表面反射，但它们可以畅通无阻地穿过厚厚的木门。他还证明了电磁波以光速传播；电磁波也可以像光一样偏振；电磁波还可以像光通过玻璃透镜或棱镜那样折射。在某种意义上，它的波是光波，但波长比可见光长得多，今天我们将它们称作无线电波。

1888年，赫兹在一系列实验论文中展示了他的发现——这是洛奇在离开利物浦的火车上读到的第二篇论文。它们是用一种实事求是的风格写的，没有什么重大的声明，一开始也没有引起多少关注。考虑到亥姆霍兹对麦克斯韦理论的明显热情，或许我们预料到德国会有一些激动人心的事情发生，但是物理学家们已经先入为主地认同了韦伯和诺伊曼的"超距作用"理论，所以，甚至连亥姆霍兹也不得不以韦伯和诺伊曼"超距作用"理论来诠释麦克斯韦的理论。而这种方式，根据英国麦克斯韦学派的观点，显然是错误的。它不能解释空间电磁能量的流动，没有能量的流动就不会有波，无论你如何摆弄数学。海维赛德直截了当地说，就像往常一样，亥姆霍兹的理论在我看来，就好像他一下子就读完了麦克斯韦，然后上床睡觉，做了个噩梦，然后把它独立地写在纸上，他让麦克斯韦理论走向疯狂。[19]

然而，赫兹尊敬亥姆霍兹，一开始并没有意识到他对导师的想法造成了多大的打击。他知道自己的发现意义重大，但他似乎

第十六章 麦克斯韦学派

在谦虚方面甚至超过了麦克斯韦,并表示他满足于让别人评判自己的价值。在英吉利海峡对岸则没有这样的约束。英国的麦克斯韦学派已经把这个理论变成了他们自己的,并且毫不怀疑它的有效性。他们所缺乏的只是能够说服怀疑者的清晰的物理证据,而赫兹却相当慷慨地给他们提供了材料,他是个英雄。他们对赫兹大加赞扬,欢欢喜喜地欢迎他加入到他们的队伍中来,并以极大的热情推动他的工作。菲茨杰拉德在英国科学促进协会在巴斯举行的大型会议上向聚集在一起的公司介绍了赫兹成功使用的"漂亮装置";洛奇复制了赫兹的仪器,并在所有的时间和场合都演示过;海维赛德在信中感谢赫兹对超距作用理论的否定:

我意识到,在麦克斯韦的理论面前,这些理论根本不存在,他是一个天生的天才。但只要缺乏严格的实验证明,这些猜测就会继续盛行。你给了他们致命的一击。[20]

后来,人们常常毫不夸张地说,赫兹的发现是经由英国传到德国的。1890年,英国皇家学会授予赫兹伦福德勋章,他来到伦敦领取。一个自由的夜晚,赫兹、洛奇和菲茨杰拉德在朗汉姆(Langham)酒店共进晚餐。他们一定感觉到了一把空椅子的存在。经常拒绝被邀请的海维赛德,如果在的话,肯定会离开自己的房间,加入他们的行列,但他现在住在200英里外的托基(Torquay)。这四个人已经成为一个亲密的、相互支持的团体——四个完全不同的人加入了一个共同的事业。他们把麦克斯韦的理论——实际上是麦克斯韦和法拉第的理论——带给了世界。

第十七章

新纪元

1890 年以后

法拉第、麦克斯韦和电磁场：改变物理学的人

用爱因斯坦的话来说，始于詹姆斯·克拉克·麦克斯韦的时代正在到来。麦克斯韦学派已经为此创造了巨大的机会，但是仍然有一些小的问题需要攻克，还需要承受一些冲击。

当赫兹于 1890 年访问伦敦时，他只是勉强说服自己绕道 400 英里去托基（Torquay）拜访隐居的海维赛德。他们已经通过书信建立了牢固的友谊，但谁也不知道这将是他们唯一的一次见面机会。赫兹于 1894 年死于一种罕见的骨病，时年仅 36 岁。我们永远不知道要是他活着还能取得什么成就，但是其他的麦克斯韦学派的成员仍将继续战斗下去。

海维赛德总是与这个人或那个人发生冲突，在 19 世纪 90 年代早期，他的主要对手是麦克斯韦的老朋友 P. G. 泰特。他们在矢量分析的新系统上发生了冲突，麦克斯韦的理论通过这个系统被归纳到现在著名的 4 个方程式中。在泰特看来，海维赛德（独立地说，还有美国的吉布斯）亵渎了威廉·哈密顿美丽的四元数。广泛的反对海维赛德的意见是：一些人无法理解四元数或新的矢量符号的正反两面，而另一些人，如威廉·汤姆孙，则宁愿坚持用所谓的笛卡儿（x, y, z）坐标的三方程法。然而，泰特是他最猛烈的对手，两人都享受了一场精彩的比赛。当泰特将矢量分析描述为"雌雄同体的怪物"时，海维赛德则回应称泰特是"一名深不可测的形而上学者"，并补充道：

我认为，"四元数"是一位美国女学生定义的"一种古老的宗教仪式"。然而，这完全是个错误。古人——不像泰特教授——不

第十七章 新 纪 元

知道四元数,也不崇拜四元数。[1]

像这样的交锋出现在科学期刊上,让读者开心了一年多。和往常一样,海维赛德是对的:今天,他的矢量无处不在,四元数则几乎看不到了。

与此同时,奥利弗·洛奇正试图进一步推进赫兹的实验工作,他使用了一种名为"相干体"的巧妙的新接收装置。[2] 他进步很快,但又一次被一个年轻的意大利人超越了。古列尔莫·马可尼在博洛格那(Bologna)附近的家族庄园拥有类似的设备,取得了同样的成功。他很早就看到无线电报巨大的商业潜力,并决心要发家致富。由于未能在自己的国家获得赞助,他来到英国,并说服邮局的高级工程师威廉·普雷斯(William Preece)支持他。事情进行得很顺利,但机敏的马可尼很快就感觉到了赞助人的绳索越来越紧,于是他切断了他们之间的联系,恢复到自由状态,并在一位英国亲戚的帮助下创办了自己的公司,这位表亲在伦敦城金融货币市场具有影响力。马可尼不仅是一个足智多谋的发明家,而且还是一个擅长说服别人的推销员,他很快就在英格兰本土和外特(Wight)岛之间的索伦特海峡(Solent)进行了广为人知的船对岸试验。他对理论知之甚少,主要靠试错来进行工作,但现在他可以雇佣最好的工程师,并雇佣麦克斯韦过去的学生,安布罗斯·弗莱明。

在弗莱明的帮助下,马可尼计划通过发送横跨大西洋的无线电报信息来上演一场最具戏剧性的事件。大多数物理学家认为这次冒险注定要失败,因为发射的电磁波不会沿着地球表面的曲线运动,而是会直接进入太空。然而,马可尼的直觉却并非如此。该项目继续进行,1901 年,从康沃尔(Cornwall)的坡尔多胡(Poldhu)发出的信号被纽芬兰(Newfoundland)的风筝天线接收到。人类已经开始利用麦克斯韦的电磁波了,地球好像一下子缩小了。无线电报成为船舶上的标准设备,随后是音响广播,然后是电视、雷达、手机,以及通过卫星在全球范围内传输信号。即

法拉第、麦克斯韦和电磁场：改变物理学的人

时的远距离无线通信的奇迹现在已经被认为是日常生活的一部分了。[3]

新技术时代的另一个体现是家庭、工厂和运输中越来越多地使用电能。1821 年，法拉第发明了电动机，1831 年发现了电磁感应。但是，直到 19 世纪末，斯旺（Swan）和爱迪生（Edison）发明了细丝灯泡之后，家庭的电照明才真正开始走上商业化道路。那时就开始需要广泛而有效地发电和分配电力了。当这一切发生的时候——首先是使用直流电的方法进行传输和分配电力，然后是采用尼古拉·特斯拉（Nikola Tesla）卓越的多相交流发电机和配电系统——各种工业、家用和运输用的电力发展之路是顺畅的。我们今天使用的每台发电机、每台电动机和每台变压器都依赖于电场和磁场的相互作用。简而言之，不仅我们的通信，而且几乎我们的整个生活方式都依赖于利用电磁场的技术——这是物理世界的一个特征，当年法拉第第一次设想到它，后来麦克斯韦解释了它。

但比技术进步更重要的是，法拉第和麦克斯韦的电磁场概念改变了科学家们对物理世界的看法。19 世纪后期，物理学界发生了翻天覆地的变化，越来越多的人掌握了麦克斯韦警告的真谛：不能依靠机械模型来解释物理现象，使用它们可能会混淆表象和现实。

法拉第和麦克斯韦的场是无形的，空间不仅仅是只能够容纳有质量物体的一个空的几何容器，而且是一个具有连贯运动能量的相互关联的系统。空间是各种作用的场所，而不仅仅是牛顿的质点被直线力推动的场所，这些都是 19 世纪以后人们受到训练之后才具有的超级概念，而以前则认为空间只有那些可以被触摸和测量的东西。场的性质，如电场强度和磁场强度，都是抽象的量——它们与牛顿运动中的物质定律的共同之处在于它们服从动力学方程。麦克斯韦的宇宙已经取代了一个在一定距离内有形物体相互作用的宇宙，在这个宇宙中，抽象的领域延伸到整个空间，

第十七章 新 纪 元

只在局部与有形物体相互作用。

摒弃了与机械运动的联系,麦克斯韦的电磁场方程开始有了自己的生命,——场的抽象数学语言本身就足够让其获得生命。当菲茨杰拉德、洛奇和其他人在寻找巧妙的准机械方法来解释麦克斯韦的理论时,赫兹给出了最简单和最好的解释。他说:"我知道没有比下面这个答案更短或更明确的了——麦克斯韦理论就是麦克斯韦方程组。"[4]

正如弗里曼·戴森恰当地观察到的那样,麦克斯韦的理论只有在人们放弃了对机械模型的需求之后,才变得优雅而清晰。

这是一个纯粹用方程来表达的物理理论,它给物理学家对客观实在的认知带来了深刻的变化。令人震惊的新观点是,客观实在存在于两个层面。在我们能够触摸和感觉(或建立模型)的所有事物的背后,还隐藏着一个更深层次的客观实在,它以数学的语言来表达自己。在这一层次下面是一些物理量,比如电场强度和磁场强度,它们与我们能用感官获得的任何物理量都有很大的不同。在某种意义上,它们必须是真实的,因为它们产生了我们能在模型中感受到和表示的所有机械力,但我们描述它们的唯一方式是通过方程中的抽象符号。

两个层次的客观实在的概念在麦克斯韦的理论中是隐含的,但是麦克斯韦本人从来没有以这种方式表达过,直到 20 世纪这种表达才完全被接受。然而,情况正在慢慢发生着变化。两个世纪以来,牛顿的物质和运动定律一直是自然哲学的基石,但它不再唯一地为科学思考物理世界中的所有现象提供足够的基础。正如爱因斯坦所说:

> 自麦克斯韦时代开始,物理上的客观实在就被认为是由连续场所代表的,而不是通过机械力来解释。这种对客观实在概念的转变,是自牛顿时代以来物理学所经历的最深刻和最富有成果的变化。[5]

法拉第、麦克斯韦和电磁场：改变物理学的人

电磁场理论包含在 4 个方程式中，它开创了一个新的纪元，并逐渐被人们所接受。但很快，这个理论就被世纪之交的两项发现所震动，第一个是电子。

法拉第和麦克斯韦相信场的优先地位。它们的电场和磁场充满了所有的空间，包括那些被物质占据的部分。物质通过改变与它共享空间部分的性质与场相互作用，其中一个影响是：使得进入到电场中的导体的表面上出现电荷。在玻璃或空气等绝缘介质中，电场以电位移的形式出现，或绝缘粒子沿力线方向极化；在电力线终止的地方，比如说在两个导电金属板上，这些板的表面，由于它们与场的接触，似乎包含了两种电荷，一种是正的，另一种是负的。电流也是因为电场的作用。进一步考虑到这些想法，海维赛德解释说，载流导线只是引导能量通过周围空间的"导轨"。所有这一切与先前的观点完全相反，先前的观点认为，电是存在于导体中的某种流体物质，电场力和磁力是由导体中电荷或电流在一定距离内相互作用而产生的。当赫兹发现麦克斯韦所预测的电磁波时，场论胜利了，但并不是所有的理论家都满足于相信电荷只是场论的产物。

怀疑者中有伟大的荷兰物理学家亨德里克·安托万·洛伦兹（Hendrik Antoon Lorentz）和约瑟夫·拉莫尔（Joseph Larmor）。拉莫尔是一位阿尔斯特人（Ulsterman），曾在剑桥愉快地过着大学教师的生活。他们开始构造电场的不同版本，使带电粒子能够以自己的方式存在，并最终成功地修改和扩展了麦克斯韦的理论。这还不是事情的全部。1897 年，卡文迪什实验室瑞利勋爵的继任者 J. J. 汤姆孙（J. J. Thomson）发现了电子，一种具有固有电荷的物质粒子。这是洛伦兹和拉莫尔假设的理论粒子的实验证据。从某种意义上说，他们已经完成了法拉第和麦克斯韦的伟大工程，建立了电场和物质之间的真实关系：电荷存在于物质中，但它们的效应是由周围的电场传递的，而周围的电场又相互交织在一起。麦克斯韦在他的"动力学"以太中保留了类似飞轮的动能和类似

弹簧的势能的准机械概念，但洛伦兹用一种纯电磁以太取代了它们，这种以太与电子相互作用，电子的运动能量完全取决于它们自身的电磁场。机械学派正在放弃其最后的地位：科学家们已经开始把电磁学不仅仅看作是控制物质运动的传统法则的伴侣，而且看作是所有关于物理世界研究的新概念基础。

世纪之交的第二次重大发现犹如一场地震。麦克斯韦的电磁学理论预测，所谓的黑体在高频辐射的能量应该比它们实际辐射的能量大得多。（黑体是一种理论上的模型，对于入射进来的所有辐射都可以吸收。）自然界似乎有某种隐藏的机制，切断了辐射光谱的高频部分，但没人知道这是因为什么。1900 年，柏林大学理论物理学教授马克斯·普朗克（Max Planck）找到了答案。在他所谓的"绝望行为"中，[6] 他拼凑出了一个与实验结果非常匹配的公式，但有一个附带条件：黑体辐射或吸收的能量只能以不连续的数量出现，或称之为与辐射频率成比例的"量子"。不过，其他人甚至普朗克本人都不相信他自己的伟大的创造，一直试图寻找一个更合理的解释。但在 1905 年，一名在伯尔尼专利局工作的名叫阿尔伯特·爱因斯坦的初级职员大胆地将事情往前推进了一步，进一步提出普朗克量子不仅仅是指定数量的辐射，而且是不可分割的"包"，现在被称为光子。

令人惊讶的是，爱因斯坦是采用的现成的实验结果作为证据来支持他的观点：他利用光量子的概念解释了当时无法解释的光电效应。实验人员发现，一束紫外光可以将电子从金属物体表面分离出来，使其发射出去。光的波长越短，电子的能量就越高，但奇怪的是，当光束的强度或"亮度"减弱时，电子的能量保持不变，尽管它们的数量减少了。麦克斯韦的理论本身无法解释这一点，但爱因斯坦的光子解释却做得非常完美。每一个光子都是一个单独的包，它包含的能量只取决于光的波长（或其频率），所以当光束被减弱时，虽然它包含的光子变少了，但每一个光子的能量都和以前的一样。因此，发射的电子少了，但每一个电子的

法拉第、麦克斯韦和电磁场：改变物理学的人

能量都是一样的，与分离它的光子的能量相同。电子的能量等于 $h\nu$，ν 是电磁波的频率，h 是一个新的常量，被称为普朗克常数。它的值是 $6.62606957 \times 10^{-34} \text{J} \cdot \text{s}$，表征了能量量子的大小。

因此，法拉第在他的"射线振动"报告中提出的电磁波，后来被麦克斯韦在《动力学理论》论文中用数学进行了描述，再后来由赫兹在他的实验室发现了具有连续波的性质，现在又发现具有粒子性。既具有波动性又具有粒子性，这看来是一个明显的悖论。电磁场的伟大理论怎么能与这个明显令人震惊的现象一致呢？在 20 世纪初量子论被主流物理学同化的过程中，这种波粒二象性成为一种新的理论信条。尼尔斯·玻尔（Niels Bohr）、维尔纳·海森堡（Werner Heisenberg）、欧文·薛定谔（Erwin Schrödinger）和沃尔夫冈·泡利（Wolfgang Pauli）引领了量子力学的发展。他们和其他一些人，尤其是保罗·狄拉克（Paul Dirac），最终通过"量子化"电场，将电磁的"经典"场论应用于量子尺度（普朗克常数的数量级）中。因此，现代物理学的所有伟大的场论都诞生了，比如量子电动力学和标准模型——今天的物理学家们正在利用这个模型来实现法拉第的愿望，试图对所有已知的力进行统一。

关于这些伟大的发展有一个有趣的侧面。量子电动力学的创造者们不仅仅使用了海维赛德紧凑的四方程式版本的麦克斯韦理论，还用了方程组中其他的量。作为量子电动力学的创造者之一的理查德·P. 费曼（Richard P. Feynman）解释道："在量子电动力学的一般理论中，以矢量和标量势作为基本量"[7]。

这些"基本量"正是海维赛德在化简麦克斯韦方程时消除的量，因此麦克斯韦当初保留了所有方程，让后人能够选择，其睿智再次得到了漂亮的证实。

我们的故事以另一个伟大的发现结尾——电磁场的"经典"理论起到了核心作用——它从旧机械学派的最后堡垒——以太开始。尽管麦克斯韦已经放弃了他的机械模型，但他对以太的态度

第十七章 新 纪 元

是矛盾的,并且永远无法完全消除这个概念。在他的"动力学理论"论文中,他仍然需要一种介质,或者说是以太,即使它实际上没有特定机制的特性。另一些人则坚持建造更精致的以太机械模型:洛奇最喜欢的模型有齿条和小齿轮机械装置;菲茨杰拉德有滑轮和带子;威廉·汤姆孙提出了一种称为涡流海绵的机械装置,该机机械装置如此之不同寻常,以至于他甚至找不到精确的方程来描述它。

由于以太占据了所有的空间,地球必须通过它移动,就像船通过海洋一样。这种运动被称为"以太漂移",物理学家开始测量它。这种测量要求非常精确,以至于麦克斯韦本人怀疑它是否能够在任何实验室中实现;他提出了一种利用观察木星卫星的方法来测量以太。不过这些测量都没能实现。一位年轻的美国人阿尔伯特·迈克耳孙(Albert Michelson)把麦克斯韦对地球观测方法的怀疑当作一种挑战,并开发出了他的干涉仪。他和他的同事爱德华·莫雷(Edward Morley)一起设计了一项实验,测量一束以直角分开的两束光的速度差。[8] 迈克耳孙和莫雷于1887年在俄亥俄州的克利夫兰进行了他们的实验。只要测量到哪怕是速度上最微小的差别,也就能证明以太确实存在。但是令实验者吃惊的是,两个方向的光速是一样的,反复试验得到的结果均是如此。这是一个巨大的失望,起初这个实验被看作是又一次测量以太漂移的失败尝试。迈克耳孙本人很少谈及他的研究结果,也从未意识到其重要性。

海维赛德,大约在同一时间,对麦克斯韦理论关于运动电荷的行为进行了研究,并在1889年发表的一篇论文中特别宣称,随着速度 v 相对于以太移动的点电荷场将在其运动方向上收缩,收缩因子为 $\sqrt{1-v^2/c^2}$,其中 c 是光速。这样,如果电荷运动速度达到光速,场将会被压扁。这是第一次出现因子 $\sqrt{1-v^2/c^2}$,现在已成为物理学家非常熟悉的因子了,有时被称为相对论性因子。海维

法拉第、麦克斯韦和电磁场：改变物理学的人

赛德的朋友菲茨杰拉德进一步提出了这个想法，认为所有物质都是这样运行的。如果每一个相对于以太运动的物体在其运动方向上都有相同的收缩因子，那么迈克耳孙和莫雷的结果就得到了解释——他们的仪器将精确地收缩以补偿以太漂移所需的量，因此结果为零。这个想法似乎很疯狂，但菲茨杰拉德并不是唯一一个沿着这些思路思考的人——洛伦兹也独立地提出了同样的建议，这种现象后来被称为洛伦茨-菲茨杰拉德收缩。这还不是全部：洛伦兹进一步断言，如果时钟接近光速，它就会减慢到接近于停下来。

被测量的棒如何收缩，时钟如何变慢？一些人开始质疑空间和时间的绝对度量是否存在。其中一位是伟大的法国数学家，偶尔也做些物理研究的亨利·庞加莱（Henri Poincaré）。在1902年出版的一本书中，他写道：

> 没有绝对的匀速运动。因此，任何物理经验都无法探测到任何惯性运动。没有绝对的时间。如果它们发生在不同的地方，那么说两个事件的持续时间是相同的，只是一种惯常说法而已，就像说它们是同时发生的，也只是纯粹的惯常说法一样。[9]

庞加莱预测了现在我们所称的狭义相对论。在先前发表的一篇论文中，他证明，等效质量 m、电磁辐射的能量 E 由一个方程给出：$m = E/c^2$，这是一个我们熟悉的公式，但是他并没有把这一切紧密结合在一起，这个工作被另一个人完成了，正如洛奇被赫兹和马可尼超越一样。[10] 这个人就是阿尔伯特·爱因斯坦，他在1905年提出了著名的狭义相对论，几个月内，他又预言了光子。

与海维赛德、菲茨杰拉德、洛伦兹和庞加莱一样，爱因斯坦研究了麦克斯韦的理论，并对其产生的结果，尤其是对时间和空间的影响进行了长期而认真的思考。最终，他发现了一种极其简单和直接的方法，而其他人却没有。他声称，对于所有以匀速相对运动的观察者来说，物理定律必须是相同的。麦克斯韦方程就是这些定律之一，它们给出了真空（或空气）中光速的单一值，

第十七章　新　纪　元

而与观察者的运动无关。在爱因斯坦看来，这本身就足以解释迈克耳孙和莫雷的实验结果——对于任何以稳定速度旅行的观察者来说，光速总是一样的——但从这个听起来很简单的命题中得出的结论是迄今为止科学界最大的震动之一。事实上，对于所有相对匀速运动的观察者来说，物理定律都是一样的。不同的是他们对时间和空间的测量——任何两个相对运动的观察者对时间和空间的测量都是不同的。调和他们的观察需要采用数学坐标变换，变换中需要使用因子 $\sqrt{1-v^2/c^2}$；爱因斯坦称之为洛伦兹变换。使用这个变换结合电磁场的麦克斯韦方程组，爱因斯坦计算出，当物体吸收给定的能量辐射，它的惯性质量增加。经过几行代数运算之后，接下来就是著名的方程式了：

$$E = mc^2$$

其中 E 是物体的固有能量，m 是静止的质量，c 是光速，大约为 $3 \times 10^8 \mathrm{m/s}$。根据爱因斯坦的推理，质量和能量之间的这种关系是麦克斯韦电磁理论的必然结果。这对物理学家来说是一个非常重要的发现，但当时没有人想过，通过湮灭少量物质，能够释放出大量的能量，据此就能制造出一颗炸弹。正如我们所见，这个方程早前已经由庞加莱提出了。狭义相对论的所有其他公式也都以这样或那样的形式早先发表过，但正是爱因斯坦在 1905 年以一种清晰而又全新的视角把一切都联系在一起。[11]

爱因斯坦理论的另一个结果是，没有任何东西的速度能够超过光速。事实上，任何有质量的物体都无法达到光速，因为这样做需要无限的能量。引人注目的是，自然界有一个完全由麦克斯韦电磁场理论决定的速度极限，它只依赖于电磁场的基本性质。

以太呢？它需要在一个单一的绝对空间和时间的普遍参考系中运作，而爱因斯坦通过展示相对于彼此运动的观察者测量到的距离和时间的不同而推翻了那些参考系。所以以太不再有家了。它也没有存在的理由。太空不再仅仅是物理法则表演的舞台，还需要加上时间，时间也是整个表演的一部分。空间和时间本身就

法拉第、麦克斯韦和电磁场：改变物理学的人

是实体，它们遵从狭义相对论的定律，同样地，它们具有支持电磁场的必要性质。正如洛伦兹继续展示的那样，麦克斯韦方程实际上需要空间和时间才能像爱因斯坦提出的那样来运行。所以以太模型的建造者们的所有努力都以失败而告终。麦克斯韦理论的基石——位移电流，起源于他那被抛弃的旋转微元可能具有弹性的模型。尽管洛伦兹、菲茨杰拉德、汤姆孙等人提出的所有机械模型在今天看起来都很奇怪，但它们在当时作为思维的刺激物，对物理科学的全面发展做出了贡献。它们充当了电磁场理论建立的基石，而后被踢走，这样，这个崇高而自由的理论就可以独立存在了。

人们常说法拉第和麦克斯韦是牛顿和爱因斯坦之间的桥梁。虽然这句话是真的，但是它并不完整。众所周知，牛顿把他的成就归功于"站在巨人的肩膀上"。当爱因斯坦访问英国时，媒体很自然地问他是否站在了牛顿的肩膀上。爱因斯坦回答说："这种说法不完全正确，我是站在了麦克斯韦的肩膀上。"[12]麦克斯韦会指出，反过来，他也有法拉第作为自己的肩膀。他们的合作对物理科学，实际上对人类知识做出了贡献，堪比牛顿和爱因斯坦。

爱因斯坦说，詹姆斯·克拉克·麦克斯韦开创了一个新的纪元。麦克斯韦本人可能会说，这个新纪元始于1821年，当时迈克尔·法拉第首次设想了围绕载流导线的圆周力。他们共同为后世提供了一个实验和理论相互作用的模型，每个模型都为另一个模型指明了一条道路。这两个人都没有局限于普通历史学家通常赋予他们的角色。法拉第，著名的实验者，提出了一些最富有想象力和胆识的理论观点；麦克斯韦，伟大的理论家，进行了一些最苛刻的实验。两人都知道，除非经得起实验的推敲，否则任何理论都无足轻重。他们进行的实验和理论之间的对话是科学界有史以来最丰富的对话之一，它为20世纪的物理学开创了一个无价的先例。

他们也给我们留下了一个机械世界，刚体和瞬时直线力在远

处运行,并移动到四维时空,在那里,时间、长度和质量都取决于观察者。谁能猜到牛顿的观点会如此狭隘,或者在我们日常生活的表面之下有一个新的世界呢?这个领域的概念是现代物理学伟大发现的入口,它让我们对宇宙的终极本质产生了深刻的疑问,其能量之大、长度之小,即使是有远见的麦克斯韦也无法想象到。

他们改变固有模型的发现,为今天在基本粒子物理学方面的伟大研究开辟了道路,例如对希格斯场的探索,这个场赋予物质以质量并赋予其结构。法拉第的先见之明在于寻求统一大自然中的各种力,从他播下的种子和不断增长的实验室仪器,物理学家今天仍在试图对力进行统一——电磁力、弱和强核力、引力,统一在一个单一的、统一的理论中。[13] 他们的探索需要加速器实验,在巨大的粒子加速器中数以百万计的亚原子碰撞,以达到巨大的能量和微小的维度,在这些维度中,四种力可以被显示为单个统一力的不同方面。希格斯场是一个如此诱人的目标,以至于各国政府投入了数十亿美元和数万亿伏特的电力,投入到旨在将希格斯场转换成可被观测的机器中。欧洲核子研究中心(CERN)大型强子对撞机(LHC)的科学家们正在庆祝阶段性的成功。工作还在继续,毫无疑问,更多的发现将带来更深层次的问题。

法拉第和麦克斯韦提醒我们,成为一个真正的科学家意味着什么,意味着他的工作要体现出努力去理解自然这一伟大理想。他们是求真、求实、客观、顽强、有道德的追求者,没有虚荣心,也没有世俗的野心。他们的慷慨精神和谦逊精神提高了他们作为科学家的地位。有人可能会说,作为维多利亚时代的绅士,他们比今天任何人更容易体现这些理想,那时的科学事业更简单,绅士风度更重要。但是无论什么年代,法拉第和麦克斯韦这样的人物都会闪耀光芒。他们的伟大不仅包括他们的发现,也包括他们作为科学家和人的性格。如果科学中有类似英雄主义的东西,那么他们就是英雄。

法拉第和麦克斯韦的工作的影响远远超出了他们在阐明和统

法拉第、麦克斯韦和电磁场：改变物理学的人

一电与磁方面的成就。他们对这一领域的概念挑战了一个似乎不可改变的惯例，通过他们的思想和实验的力量，他们开始揭示一些自然界最深层的秘密。他们的理论奠定了 20 世纪物理学的所有伟大胜利，从狭义相对论到标准模型，并使大量的新技术的实现成为可能，这些新的技术改变了我们的生活方式。他们的才华仍然激励着我们对科学真理的探索，他们深沉的人格特性仍然为我们提供了一个如何从事科学研究的光辉榜样。我们希望，对这两个人以及他们的理论如何演变的真正理解，能够照亮未来人类进一步发现科学真理的道路。

注　释

这些注释的目的之一是提供资料来源，目的之二是填补一些可能有用的技术细节，目的之三是提供一些有趣的小插曲。我们希望所有读者都喜欢浏览这些注释。

资料来源的缩写

本斯·琼斯（Bence Jones）

亨利·本斯·琼斯。《法拉第的生平和信件》（*The Life and Letters of Faraday*），二卷。费城：Lippincott，1870 年出版。

坎贝尔（Campbell）和加内特（Garnett）

刘易斯·坎贝尔和威廉·加内特。《詹姆斯·克拉克·麦克斯韦的一生》（*The Life of James Clerk Maxwell*），第 1 版。伦敦：麦克米伦出版社，1882 年出版。参考这本书的十四行诗软件在线版本（第 2 版，1999 年）。

汉密尔顿（Hamilton）

詹姆斯·汉密尔顿。《法拉第：生平》（*Faraday：The Life*）。伦敦：哈珀柯林斯出版社，2002 年出版。

哈曼（Harman）（1990—2002 年）

彼得·M. 哈曼。《麦克斯韦的科学论文和信件》（*The Scientific Papers and Letters of James Clerk Maxwell*）。三卷。剑桥：剑桥大学出版社，1990—2002 年出版。

詹姆斯（James）（1991—2011 年）

弗朗克·A. J. L. 詹姆斯。《迈克尔·法拉第通信录》（*The Correspondence of Michael*），六卷。伦敦：工程技术学院，1991—2011 年出版。

《研究》（*Researches*）

迈克尔·法拉第。《电的实验研究》（*Experimental Researches in Electricity*）。

纽约：多佛出版社，1965 年出版。

辛普森（Simpson）
托马斯·K. 辛普森。《麦克斯韦论电磁场》（*Maxwell on the Electromagnetic Field*）。新泽西州新布伦瑞克：罗格斯大学出版社，1997 年出版。

汤普森（Thompson）
赛尔瓦纳斯·P. 汤普森。《迈克尔·法拉第：他的生活和工作》（*Michael Faraday: His Life and Work*）。伦敦：卡塞尔出版社，1901 出版。

威廉姆斯（Williams）（1965 年）
L. 皮尔斯·威廉姆斯。《迈克尔·法拉第：传记》（*Michael Faraday: A Biography*）。纽约：基础书籍出版社，1965 年出版。

序言

1. 惠斯通电桥是一种用来测量电阻的电路，以查尔斯·惠斯通的名字命名，但实际上是由其同事塞缪尔·克里斯蒂（Samuel Christie）发明的。然而，惠斯通本人是一位非常多产的发明家，这个电桥发明者的虚假消息，可以被他众多发明中的一个所抵消，他发明了一种编码信息系统，后来被用里昂·普莱费尔的名字命名成普莱费尔密码，里昂·普莱费尔是一位化学教授，后来从政了，并成了男爵，他将这个密码大力推广用于办公。

第一章　学徒　1791—1813 年

1. 在康涅狄格州丹伯里市的桑德曼墓的墓志铭。他于 18 世纪 60 年代移居美国。

2. 汤普森在第 4 页引用了法拉第"棕色卷发"的描述。

3. 法拉第在 1858 年写给奥古斯特·德·拉·里夫（Auguste de la Rive）的信中回忆了他童年时对《天方夜谭》的信仰。

4. 沃茨的这一段话可以在《心灵的提升》（*The Improvement of the Mind*）一书中找到。

5. 这一段话也可以在他死后的著作《心灵的提升》第 33 页中找到。

6. 1812 年 7 月，法拉第在一封写给本杰明·阿博特的长信中描述了他关于泻盐溶液的电实验。参见本斯·琼斯的书，第 1 卷，第 12~22 页。

7. 约翰·戴维的《汉弗莱·戴维爵士的生活回忆录》（*Memoirs of the Life of Sir Humphry Davy*）（第 136 页）中报道了关于戴维眼睛的评论。

8. "无须回答"事件,参见詹姆斯的书(1991—2001 年),第 1 卷,第 xxx 页。

9. 这段令人沮丧的文字来自于法拉第 1812 年 10 月 18 日写给他的朋友约翰·赫胥黎的信,摘自本斯·琼斯的书,第 1 卷,第 44~46 页。

10. 法拉第回忆起戴维在 1829 年写给戴维传记作者约翰·艾尔顿·帕里斯的一封信中警告说,科学是一个无情的情妇。完整的信可以在汤普森(Thompson)的书第 10 页中找到。

11. 这个奖项是由拿破仑创立的,并被正式指定为伏打奖(Volta Prize)。它是一项奖励电化学研究的奖项,奖金额度为 3000 法郎。

12. 戴维关于拿破仑奖的信被约翰·艾尔顿·帕里斯引用在《汉弗莱·戴维爵士的一生》(*The Life of Sir Humphry Davy*)第 406 页。

第二章 化学 1813—1820 年

1. 法拉第对法国人性格的早期观察,可以在鲍尔斯(Bowers)和赛蒙斯(Symons)的《好奇心的满足:法拉第欧洲旅游记》(*Curiosity Perfectly Satisfied: Faraday's Travels in Europe*)一书中的第 15 页找到。

2. 法拉第对法国人性格稍晚一些时候的观察,可参考他 1814 年 8 月 6 日写给本杰明·阿博特的弟弟罗伯特·阿博特(Robert Abbott)的信(1991—2011 年),载于詹姆斯的书中,第 1 卷,第 80 页。

3. 法拉第在 1815 年 1 月 25 日写给本·阿博特的信中表达了对戴维夫人的这一看法,参见威廉姆斯的书中(1965 年),第 40 页。

4. 1815 年 2 月 23 日,法拉第写信给本杰明·阿博特介绍法国化学家。这封信载于詹姆斯的书(1991—2011 年)中,第 1 卷,第 128 页。

5. 法拉第在 1814 年 8 月 6 日写给罗伯特·阿博特的信中对意大利人做了评论。这封信载于詹姆斯的书(1991—2011 年)中,第 1 卷,第 81 页。

6. 在《汉弗莱·戴维爵士的一生》中,约翰·艾尔顿·帕里斯(John Ayrton Paris)引用了戴维对伏特的印象。

7. 在马塞特的晚宴上发生的这件事,参见艾伦·赫什菲尔德(Alan Hirshfeld)的书《迈克尔·法拉第的电学生活》(*The Electric Life of Michael Faraday*),第 53 页。赫什菲尔德引用了鲍尔斯和赛蒙斯的《好奇心的满足:法拉第欧洲旅游记》一书。

8. "我们爱法拉第"这句话出自于 M. 杜马斯(M. Dumas)(法兰西帝国学院秘书)的小册子。

9. 法拉第关于波拿巴的日记写于 1815 年 3 月 7 日,在本斯·琼斯的书中，第 1 卷，第 115 页。

10. 法拉第在 1815 年 4 月 16 日给他的母亲写了这封信。见詹姆斯的书（1991—2011 年），第 1 卷，第 128 页。

11. 法拉第在 1813 年 6 月 13 日写给本杰明·阿博特的信中讲述了关于演讲艺术的早期观察，见詹姆斯的书（James，1991—2011 年），第 1 卷，第 60 ~ 63 页。

12. 伯齐利厄斯对戴维的谴责，可见于威廉姆斯的书（1965 年），第 45 页。

第三章　历史　1600—1820 年

1. 威廉·吉尔伯特在他的著作《论磁学》（*De Magnete*）（第 77 页）中对"贩售奇迹"发表了评论。

2. 扭力平衡是一种扭力摆，它的构造是这样的：通过控制摆锤的导线的扭转，可以测量出相互之间吸引或排斥的电场力或磁力。

3. 牛顿在 1692 年写了这封信。理查德·本特利是一位古典学者和神学家，几年后成为剑桥大学三一学院的院长。刊载于 W. D. 尼文（Niven）的《詹姆斯·克拉克·麦克斯韦的科学论文》（*The Scientific Papers of James Clerk Maxwell*），第 2 卷，第 316 页。

4. 安培关于为什么隔了很久才发现电流的磁效应的解释，发表在路易斯·德·洛内（Louis de Launay）的《伟大的安培通信集》（*Corréspondance du Grand Ampère*）中，第 2 卷，第 556 页。

5. 奥斯特在他的论文《关于电流对磁针的影响的实验》（Experiments on the Effect of a Current of Electricity on the Magnetic Needle）中写道，电引起的反应表现为圆形力，论文出版于《哲学年鉴》（*Annals of Philosophy*），第 16 卷，第 237 ~ 277 页。

第四章　圆周力　1820—1831 年

1. 这首以"爱"结尾的诗在法拉第的《公共场所书》（*Common Place Book*），第 1 卷，第 73 页，该书由伦敦工程技术学院持有，被引用于威廉姆斯一书（1965 年）的第 96 ~ 97 页。

2. 1820 年 7 月 5 日，法拉第给萨拉写了这封信。见本斯·琼斯的书，第 1 卷，第 317 页。

3. 法拉第的日志可以在本斯·琼斯的书中第 1 卷第 319 ~ 320 页找到。

4. 1863 年 8 月 14 日，法拉第写信给萨拉，把她描述为"我心目中的枕头",正如弗兰克·A. J. L. 詹姆斯的《迈克尔·法拉第:一个很简明的介绍》(*Michael Faraday: A Very Short Introduction*)第15页所报道的那样。

5. 1822年9月3日,法拉第写信给安培。见詹姆斯的书(1991—2011年),第1卷,第287~288页。

6. 乔治对这一时刻的回忆记录在本斯·琼斯的书第1卷第345页。

7. 这篇文章发表在古丁(Gooding)和詹姆斯的书《法拉第的再发现》(*Faraday Rediscovered*)第120页。

8. 法拉第在1813年6月向本杰明·阿博特写了几封关于演讲主题的信,其中一封中就有这个评论。收录在詹姆斯的书(1991—2011年)第1卷第55~65页。

9. 法拉第在1828年8月29日的一封信中告诉理查德·菲利普斯他的"神经性头痛",该信件在柏林的普如希斯切·斯塔特比伯里特克(Preussische Staatbibliotek)手中。威廉姆斯的书(1865年)引用了这封信,第102页。

10. 丁达尔对安德森中士性格的总结,以及阿博特对锅炉事件的描述,都在汤普森的书第96~97页上报道。

11. 法拉第在1822年2月2日写给安培的一封信中,描述了他对该理论的怀疑。收录在威廉姆斯的书(1965年)第168页。

12. 1825年11月17日,法拉第给安培写了一封信,对比了他们的工作生活。收录在詹姆斯的书(1991—2011年)第1卷392页。

13. 法拉第写给戴维传记作者的信刊登在詹姆斯的书(1991—2011年)第2卷第497页。

第五章 电磁感应 1831—1840年

1. 这段话引自法拉第写给理查德·菲利普斯的一封长信。完整的信件可以在汤普森的书第109~110页找到。

2. 法拉第从书中的第60段开始,在他的研究系列1中发表了这些关于电紧张状态的想法。

3. 法拉第在他的书中第114段研究系列1中使用了"磁曲线"一词,但在脚注中提供了另一种表达即"磁力线"。在法拉第的著作中,"磁力线"(表示物理存在)取代了纯粹的几何"磁曲线"。

4. 对于错误的抄袭指控,在1832年3月31日法拉第写给威廉·杰登的信中,表达了他的愤怒。见詹姆斯的书(1991—2001年),第2卷,第29页。

5. 在写给菲利普斯的一封长信中，法拉第为他的"利己主义"道歉，在信中除了其他事项外，还提到了电紧张状态。完整的信件可以参见汤普森的书，第114～117页。

6. 1832年3月12日，法拉第提交了一封给英国皇家学会的笔记，并密封好。笔记的文本可以在詹姆斯的书（1991—2011年）第2卷中找到，信件编号为557。

7. 在他的《研究》的系列3的283段中，法拉第表达了他对电流到底是什么表达出了不可知论。

8. 法拉第在他的《研究》第7系列869段中总结了他的化学当量的理论。

9. 亥姆霍兹的话语引自于《20世纪物理学》（*Twentieth Century Physics*），第52页。该书由L. 布朗、B. 皮帕迪、A. 派斯（L. Brown, B. Pippardi, A. Pais）编辑。

10. 现在，对这个过程的解释是基于电子学说的，在当时又过了60年之后才发现了电子。带负电荷的离子到达阳极后，放出一个或多个电子；带正电荷的离子到达阴极后，接收一个或多个电子。

11. 丁达尔在他的《作为发现者的法拉第》（*Faraday as a Discoverer*）一书中这样描述法拉第："在知识的边界上工作"。

12. 法拉第在1834年5月15日写给惠威尔的信中，告诉说这些新的术语已经被初步接收了。参见詹姆斯的书（1991—2011年），第2卷，第186页。

13. 法拉第对"力线之间的横向排斥"的"隐约地意识"，可参考汤普森的书第165页。

14. 电力线总是从一个带电体走向另外一个相反电荷的带电体。因此，当两个相同的带电体作用于另外一个带电体时，力线并不是在它们之间直接连接，而是弯曲的，这导致了带电体之间的互相排斥。两组力线之间的侧向排斥和两个带电体之间的直接排斥看起来相似。磁力线之间的类似的侧向排斥解释了为什么像磁极彼此排斥。

15. 法拉第在他的《研究》第14系列第1669～1678段中，总结了他的电性质理论。

16. 这段话来自汤普森一书的第221页。作者描述了法拉第试图探测彼得·塞曼（Peter Zeeman）后来发现的效应，但没有成功。

第六章 一个猜想的影子 1840—1857年

1. 法拉第对自己记忆力衰退而发表的伤心评论，参见本斯·琼斯的书第

注　释

2 卷第 142 页。

2. 这篇评论写于 1845 年 9 月 18 日，可以在《法拉第日记》（*Faraday's Diary*）第 4 卷第 227 页找到。

3. 弗兰克・A.J.L. 詹姆斯（Frank A. J. L. James）在他的书《迈克尔・法拉第，简明介绍》（*Michael Faraday, a Very Short Introduction*）中描述了这块巨大的电磁铁。

4. 法拉第在他的《研究》的第 20 系列第 2 段和第 281 段中展示了一个人悬浮在磁场中的图像。

5. 引用的话，包括早期关于以太的评论：以太必须"不受重力作用但是具有无限弹性"，出自于法拉第 1846 年 4 月 15 日写给理查德・菲利普斯的信，第二个月，这些观点就发表在《哲学杂志》（*Philosophical Magazine*）上，其标题是"关于光线振动的思考"，收录于法拉第的《研究》第 29 系列。

6. 这里引用的文字来自于上述同一封写给理查德・菲利普斯的那封信，相关内容也被发表在《哲学杂志》上。

7. 丁达尔对法拉第的"射线振动"论文的看法被汤普森的书引用，见第 193 页。

8. 法拉第写给奥斯特的信的完整版本可以在本斯・琼斯的书第 2 卷第 268 页中找到。

9. 法拉第在《哲学杂志》1847 年 31 卷 401 页的一篇文章中，对他自己较晚才发现火焰的磁性效应做了评论。

10. 法拉第在他《研究》的第 25 系列第 2787 段中对空间和物质做了这样的评论。

11. 这段话摘自艾里 1855 年 2 月写给皇家学会秘书约翰・巴洛牧师的一封信。完整的信可以在本斯・琼斯的书第 2 卷第 353 页找到。

12. 法拉第开启了他《研究》的第 29 系列第 3070 段，其中提到了磁力线。

13. 法拉第在他《研究》的第 29 系列的第 3072 段中描述了后来被称为磁通管的东西。

14. 法拉第在他《研究》的第 28 系列第 3115 段中阐述了他的电磁感应定律。

15. 右手法则：将右手的拇指、食指和中指以直角摆放。如果食指代表磁场的方向，拇指代表导体的运动方向，那么中指代表所产生电动势的方向。还有一个类似的左手规则，适用于电动机。这些规则是由安布罗斯・弗莱明推广的。

16. 法拉第进行了另一项实验,以证明力线能够一路穿过永久磁铁。具体的见他的《研究》一书中第 29 系列,从第 3084 段开始。

17. 法拉第在他《研究》一书的第 29 系列第 3269 段中写道,电紧张状态迫使他思考。

18. 法拉第的《研究》一书的第 3 卷也是最后一卷,包含了第 19 系列到第 29 系列。

19. 法拉第在写给朋友克里斯蒂安·弗里德里希·申拜因(Christian Friedrich Schönbein)的一封信中,对旋转桌子的把戏发表了这些评论。更完整的版本可以在汤普森的书第 252 页找到。

20. 法拉第的这封信表达了他对旋转桌子的厌倦,参见本斯·琼斯的书第 2 卷第 468 页。

21. 在法拉第去世后发现的一份杂记中,他部分解释了自己为何没能招收学生的原因。更完整的版本可以在汤普森的书中第 243 页找到。

22. 这是麦克斯韦的论文《论法拉第的力线》的引言,《剑桥哲学学会会刊》(Transactions of the Cambridge Philosophical Society),第 10 卷,第 1 部分。(1855 年 12 月 10 日,1856 年 2 月 11 日)。

23. 法拉第对麦克斯韦的第一封信的回复,见坎贝尔和加内特的书的第 252 页。

24. 这篇 1857 年 11 月 9 日的麦克斯韦致法拉第的信的全文,可在坎贝尔和加内特编写的《詹姆斯·克拉克·麦克斯韦的一生》第 2 版(伦敦:麦克米伦出版社,1884)第 203 页找到。

25. 法拉第 1857 年 11 月 13 日的给麦克斯韦的回信的全文复印件,可在坎贝尔和加内特的《詹姆斯·克拉克·麦克斯韦的一生》(伦敦:麦克米伦出版社,1884)第 205~206 页中找到。

第七章 法拉第的最后岁月 1857—1867 年

1. 法拉第关于这次访问南佛兰德灯塔的报告的完整版本可以在威廉姆斯的书(1965 年)第 491 页找到。

2. 1854 年,约瑟夫·沃森(Joseph Watson)提议在灯塔中使用一种碳弧灯,法拉第在一份报告中就水手对灯塔的信任做出了上述评论。法拉第认为沃森的方案既昂贵又不切实际,因此最终没有被采纳。

3. 在克里米亚战争中使用毒气对付俄国人的主要倡导者之一是科学部门

的秘书里昂·普莱费尔（Lyon Playfair），普莱费尔密码就是被错误地以他的名字命名的。这一密码的真正发明者是查尔斯·惠斯通，他曾经在从英国皇家科学研究所的周五演讲会中临阵逃脱，导致了法拉第只好去顶替他，并即席发表了"光线振动"的演讲。请参阅引言中的注释 1。

4. 这段摘录来自于 1862 年法拉第给公立学校委员的证据。关于这一片段的更详细的描述可以在哈密顿的书中第 388～391 页找到。

5. 法拉第在他的《研究》第 24 系列第 2717 段中写道，他相信重力和电之间存在着联系。

6. 抛丸塔是一种通过熔融铅自由下落来制造抛丸的塔。

7. 1862 年 3 月 12 日，法拉第在他的实验室笔记本上记录了他的这个最后的实验。

8. 法拉第在 1838 年向英国财政大臣托马斯·斯普林·赖斯（Thomas Spring Rice）致词时说了这番话。汤普森的书第 271 页提到了这个问题。

9. 法拉第关于不想成为"爵士"的评论，引用自汤普森的书第 273～274 页。

10. 这个奖项是由拿破仑创立的，被正式命名为伏打奖。见第 1 章注释 11。

11. 法拉第关于普鲁士骑士身份的评论来自于一封他说他不想成为"爵士"的信，引用自汤普森的书第 273～274 页。

12. 也许是不知所措，申拜因（Schonbein）没有回复法拉第的最后一封信。

13. 法拉第在 1866 年 1 月写给天文学家詹姆斯·邵斯（James South）爵士的信中提到，他想要一个简单的葬礼。参见本斯·琼斯的书第 2 卷第 478 页。

14. 约翰·丁达尔在他的书《作为发现者的法拉第》第 4 章第 37 页描述了法拉第。

15. 摘录自 1881 年 4 月 5 日亥姆霍兹的"1881 年 4 月 5 日法拉第给伦敦化学学会会士的演讲"，引用于汤普森的书第 282～283 页。

第八章　那是怎么回事？1831—1850 年

*本章引用的段落，有些来源不清楚，给予编号的引用来自于坎贝尔和加内特的书。

1. 引用的诗句来自罗伯特·彭斯（Robert Burns）的诗"给一只老鼠"（To a Mouse），发表在《诗歌，以苏格兰方言为主》（*Poems, Chiefly in the Scottish Dialect*）。基尔马诺克：约翰·威尔森，1786 年（Kilmarnock：John

Wilson，1786）。

2. 大卫·福法尔（David Forfar）在他的文章《天才的一代》（Generations of Genius）中介绍了克拉克家族和凯家族的简明历史。

3. 麦克斯韦的问题"那是怎么回事？"，见坎贝尔和加内特的书第 12 页。

4. 麦克斯韦的《爱丁堡院士之歌》（Song of the Edinburgh Academician）的完整版本可以在坎贝尔和加内特的书中第 292~293 页找到。

第九章 社会与训练 1850—1854 年

* 本章的引用段落，有些来源不清楚，给予编号的引用源自于坎贝尔和加内特的书。

1. 报道麦克斯韦午夜慢跑的同学是查尔斯·霍普·罗伯逊（Charles Hope Robertson）。罗伯逊也是麦克斯韦的朋友，当他眼睛有问题的时候，麦克斯韦会帮他朗读第二天用的书本作业。

2. 完整的文章"自然界中有什么真正的类比吗？"可以在坎贝尔和加内特的书中第 235~244 页找到。

3. "从未遇到过像麦克斯韦这样的人"的同学是 W. N. 劳森。

4. 威廉·霍普金斯是当时最成功的剑桥大学的教练。他的 17 个学生成了高级牧马人，包括乔治·加布里埃尔·斯托克斯（George Gabriel Stokes）、威廉·汤姆孙、P. G. 泰特、麦克斯韦的竞争对手 E. J. 劳思（Routh）和创立了矩阵理论的亚瑟·凯利（Arthur Cayley）。

5. 对于拉格朗日哈密顿量，请参阅第 13 章注释 5。劳思函数（Routhian）将拉格朗日和哈密顿的元素结合起来，而拉普拉斯算符，用矢量的术语来说，是标量函数梯度的散度。

6. 是 W. N. 劳森向坎贝尔报告了麦克斯韦的和蔼可亲。

第十章 假想的流体 1854—1856 年

1. 年轻的麦克斯韦关于蓝色石头的问题，参见坎贝尔和加内特的书第 14 页。

2. 麦克斯韦关于"不同颜料"的文章可以在 W. D. 尼文的《詹姆斯·克拉克·麦克斯韦的科学论文》中找到，第 1 卷，127 页。

3. 麦克斯韦的持久影响的一个例子是今天的色度图，它只在细节上与麦克斯韦最初的彩色三角形不同。它使用一个直角三角形，其中红色和绿色的比例是绘制出来的，蓝色的比例是隐含的，因为红色、绿色和蓝色的比例总是加起来等于 1。

注　释

4. 麦克斯韦给汤姆孙的信见《哈曼》（Harman）的书，第 1 卷，第 254~263 页和第 319~320 页。

5. 麦克斯韦关于法拉第的实验方法的评论全文（他与安培的实验方法对比），可以在他《关于电和磁的论文》（*Treatise On Electricity and Magnetism*）的第 528 条中找到，在第 2 卷第 176 页。

6. 麦克斯韦的论文《论法拉第的力线》中引用的这句话可以在辛普森的书第 57 页找到。

7. 麦克斯韦的论文《论法拉第的力线》中引用的这句话可以在辛普森的书第 60 页上找到。

8. 艾里对力线的轻蔑评论被 J. J. 汤姆孙引用在他的文章《詹姆斯·克拉克·麦克斯韦：纪念卷》（*James Clerk Maxwell：A Commemoration Volume*）第 28 页的"詹姆斯·克拉克·麦克斯韦"中。

9. 通量浓度，或密度，是在一个小区域（或在极限，在一点）中，与通量方向垂直的一个平面上单位面积的通量的数量。

10. 托马斯.K. 辛普森（Thomas K. Simpson）在他的书《麦克斯韦论电磁场》（*Maxwell on the Electromagnetic Field*）中对麦克斯韦的论文《论法拉第的力线》的第一部分进行了指导研究。

11. 麦克斯韦在 1857 年 5 月 29 日写给朋友利奇菲尔德（Litchfield）的信中提到了潜意识的力量。参见坎贝尔和加内特的书，第 136 页。

12. 这些诗句来自于麦克斯韦的诗《梦的回忆》（Recollections of Dreamland），写于他父亲去世几个月后。整首诗可以在坎贝尔和加内特的书中找到，第 298~299 页。

13. 麦克斯韦对"世界的摩擦"的偏爱，参见坎贝尔和加内特的书，第 126 页。

14. 麦克斯韦为其提供了参考资料的竞争对手是威廉·斯旺（William Swan），他后来成为圣安德鲁斯（St. Andrews）大学的自然哲学教授。

15. 这些台词也来自于《梦的回忆》，在上面的注释 12 中提到过。

16. 麦克斯韦在 1856 年 10 月 14 日给塞西尔·蒙罗（Cecil Monro）的信中提到了"北方的自然哲学家"，引用自坎贝尔和加内特的书第 132 页。

第十一章　这儿没有人能够理解玩笑话　1856—1860 年

*本章的引用段落，有些来源不清楚，给予编号的引用源自于坎贝尔和加内特的书。

1. 伊万·托尔斯泰在其著作《詹姆斯·克拉克·麦克斯韦》(*James Clerk Maxwell*)第 80 页中写道:"这儿没有人能够理解玩笑话"。

2. 这段话和下面一段话,来自于麦克斯韦在玛丽沙尔学院的就职演说,是由 R. V. 琼斯在他的论文《完美的物理学家:詹姆斯·克拉克·麦克斯韦,1831—1879》(The Complete Physicist: James Clerk Maxwell, 1831—1879)中提供的,见爱丁堡皇家学会年鉴(*The Yearbook of the Royal Society of Edinburgh*),1980 年。

3. 从麦克斯韦的论文《论法拉第的力线》中引用的句子,可以在辛普森的书中第 57 页找到。

4. 法拉第在 1857 年 11 月 13 日给麦克斯韦写了这封信。见坎贝尔和加内特的书,第 145 页。

5. 这是麦克斯韦的诗歌《大西洋电报公司之歌》(The Song of the Atlantic Telegraph Company)的四首诗中的第二首。完整的诗可以在坎贝尔和加内特的书中第 140 页找到。

6. 这是麦克斯韦的《致 K. M. D》八节诗的最后四节。整首诗可以在坎贝尔和加内特的书中第 302~303 页找到。

7. 在一封写给 P. G. 泰特的信中,麦克斯韦提出了一个问题:"如果你以每分钟 17 英里的速度前进……",这封信现在被收录在剑桥大学的档案中。

8. 对于统计学家来说,麦克斯韦分布是三自由度下的卡方分布的平方根。

9. 当他在阿伯丁的学生乔治·里斯看到麦克斯韦时,做了这番描述。里斯是苏格兰教会的主持人,也是英国广播公司的第一任总督里斯勋爵的父亲。乔治·里斯的评论见 R. V. 琼斯的论文《完美的物理学家:詹姆斯·克拉克·麦克斯韦,1831—1879》,该论文发表于 1980 年爱丁堡皇家学会年鉴上。

10. 大卫·吉尔在他的书《历史和对好望角皇家天文台的描述》(*History and Description of the Royal Observatory Cape of Good Hope*)中的引言部分第 xx-xxi 页,回忆了麦克斯韦的课程。

11. 琼斯在他的论文《完美的物理学家:詹姆斯·克拉克·麦克斯韦,1831—1879》中记录了这位农民的回忆。论文发表于 1980 年爱丁堡皇家学会年鉴上。

第十二章 光的速度 1860—1863 年

1. 麦克斯韦在伦敦国王学院的就职演讲,参见哈曼的书第 1 卷第 662~674 页。

2. 令人惊讶的是，没人能重复这一壮举，多年过去了，才出现了下一张彩色照片。大约一百年后，柯达研究实验室的一个小组发现麦克斯韦和萨顿使用的照相底片对红光完全不敏感！巧合的是，这些平板对一些紫外光很敏感，而实验者用的红色滤光片恰好在紫外光光谱的右侧有一个通带。紫外线可以代替红色。幸运的麦克斯韦！但也许是他自己的运气。对他来说，无论成功的希望多么渺茫，永远不要阻止一个人去做实验，这是一条规矩。阿瑟·舒斯特（Arthur Schuster）是麦克斯韦在卡文迪什实验室的学生之一，他回忆说，麦克斯韦对另外一个学生说过："如果一个人不能发现他正在寻找的东西，也许他会发现另外一些东西"。

3. 为了清晰起见，这里对定律的称呼以现代的方式表达；在 1861 年，场和通量这两个术语还没有普遍使用。第三定律通常被称为安培定律，第四定律被称为法拉第定律。

4. 麦克斯韦的微元和闲置轮子的介质，就像他在剑桥时的模型中的不可压缩流体一样，有一个内置的逆平方定律。根据磁通量的性质（以微元的旋转为模型），进入任何封闭表面所包围区域的磁通量与离开的磁通量相同。这个推理，虽然更数学化了，但本质上和第十章中麦克斯韦流体模型中给出的是一样的。在麦克斯韦流体模型中，无论球体的大小，从任何一个中心有点源的球体中流出的流体量都是一样的。更一般地说，任何在三维空间内均匀扩散的效应都遵循一个平方反比定律。该原理体现为矢量分析中的散度定理，又称高斯定理。

5. 麦克斯韦用磁矢量势（磁场中任意一点的旋度等于那里的磁通密度）确定了法拉第的电紧张状态。在麦克斯韦的解释中，以微元旋转为代表的磁通量是磁场的电磁动量。

6. 托马斯.K. 辛普森（Thomas K. Simpson）在他的书《麦克斯韦论电磁场》中对麦克斯韦的论文《论力的物理线》进行了指导研究。

7. 这段话摘自麦克斯韦的论文《论力的物理线》，理查德·格莱兹布鲁克（Richard Glazebrook）在其著作《詹姆斯·克拉克·麦克斯韦与现代物理学》第 173 页中引用。

8. 见注释 4。同样的关于反平方定律的推理也适用于电通量，这一次是通过扭曲的微元来模拟的。

9. 这个比率是一个电磁单元中静电单位的数量——广义上说，是两种力的相对强度。它有速度的维度，因为电磁力不仅取决于电荷的数量，也取决于它的速度。当电荷以单位速度移动时，产生一个给定的力所需要的电荷比静电作用所需要的电荷要多。

10. 麦克斯韦的论文《论力的物理线》的引用，可以在辛普森的书中第 216 页找到。

11. 坎贝尔和加内特书中的第 163 页，蒙罗给麦克斯韦写了一封关于"辉煌成就"的信。

12. 在给理查德·本特利的信中，牛顿做了这些评论，在第 3 章中引用，见该章的注释 3。牛顿的追随者们没有注意到这一警告，部分原因可能是他的弟子兼福音传道者罗杰·科茨（Roger Coates）过度的热情。

13. 西蒙·布莱克本（Simon Blackburn）在其著作《思考：引人入胜的哲学导论》（*Think*：*A Compelling Introduction to Philosophy*）第 248 页中报道了法拉第对原子的怀疑。

14. 查尔斯·库尔森于 1947 年至 1952 年在伦敦国王学院担任理论物理学教授。他在那里的一名博士生是彼得·希格斯（Peter Higgs），希格斯后来创立了希格斯场理论及其相关粒子——希格斯玻色子（Higgs Boson）。

第十三章　一门巨炮　1863—1865 年

1. 1865 年 1 月，麦克斯韦给他的表弟写了一封"一门巨炮"的信。完整的信件可以在坎贝尔和加内特的书中找到，第 168~169 页。

2. 麦克斯韦的论文《电磁场的动力学理论》中的这段话可以在辛普森的书中第 255 页找到。

3. 麦克斯韦的论文《电磁场的动力学理论》中的这段话也可以在辛普森的书中第 255 页找到。

4. 在七年的共同努力合作之后，汤姆孙和泰特于 1867 年出版了他们的《关于自然哲学的专著》。按照通常的以字母排序的原则，泰特应该是排序第一的作者，但汤姆孙的显赫声誉是第一位的。然而，大部分工作都是泰特做的：他一直在催促汤姆孙就他提交的草稿进行修订。汤姆孙对泰特的催促做了很好的回应，他们还是一辈子的朋友。

5. 拉格朗日方程组体现了所谓的最小作用原理，最早是由皮埃尔·路易斯·莫罗·德·莫佩图伊斯（Pierre Louis Moreau de Maupertuis）于 1746 年提出，其特征函数（物理系统动能和势能之间的差异）被称为拉格朗日函数。威廉·罗恩·哈密顿（William Rowen Hamilton）扩展了拉格朗日的方法，形成了一个可供选择的方程组，现在该方程组几乎普遍用于描述系统的动力学。其特征函数——哈密顿函数，代表了一个系统的总能量。

6. 麦克斯韦收录了在 1879 年出版的汤姆孙与泰特撰写的《关于自然哲学的专著》第 2 版的"自然"一章中"钟楼"一段。他的观点是永远不可能给出电动力学的解释模型，他在给学生讲课时也可能用过钟楼的类比。

7. 托马斯·K·辛普森在他的书《麦克斯韦论电磁场》中对麦克斯韦的论文《电磁场的动力学理论》进行了研究。

8. 麦克斯韦的《关于电和磁的论文》第 2 卷第 254 页中解释了为什么他没有压缩他提出的方程。

9. 汤姆孙认为麦克斯韦"陷入神秘主义"的观点，见于邓普顿（Templeton）和赫尔曼（Herrmann）的书《为人所知的上帝：当代神学的启示》（*The God Who Would Be Known：Revelations of Divine Contemporary Science*）第 161 页。

10. 吉尔在他的著作《历史和对好望角皇家天文台的描述》的序言部分第 xx- xxi 页，对麦克斯韦的教学做了这些评论。

第十四章 乡村生活 1865—1871 年

1. 这是麦克斯韦的诗《你愿意和我一起走吗?》（Will You Come along with Me?）。整首诗可以在坎贝尔和加内特的书中第 301 页找到。

2. 坎贝尔和加内特的书第 180 页引用了这段话和下面一段话，尽管他们没有指明观察者是谁。

3. 麦克斯韦的文章《自传可能吗?》，见坎贝尔与加内特的书第 125 页。

4. 坎贝尔和加内特的书第 196 页的引用来自麦克斯韦去世后发现的草稿。草稿以"……不断地"结尾，但显然最后隐含着"变化"一词。

5. 1868 年 10 月 30 日，麦克斯韦在给威廉·汤姆孙的信中，对自己不申请圣安德鲁斯大学职位的决定发表了意见。这封信保存在格拉斯哥大学图书馆。

6. 麦克斯韦在给英国皇家科学研究所副所长 W. R. 格罗夫（Grove）的信中寻求政治方面的建议。完整的信可以在哈曼的书第 2 卷第 461 页找到。格罗夫不仅是一位科学家，而且是一位成功的律师，他后来成了女王任命的法官。就他的政治立场而言，麦克斯韦是一个保守派，保守党在任命前不久举行的选举中失利。

第十五章 卡文迪什 1871—1879 年

＊本章的引用段落，其来源不明显，给予编号的引用源自于坎贝尔和加内特的书。

| 法拉第、麦克斯韦和电磁场：改变物理学的人

1. 1878 年，麦克斯韦在剑桥大学做演讲时谈到了亚历山大·格雷厄姆·贝尔（Alexander Graham Bell）的父亲。他演讲的题目是《关于电话》。更长的摘录可以在坎贝尔和加内特的书中找到，第 177～178 页。

2. 可以在坎贝尔和加内特的书第 16 页和第 18 页找到例子。

3. 麦克斯韦在 1873 年为天王星俱乐部写的一篇文章中给出了混沌理论的预言："物理科学的进步是否使必然性（或决定论）的观点优于偶然事件和意志自由的观点？"对于更多的观众来说，他无疑会把标题缩短为"科学和自由意志"。完整的论文可以在坎贝尔和加内特的书中找到，第 209～213 页。

4. 麦克斯韦的崇拜者，格伦莱尔现在的主人，竭尽全力保护着这座房子的残骸，以保证游客的安全，并在原来的门廊上建立了一个游客中心。在写这篇文章的时候，房子被暂时关闭以便进一步修复。

5. 海维赛德没有将麦克斯韦的悼词收录在他的任何出版物中，但他的一个美国追随者，恩斯特·J. 博格（Ernst J. Berg），在《奥利弗·海维赛德，他晚年的工作概貌和一些回忆》（Oliver Heaviside, a Sketch of His Work and Some Reminiscences of His Later Years）一文中做了记录，该文发表在 1930 年的《美国科学院院刊》（Journal of the American Academy of Sciences）中。一个更全面的版本也可以在罗洛·阿普尔亚德（Rollo Appleyard）的《电子通讯先锋》（Pioneers of Electrical Communication）第 257 页找到。

第十六章 麦克斯韦学派 1850—1890 年

我们对爱因斯坦"一个科学时代结束了，另一个科学时代开始于詹姆斯·克拉克·麦克斯韦"这句话的出处进行寻找，但是毫无结果。但这句话可以在伦敦国王学院和佛罗里达州立大学国家高磁场实验室的网站上找到。

费曼对麦克斯韦发现电动力学定律的历史重要性的评价，源自于理查德·费曼、罗伯特·莱顿和马修·桑斯的《费曼物理学讲义》（The Feynman Lectures），第 2 卷，第 1 章，第 11 页（1964 年）。

1. 1918 年，海维赛德在写给他的一位法国崇拜者约瑟夫·贝德纳德（Joseph Bethenod）的信中，写到他第一次看到麦克斯韦的《关于电和磁的论文》时的经历。贝德纳德在 1925 年的海维赛德讣告中提到了这篇论文（翻译成法语），后来发表在《邮电年刊》（Annales des postes télégraphes et téléphones）第 521～538 页。最初的信没有保存下来，我们非常感谢保罗·J. 纳欣（Paul J. Nahin）将法语版本翻译回英文，并将其收录在他的书《奥利弗·海维赛德：孤独中的圣人》（Oliver Heaviside: Sage in Solitude）中。贝德纳德和纳欣

注　　释

都小心翼翼地把它逐字逐句地翻译出来，所以我们可以确信，这两个版本的文字都很接近于海维赛德的原作。

2. 1908 年 7 月，海维赛德在给约瑟夫·拉莫尔（Joseph Larmor）的一封信中把自己比作"老怪物"。在托马斯·卡莱尔（Tomas Carlyle）的讽刺小说《萨托尔·雷萨图斯》（*Sartor Resartus*）中，提奥奇尼斯·特奥菲尔斯德罗克（Diogenes Teufelsdröckh）是托马斯·卡莱尔的另一个自我。特奥菲尔斯德罗克是一位古怪的教授，他的"服装哲学"隐喻了作者自己的生活思想。

3. 海维赛德在他的文章《地球作为返回导体》（the Earth as a Return Conductor）中提到了海蛇，这篇文章首先发表在《电工》杂志上，并在他的著作《电气论文》（*Electrical Papers*）第 1 卷第 190~195 页第 23 条中重印。

4. 菲茨杰拉德在 1893 年的一篇关于海维赛德电气论文的综述中提到了海维赛德在凝练麦克斯韦理论方面的成就。

5. 场中任一点的（标量）电势或磁势是将单位电荷或单位磁极从无限远处移到那里所需要的能量。麦克斯韦用流体压力作为流体模型中这些势的类比。还有一种磁矢势，麦克斯韦用它来说明法拉第的电紧张状态，它的旋度给出了磁场中任意一点的磁通密度。

6. 海维赛德在《电子论文》第 2 卷第 483~485 页中解释了他对电势的看法。

7. μ 和 ε 是电和磁通密度与各自的场力之比。在真空中，通常还要加一个下标 0，为了简单起见这里省略了。

8. 在有电荷密度 ρ 和电流密度 J 时，方程变为

div E = ρ/ε

div H = 0

curl E = $-\mu \partial H/\partial t$

curl H = $\varepsilon \partial E/\partial t + J$

电通量密度 $D(=\varepsilon E)$，麦克斯韦称它为电位移矢量——也许被用来代替电场强度矢量 E；磁通密度 $B(=\mu H)$ 现在普遍用来代替磁场强度矢量 H。常数 ε 和 μ 取决于介质。如果介质是非各向同性的，则要使用张量，需要相应地调整方程。

9. 麦克斯韦的第三个方程描述：旋度 $E = -\mu \partial H/\partial t$，虽然在 1868 年在"关于光的电磁理论的笔记"中没有使用这些符号。这是他与查尔斯·霍金的实验报告中添加的一个注释，该实验旨在确定电磁和静电电荷的比例。麦克斯韦在他的论文中没有包括这个等式，他似乎也没有对他的学生提过这个

法拉第、麦克斯韦和电磁场：改变物理学的人

问题，直到他的作品集，在 1890 年由 W. D. 尼文编辑的《詹姆斯·克拉克·麦克斯韦的科学论文》（The Scientific papers of James Clerk Maxwell）中以两卷的形式出版，他的作品才被公之于众。而五年前海维赛德已经出版了现在著名的四方程组的麦克斯韦方程。

10. 从 1885 年开始，海维赛德在每周一期的《电工》杂志上发表了一篇名为《电磁感应及其传播》（Electromagnetic Induction and Its Propagation）的长篇论文，在第四部分中，他重新阐述了麦克斯韦的理论。本系列的前半部分（包括第 4 节）在他的《电子论文集》第 1 卷作为第 30 条重印，第 2 卷作为第 35 条重印。

11. 在矢量代数中，两个矢量的叉乘是一个矢量。它的大小是两个矢量的算术乘积乘以它们之间夹角的正弦，它的方向与原先的两个矢量成直角。

12. 海维赛德还在《电磁感应及其传播》系列论文的第 4 节中给出了能量流的公式，并在他的《电子论文集》第 1 卷第 30 节中重印。

13. 1892 年，洛奇出版了他的雷电防护论文集，他决定把"古怪和令人厌恶"这两个词删掉。（那时他已成为海维赛德的好朋友。）

14. 法国物理学家和哲学家皮埃尔·杜赫姆（Pierre Duhem）在他自己的著作《物理理论的目标和结构》（The Aim and Structure of physical Theory）70～71 页中，将洛奇的书描述为英国物理学家过度依赖物理模型的一个例子。

15. 海维赛德在 1901 年 1 月的一封信中向菲茨杰拉德写了这段话。布鲁斯·亨特（Bruce Hunt）在《麦克斯韦学派》（The Maxwellians）一书的第 187 页引用了这句话。

16. 菲茨杰拉德在 1884 年 12 月 23 日给 J. J. 汤姆孙的信中，谈到了这一"巨大的困难"。这封信被布鲁斯·亨特（Bruce Hunt）引用在《麦克斯韦学派》一书的第 45 页。

17. 赫尔曼·亥姆霍兹于 1882 年被授予爵位。

18. 这段话摘自赫兹 1889 年 3 月 21 日写给海维赛德的一封信，罗洛·阿普尔亚德（Rollo Appleyard）在他的著作《电子通信先驱》（Pioneers of Electrical Communication）第 238 页中引用了这段话。在同一封信中，他强调赞成海维赛德放弃电势和磁势。

19. 海维赛德 1892 年 6 月 15 日给洛奇的信中，对亥姆霍兹的理论做出了这样的评论："麦克斯韦尔的理论疯了"，这封信被布鲁斯·亨特（Bruce Hunt）引用在《麦克斯韦学派》一书的第 198 页。

20. 1889 年 7 月 13 日，海维赛德的信中祝贺赫兹对"这些理论"（那些

超距作用的理论）给了致命的一击。保罗·纳辛（Paul Nahin）在《奥利弗·海维赛德：孤独中的圣人》（*Oliver Heaviside: Sage in Solitude*）一书第 111 页中引用了这封信。如果海维赛德知道赫兹有多尊敬亥姆霍兹（亥姆霍兹自己的理论有超距作用的元素），他可能就不会那么用力地往伤口上撒盐了。但有了海维赛德，人们就无法确定了。

第十七章　新纪元　1890 年以后

1. 泰特在 1890 年出版的第 3 版《论四元数》的序言中称海维赛德和吉布的矢量分析为"雌雄同体的怪物"。海维赛德的回应，以及其他嘲笑泰特对四元数的研究的评论，都记录在他的论文《电磁理论》第 1 卷第 3 章。泰特在更早的时候应当会在一些早期期刊（主要是《电工》）看到这些嘲笑的评论。

2. 相干体是一种由电磁辐射激活的开关——一管金属粉末，通常是很差的导电体，但当辐射的磁性作用使其粒子凝聚，从而提供低电阻路径时，它就变成了很好的导体。

3. 多年来，没有人确切地知道马可尼的跨大西洋信号是如何沿着地球圆周传播的。奥利弗·海维赛德和旅居美国的英国人阿瑟·肯内利（Arthur Kennelly）各自提出了上层大气中反射电磁波的电离层的假设。爱德华·维克多·阿普尔顿（Edward Victor Appleton）和迈尔斯·巴奈特（Miles Barnett）在 20 世纪 20 年代进行的实验证实了他们的观点是正确的。

4. 赫兹在他 1892 年的著作《电波：以有限的速度在空间中传播电行为的研究》（*Electric Waves: Being Researches on the Propagation of Electric Action with Finite Velocity through Space*）第 21 页中发表了这一被广泛引用的研究。

5. 引自阿尔伯特·爱因斯坦在 1931 年出版的《詹姆斯·克拉克·麦克斯韦：纪念卷》中发表的一篇文章《麦克斯韦对物理学界概念发展的影响》（*Maxwell's Influence on the Development of the Conception of Physical Reality*）。

6. 1931 年 10 月 7 日，普朗克向位于巴尔的摩市的约翰·霍普金斯大学的罗伯特·威廉姆斯·伍德（Robert Williams Wood）教授描述了他的"绝望行为"。这封信是马尔科姆·朗盖尔（Malcolm Longair）在他的书《物理理论概念》（*Theoretical Concepts in Physics*）第 222~223 页中给出并进行了评述。

7. 费曼关于电势在量子电动力学中的重要性的评论记录在《费曼物理讲义》（*The Feynman Lectures on Physics*）（1964 年出版）第 2 卷第 1 章第 3 页中，该讲义由理查德·费曼、罗伯特·莱顿（Robert Leighton）和马修·桑斯

(Matthew Sands)合著。

8. 在迈克耳孙和莫雷的实验中,光束的每一部分都被反射回到光束分开的那一点,实验的目的是检测两个方向的平均速度的差异。沿着以太漂移方向的光束的平均速度预计会略慢一些。这一现象的原因可以通过考虑沿着以太漂移方向和垂直于以太漂移方向的光束的分量来理解。光沿以太漂移方向来回传播,逆向传播比顺向传播需要花费更多的时间。横向穿过以太漂移方向的光也会变慢(因为相对于以太,光纤要穿越更长的距离),在数学上可以证明,这种减慢效果小于光沿着以太漂移方向来回传播。

9. 庞加莱在他 1900 年发表的论文《洛伦兹理论与反应原理》(La théorie de Lorenz et le principe de réaction)中首次提出了绝对运动和时间不存在的观点,发表在《Archives néerlandaises des sciences exactes et naturelles 5》第 252 ~ 278 页。

10. 庞加莱在 1890 年的论文《洛伦兹理论与反应原理》中也给出了这个结果,发表在《Archives néerlandaises des sciences exactes et naturelles 5》系列 2,第 252 ~ 278 页。

11. 爱因斯坦在他 1905 年发表的论文《关于运动物体的电动力学》(On the Electrodynamics of Moving Bodies)中给出了狭义相对论的主要部分,在后续一篇短论文中给出了 $E = mc^2$ 的推导。这篇论文发表在《物理学年鉴》(Annalen der Physik)第 18 卷第 639 ~ 641 页(1905 年)。

12. 弗雷德里克·塞茨(Frederick Seitz)在 2001 年 3 月出版的《美国哲学学会会刊》(Proceedings of the American philosophy Society)上发表了一篇关于麦克斯韦的文章。

13. 1979 年,阿布达斯·萨拉姆(Abdus Salam)、舍尔顿·格拉修(Sheldon Glashow)和斯蒂文·温伯格(Steven Weinberg)因证明了电磁力和弱作用力是统一的力(现叫作电弱力)的两个不同方面的表现,从而获得诺贝尔物理学奖。

参考文献

Appleyard, Rollo. *Pioneers of Electrical Communication*. London: Macmillan, 1930.
Bell, Eric Temple. *Men of Mathematics*. 2 vols. Harmondsworth: Penguin Books, 1965. First published 1937.
Bence Jones, Henry. *The Life and Letters of Faraday*. 2 vols. Philadelphia: Lippincott, 1870.
Blackburn, Simon. *Think: A Compelling Introduction to Philosophy*. Oxford: Oxford University Press, 1991.
Bowers, Brian, and Lenore Symons. *Curiosity Perfectly Satisfied: Faraday's Travels in Europe, 1813–1815*. London: Peter Peregrinus in association with the Science Museum, 1991.
Brown, George Ingham. *Scientist, Soldier, Statesman, Spy: Count Rumford, the Extraordinary Life of a Scientific Genius*. Stroud: Sutton Publishing, 1999.
Brown, L., B. Pippard, and A. Pais, eds. *Twentieth Century Physics*. New York: IOP Publishing, AIP Press, 1995.
Buchwald, Jed Z. *From Maxwell to Microphysics*. Chicago: University of Chicago Press, 1985.
Campbell, Lewis, and William Garnett. *The Life of James Clerk Maxwell*. London: Macmillan, 1882. Second edition published 1884. We have used the online version by Sonnet Software (second edition, 1999), available at www.sonnetsoftware.com/bio/maxbio.pdf, accessed December 9, 2013.
Darrigol, Olivier. *Electrodynamics from Ampère to Einstein*. Oxford: Oxford University Press, 2000.
Davy, John. *Memoirs of the Life of Sir Humphry Davy*. London: Smith Elder, 1836.
de Launay, Louis, ed. *Corréspondance du Grand Ampère*. 3 vols. Paris: Gauthier Villars, 1936–1943.
Duhem, Pierre. *The Aim and Structure of Physical Theory*. Princeton: Princeton University Press, 1954.
Dumas, M. *Éloge historique de Michael Faraday*. Paris: Firmin Didot, 1868.
Dyson, Freeman J. "Why Is Maxwell's Theory So Hard to Understand?" In the *James Clerk Maxwell Commemorative Booklet*. Edinburgh: James Clerk Maxwell Foundation, 1999.
Einstein, Albert. "Maxwell's Influence on the Development of the Conception of

Physical Reality." In *James Clerk Maxwell, A Commemorative Volume*. Cambridge: Cambridge University Press, 1931.

———. *Relativity: The Special and General Theory*. London: Methuen, 1920.

Einstein, Albert, and Leopold Infeld. *The Evolution of Physics*. New York: Simon and Schuster, 1938.

Everitt, C. W. Francis. *James Clerk Maxwell: Physicist and Natural Philosopher*. New York: Charles Scribner's Sons, 1975.

———. "Maxwell's Scientific Creativity." In *Springs of Scientific Creativity*, edited by Rutherford Aris, H. Ted David, and Roger Stuewer. Minneapolis: University of Minnesota Press, 1983.

———. "Maxwell's Scientific Papers." *Applied Optics* 6, no. 4 (1967).

Faraday, Michael. *Common Place Book*. London: Institution of Electrical Engineers.

———. *Experimental Researches in Electricity*. New York: Dover Publications, 1965. Originally published in the *Philosophical Transactions of the Royal Society*, 1831–1852.

———. *Faraday's Diary, Being the Various Philosophical Notes of Experimental Investigation*. Edited by Thomas Martin. London: Bell and Sons, 1932–1936.

Feynman, Richard P., Robert B. Leighton, and Matthew Sands. *Lectures on Physics*. New York: Addison Wesley, 1965.

Fleisch, Daniel. *A Student's Guide to Maxwell's Equations*. Cambridge: Cambridge University Press, 2008.

Fleming, Ambrose. "Some Memories." In *James Clerk Maxwell, A Commemorative Volume*. Cambridge: Cambridge University Press, 1931.

Forfar, David O. "Generations of Genius." In the *James Clerk Maxwell Commemorative Booklet*. Edinburgh: James Clerk Maxwell Foundation, 1999.

Forfar, David O., and Chris Prichard. "The Remarkable Story of Maxwell and Tait." In the *James Clerk Maxwell Commemorative Booklet*. Edinburgh: James Clerk Maxwell Foundation, 1999.

Garnett, William. "Maxwell's Laboratory." In *James Clerk Maxwell, A Commemorative Volume*. Cambridge: Cambridge University Press, 1931.

Gilbert, William. *De Magnete*. New York: Dover Publications, 1958. First published in Latin, 1600. English translation by P. Fleury Mottelay, 1893.

Gill, David. *History and Description of the Royal Observatory Cape of Good Hope*. Edinburgh: Neill, 1913.

Gladstone, John Hall. *Michael Faraday*. London: Macmillan, 1872.

Glazebrook, Richard T. "Early Days of the Cavendish Laboratory." In *James Clerk Maxwell, A Commemorative Volume*. Cambridge: Cambridge University Press, 1931.

———. *James Clerk Maxwell and Modern Physics*. London: Cassell, 1901.

Goldman, Martin. *The Demon in the Aether: The Life of James Clerk Maxwell.* Edinburgh: Paul Harris Publishing, 1983.

Gooding, David, and Frank A. J. L. James. *Faraday Rediscovered: Essays on the Life and Work of Michael Faraday.* New York: American Institute of Physics, 1989.

Hamilton, James. *Faraday: The Life.* London: Harper Collins, 2002.

Harman, Peter M. *Energy, Force and Matter: The Conceptual Development of Nineteenth-Century Physics.* Cambridge: Cambridge University Press, 1982.

———. *The Natural Philosophy of James Clerk Maxwell.* Cambridge: Cambridge University Press, 1998.

———, ed. *The Scientific Papers and Letters of James Clerk Maxwell.* 3 vols. Cambridge: Cambridge University Press, 1990–2002.

Heaviside, Oliver. *Electrical Papers.* 2nd ed. 2 vols. Providence, RI: Chelsea Publishing, 1970. Originally published 1892.

———. *Electromagnetic Theory.* 3 vols. New York: Dover Publications, 1950. First published 1893–1912.

Hertz, Heinrich. *Electric Waves: Being Researches on the Propagation of Electric Action with Finite Velocity through Space.* Translated from the German by Daniel Evan Jones. London: Macmillan, 1893.

Hirshfeld, Alan. *The Electric Life of Michael Faraday.* New York: Walker, 2006.

Hoffmann, Banesh. *The Strange Story of the Quantum.* Harmondsworth: Penguin Books, 1963. First published 1947.

Hunt, Bruce J. *The Maxwellians.* Ithaca, NY: Cornell University Press, 1994.

James, Frank, A. J. L., ed. *The Correspondence of Michael Faraday.* 6 vols. London: Institution of Engineering and Technology, 1991–2011.

———. *Michael Faraday: A Very Short Introduction.* Oxford: Oxford University Press, 2010.

Jeans, James. "James Clerk Maxwell's Method." In *James Clerk Maxwell, A Commemorative Volume.* Cambridge: Cambridge University Press, 1931.

Jones, Reginald Victor. "The Complete Physicist: James Clerk Maxwell, 1831–1879." In *Yearbook Royal Society of Edinburgh,* 1980.

Knott, Cargill Gilston. *Life and Scientific Work of Peter Guthrie Tait.* Cambridge: Cambridge University Press, 1911.

Kuhn, Thomas S. *The Structure of Scientific Revolutions.* Chicago: University of Chicago Press, 1962.

Lamb, Horace. "Clerk Maxwell as Lecturer." In *James Clerk Maxwell, A Commemorative Volume.* Cambridge: Cambridge University Press, 1931.

Larmor, Joseph. "The Scientific Environment of James Clerk Maxwell." In *James Clerk Maxwell, A Commemorative Volume.* Cambridge: Cambridge University Press, 1931.

Leff, Harvey S., and Andrew F. Rex. *Maxwell's Demon, Entropy, Information, Computing*. Bristol: Adam Hilger, 1990.

Lindley, David. *Degrees Kelvin: A Tale of Genius, Invention and Tragedy*. Washington, DC: Joseph Henry, 2004.

Lodge, Oliver. "Clerk Maxwell and the Wireless Telegraph." In *James Clerk Maxwell, A Commemorative Volume*. Cambridge: Cambridge University Press, 1931.

Longair, Malcolm S. *Theoretical Concepts in Physics*. Cambridge: Cambridge University Press, 1984.

Mahon, Basil. *The Man Who Changed Everything: The Life of James Clerk Maxwell*. Chichester: Wiley, 2003.

———. *Oliver Heaviside: Maverick Mastermind of Electricity*. London: Institution of Engineering and Technology, 2009.

Marcet, Jane Haldimand. *Conversations on Chemistry*. 9th American ed. Hartford, CT: Cooke, 1824. First published in London, 1806.

Maxwell, James Clerk. "A Dynamical Theory of the Electromagnetic Field." Edited and introduced by Thomas F. Torrance. Edinburgh: Scottish Academic Press, 1982.

———. *Matter and Motion*. Reprinted with notes and appendices by Joseph Larmor, 1920. New York: Dover Publications, 1991.

———. *A Treatise on Electricity and Magnetism*. 3rd ed. Oxford: Clarendon, 1891. Reprinted by Oxford University Press 1998. First edition published 1873.

Nahin, Paul J. *Oliver Heaviside: Sage in Solitude*. New York: IEEE Press, 1987.

Niven, William Davidson, ed. *The Scientific Papers of James Clerk Maxwell*. 2 vols. Cambridge: Cambridge University Press, 1890.

Paris, John Ayrton. *The Life of Sir Humphry Davy*. London: Colburn and Bentley, 1831.

Planck, Max. "Maxwell's Influence on Theoretical Physics in Germany." In *James Clerk Maxwell, A Commemorative Volume*. Cambridge: Cambridge University Press, 1931.

Poincaré, Henri. *La science et l'hypothèse*. Paris: E. Flammarion, 1917. First published 1902.

Pritchard, Chris. "Aspects of the Life and Work of Peter Guthrie Tait." In the *James Clerk Maxwell Commemorative Booklet*. Edinburgh: James Clerk Maxwell Foundation, 1999.

Segrè, Emilio. *From Falling Bodies to Radio Waves: Classical Physicists and Their Discoveries*. New York: W. H. Freeman, 1984.

Siegel, Daniel M. *Innovation in Maxwell's Electromagnetic Theory*. Cambridge: Cambridge University Press, 1991.

Simpson, Thomas K. *Maxwell on the Electromagnetic Field*. New Brunswick, NJ: Rutgers University Press, 1997.

Reid, John S. "James Clerk Maxwell's Scottish Chair." In the *James Clerk Maxwell Commemorative Booklet*. Edinburgh: James Clerk Maxwell Foundation, 1999.

Templeton, John Marks, and Robert L. Herrmann. *The God Who Would Be Known: Revelations of Divine Contemporary Science*. Philadelphia and London: Templeton Foundation, 2002.

Thompson, Sylvanus P. *Michael Faraday, His Life and Work*. London: Cassell, 1901.

Thomson, J. J. "James Clerk Maxwell." In *James Clerk Maxwell, A Commemorative Volume*. Cambridge: Cambridge University Press, 1931.

Tolstoy, Ivan. *James Clerk Maxwell: A Biography*. Edinburgh: Canongate, 1981.

Tyndall, John. *Faraday as a Discoverer*. London: Longmans, Green, 1868.

Watts, Isaac. *The Improvement of the Mind, Also His Posthumous Works*. Edited by Philip Doddridge and David Jennings. London: William Baynes, 1819.

Weaver, Jefferson Hane, and Lloyd Motz. *The Story of Physics*. New York: Avon Books, 1989.

Weightman, Gavin. *Signor Marconi's Magic Box*. London: Harper Collins, 2003.

Whittaker, E. T. *A History of the Theories of Aether and Electricity*. New York: Dover Publications, 1989. First published by Thomas Nelson and Sons, 1951.

Williams, L. Pearce. *Michael Faraday: A Biography*. New York: Basic Books, 1965.

———. *The Origins of Field Theory*. Lanham, MD: University Press of America, 1980.

Yavetz, Ido. *From Obscurity to Enigma: The Work of Oliver Heaviside, 1872–1889*. Basel: Birkhäuser Verlag, 1995.